如何欣賞
佛像藝術

佛像藝術起源於印度，中國大約在西元三世紀左右，於河西走廊開鑿佛像石窟之後，蔚為風潮。南北朝與隋唐期間大為興盛，直到明清才逐漸衰微。西藏的「唐卡」（thang-ka）藝術，更可追溯到西元七世紀的吐蕃王朝。這二大系統，成就了中國獨特的佛像藝術風貌。佛像藝術其正的價值，不在於形式與美感的表象追求，而在於潛心觀照中的領悟思維。欣賞佛像藝術，可由三個層次進入：一、從藝術的觀點來看，美在哪裡？二、從風格上分析，每一個朝代的特色為何？三、從表達的內涵與目的去探索，創作者究竟想表達與傳遞什麼樣的生命意涵？

佛像藝術本就具有宣教的目的。佛教藝術與佛教哲學的不同點為：藝術是「著相」的；而佛法談的是「空」，是「不著相」。然而，藉由具象傳達，以舟渡岸，就是一個方便法門。

佛像原指佛陀的莊嚴法相，早期以釋迦牟尼佛為主題。隨著時代變遷，各朝代諸佛與菩薩之造像風格並不相同。北魏早期氣勢古樸雄偉，晚期神態俊秀；北齊法相沉靜，袈裝輕薄貼體；唐代雕塑寫實純熟，造像飽滿優雅；自宋代以後佛教造像逐漸走入民間而世俗化。西藏的唐卡是為了弘法與觀修的必要，在平面的卷軸上作畫，畫工精緻細膩、便於攜帶。畫師本身必須具備虔誠的宗教信仰，熟讀經典教義，並接受嚴格的技法訓練。為了宣揚佛法，通常一幅唐卡中包含著許多不同的故事，便於弘法當時，可講述不同的佛陀行儀與教理。中國的佛像藝術具有悠久的歷史，豐富的文化，精純的藝術，如今已被國際人士認定為全人類共同的文明資產。

本書所錄唐卡幅幅不同，均由長河藝術文物館提供。本書所錄佛像均由震旦文教基金會提供。

● 李阿師造阿彌陀佛像（側面）
石灰岩 / 高 36cm / 唐代

▲ 佛坐像
片岩 / 高 45cm / 犍陀羅（約西元 2 ～ 3 世紀）

▼ 佛坐七尊像
白大理石 / 高 60cm / 北齊

▲ 佛頭像
石灰岩 / 高 27cm / 北齊（西元 550 ～ 577 世紀）

▼ 佛立像
石灰岩 / 高 92cm / 東魏

● 佛頭像
北齊／青州

▲ 佛頭像
灰泥 / 高 18cm / 犍陀羅（約西元 4 世紀）

▼ 菩薩立像
石灰岩 / 高 78cm / 北齊～隋代

▲ 佛坐像
金銅 / 高 52cm / 明代

▼ 佛坐像
灰泥 / 高 23.5cm / 犍陀羅（約西元 4 世紀）

● 北齊皇建二年比丘惠璣造佛座七尊像碑
石灰岩 / 高 120cm / 北齊

● 佛立像
石灰岩 / 高 64cm / 北齊

● 佛頭像
石灰岩 / 高 22cm / 北魏（西元 386 ~ 534）

釋迦牟尼佛廣傳

上冊

全知麥彭仁波切・著

● 菩薩坐像
木雕 / 高 90.2cm / 元代

● 石灰岩 / 高 91.5cm / 北齊

目次

目次

序言

《釋迦牟尼佛廣傳》是全知麥彭仁波切甚深智慧之結晶，是整個佛教史上前所未有、圓滿齊備宣說釋迦牟尼佛生平事蹟之鉅著。全知麥彭尊者以超拔的智慧與由衷的敬仰，為後世留下一部記載佛祖行持的光輝論典。

一九九六年的時候，法王如意寶晉麥彭措曾用半年多的時間，在五明佛學院為六、七千名漢藏四眾弟子宣講過這部著作。記镱中，每當上師宣說釋迦牟尼佛因地時廣行佈施、安忍、精進求法等公案時，他老人家總會為這些展示世尊奉獻、苦行等感人情懷的精彩故事流出信心的淚水。特別是在傳講世尊行菩薩道時以身佈施的諸多公案過程中，法王經常是淚流滿面、哽咽難言，有時竟無語凝咽很長時間。他曾經這樣說過：「無等大師釋迦牟尼佛為我們這些濁世眾生付出如此難以描述、難以盡數的代價與心血、若沒有他的精進修行與終成正果，這娑婆世間哪裡還會有佛法？我們這些愚痴眾生又何以擺脫輪迴？他如果不成佛，或不宣說佛法，身陷無明暗夜中的眾生又怎會知道這世上還有朗朗慧日，還有湛湛乾坤？」當時在場的幾千名有緣弟子也常常被打動得淚濕雙眼，他們對世尊割捨一切、放下一切的大無畏之舉生起了強烈信心。

我那時也為四、五百名漢族四眾弟子同時口譯法王的傳講，儘管這部廣傳被本人從頭至尾口譯過一遍，且有多人做過筆錄，但因時間倉促、無暇細校等原因，這部書稿始終未能與廣大讀者見面。這次我重新按照藏文原著，一字一句將其全部筆譯出未，這才有了這部廣傳的完整版本。由於是對照原文反覆校改、審慎斟酌，故而我本人對此譯本還是比較滿意的。

我想任何有智慧、又不抱偏見、成見的讀者一定可以看出，這本《釋迦牟尼佛廣傳》絕非世間凡夫所可能駕馭、創作，它完全是從尊者的深廣慧海裡、從他的心性當中自然流露的一部傑作。他將所有存在於世的關於世尊的傳記全部匯總起來，再加以自己的慧眼關照，終於使涓涓細流匯聚成功德大海，在濁世眾世面前豎立起一座關於世尊的永恆豐碑。

這本傳記主要記述佛祖因地時，上以國王之軀、下憑畜牲之身為利益眾生而發心、修持、犧牲等種種驚天地、泣鬼神的壯舉。如果說當今大多數人，包括眾多佛教徒，對釋迦牟尼佛的理解僅僅停留在他曾是印度王子、後出家求道並最終正悟成佛的層次上的話，這本廣傳將第一次向世人全面、詳細、系統介紹世尊無數劫中六度萬行之行蹟，能聽聞讀誦到這本傳記，能多多少少對佛祖多一些感性認識與理性了解，對所有末世眾生而言，都是一件多麼值得人慶幸的事情。

每當看到這本《釋迦牟尼佛廣傳》，或者想起上師的話，總會令人不由自主就聯想起身邊的人與事。現今的社會、時代可能太缺乏慈悲、關愛，所以全社會都在大張旗鼓地鼓勵捐血、捐骨髓、捐贈器官；而當有人在生命歷程中的某個瞬間、某天、或幾個、幾年、幾十年中，以自私自利之心或為達到某種目的而做下一些功德善事的時候，各種報導、獎勵、榮譽便會紛至沓來；我們還沒有「見義勇為基金會」；我們的耳邊經常都會響起「英雄流血又流淚」的哀嘆......。

去看看釋迦牟尼佛的心行吧，看看他如何無數次地施身、施眼、施骨髓......；哪怕為一個再微不足道的眾生，他也能心甘情願、滿含喜悅、無私毫利己之心與後悔之意地捨身取義。是他的行為太高尚，還是我們的道德水準太低劣？

本書所講的佈施身肉、甚深空性等法門，相信藏地民眾都能完全理解，不會有什麼惡劣的分別念產生，因藏族人從小到大接受的都是大乘佛法的理念。但對一些不信佛、或初入佛門的人而言，希望他們看到佛祖不可思議的舉止言行的，千萬不要妄加評議，更不要隨意誹謗，不要在博大精深的佛法面前展現自己的淺薄無知，不要對難行能行、難忍能忍的世尊生起邪見。有些境界、現象、行為，論點必須通達佛法的真實教理，才有可能完全理解，那時你再下結論並不為遲。

另外，本書中經常提到一些數量詞，諸如八萬四千國家、無數劫、幾十萬由旬、成千上萬國土、人壽無量歲等，有些是定數，有確切所指；有些則可能只是泛指數量眾多。在提到一些國家、地區及生活習俗等概念時，也可能會與現代風尚有些出入，這一點想來大家也都能理解。我們上一輩人的生活與我們這一代人的生活，在短短幾年，十幾年中都有翻天覆地的變化，你能指責老一輩人的生活方式，作風、觀念全都是垃圾嗎？

還有一點要提醒大家注意：不要以為本書是一部神話傳說大全。因神話傳說是虛幻不實的東西，而本書中所述全是釋迦牟尼佛掉血掉淚的真實紀錄！每一句話、每一段情節、每一種道理都有足夠的教證、理證，它們完全能經得起任何科學的推敲與實修的檢驗，當然也包括歷史的考證。經常都會有人把自己理解不了的現象或本身就非常深奧的某種理論與實修體系簡單掃入神話、迷信之列，這實在不是智者所應有的行為，只有愚痴者才會人云亦云，才會不經自己思索就輕下妄斷。真的永遠也假不了，時間是最好的裁判。

作為佛教徒，了解佛祖的行持是天經地義的責任與修習內容；即便是一個非佛教徒，了解一位偉人、一位導師的靈魂發展史也當屬應為之事，更何況見聞、讀誦、受持、為人演說、書寫此書還有不可思議的功德隨身。麥彭仁波切在本傳記中就曾說過：「聽到本傳記中的任何一個公案後，僅僅於一剎那間生起信心，解脫的種子就會播植在自相續中，無量無邊功德就此孕育、產生。若全部聽聞、完整閱讀，並對之生起恭敬心與信心的話，所得功德更無法用言語描述。以此種方式了知大乘菩薩道之內容，並對其生起信解心，此種作為對自他都能帶來極大利益。正如馬鳴論師所說：『以殊勝感人故事，宣說如來與佛法，不信之人令生信，對佛法生歡喜心。』」

既然如此，就希望所有佛門弟子，對佛法感興趣之人，

或者並不信仰佛教、但卻願意汲取全人類所有崇高智慧與卓絕人格的人士，都能用心打開這本《釋迦牟尼佛廣傳》。

而今許多人整日只忙於吹噓自己，對於大慈大悲的佛陀事蹟倒隻字不提，還真令人遺憾。我們原本應該廣宣有功德之人的傳記以利群生，而佛祖的功德難道不應該被放在最重要的位置上嗎？有智之人真應該沉下心來走入佛陀的心地，然後把自己的所得以最大的可能、權巧方便地向眾人訴說。眾多經論中都說：一個人只要能口誦一句「南無釋迦牟尼佛」都能對今生來世帶來不可思議的利益。那麼如果有人能發心印行、繕寫、贈送、流通此書，所獲功德自不必多言。

大恩上師法王如意寶晉麥彭措說過：「作為佛門弟子，每天都應該念誦釋迦牟尼佛的儀軌及心咒，如果做不到這一點，那就太令人慚愧了。」正是在法王的帶動下，當時聽講的幾千名四眾弟子與後來的無數有緣者，才發願要不間

斷地念誦此儀軌及咒語。為方便以後的修行者也能如法念誦、如理行持，在本書正文之前特意附上此篇儀軌，真誠希望大家每天都能堅持念誦，以期能早日像釋迦牟尼佛那樣福慧圓滿、終成正果。

需要說明的是，這部論點記敘的是佛祖因地時於大乘根機眾生面前顯現的行為，世尊在小乘根機或密乘根機眾生前的顯現，在別種論典中有不同論述，讀者可互為參考。另外為了方便閱讀，本書在翻譯時加上一些小標題，但由於原文內涵非常博大豐富，因此每個小標題並不能完全包容它題下的所有內容，更何況還有一些不同的故事、情節，由於篇幅所限被放在了一個標題之下。希望讀者在閱讀時不要望文生義，也不要牽強附會。

最後，希望所有於茫茫輪迴迷途中，有幸讀到這本傳記的這一代以及後代讀者，都能在心間永遠銘刻世尊的不朽風範。願他們暫時能享人天福報，最終皆證圓滿佛果！

索達吉

佛曆二五四六年神變月十五日公元二○○二年二月二十七日

༄༅། །ཐུབ་ཆོག་བྱིན་རླབས་གཏེར་མཛོད་བཞུགས་སོ། །

釋迦牟尼佛儀軌

༄༅། །ན་མོ་གུ་རུ་ཤཱཀྱ་མུ་ན་ཡེ།

那莫革熱夏迦牟那耶

དེ་ཡང་མདོ་ཏིང་འཛིན་རྒྱལ་པོ་ལས། འཆག་དང་འདུག་དང་འགྲེང་དང་ཉལ་བ་ན།།
如《三摩地王經》云：「散步安坐站
མི་གང་ཐུབ་པའི་ཟླ་བ་དྲན་བྱེད་པ། །དེ་ཡི་མདུན་ན་རྟག་ཏུ་སྟོན་པ་བཞུགས། །དེ་ནི་རྒྱ་
立臥，何人憶念能仁尊，本師恆時住彼
ཆེན་མྱ་ངན་འདའ་བར་འགྱུར། །ཞེས་དང་། སྐུ་ལུས་དག་ནི་གསེར་གྱི་མདོག་འདྲ་
前，彼者將獲廣大果。」又云：「身體
བས། །འཇིག་རྟེན་མགོན་པོ་ཀུན་ནས་རབ་ཏུ་མཛེས། །དམིགས་པ་འདི་ལ་གང་གི་
宛若純金色，世間怙主極莊嚴，何者之
སེམས་འཇུག་པ། །བྱང་ཆུབ་སེམས་དཔའ་དེ་ནི་མཉམ་བཞག་ཡིན། །
心專注此，菩薩彼者即入定。」

ཞེས་གསུངས་པ་བཞིན་དུ། བདག་ཅག་རྣམས་ཀྱི་སྟོན་པ་མཚུངས་པ་མེད་པ་ཐུབ་
隨念我等無比本師釋
པའི་དབང་པོ་རྗེས་སུ་དྲན་པའི་རྣལ་འབྱོར་དུ་བྱ་བ་ནི། འདི་ལྟ་སྟེ།
尊之修法，首先唸誦皈依偈：

སངས་རྒྱས་ཆོས་དང་ཚོགས་ཀྱི་མཆོག་རྣམས་ལ།།
桑 吉 秋 當 湊 戒 橋 南 拉

乃 至 菩 提 之 間 永 皈 依 ，

བྱང་ཆུབ་བར་དུ་བདག་གིས་སྐྱབས་སུ་མཆི།།

香 切 瓦 德 達 給 嘉 色 切

一 切 殊 勝 佛 法 及 僧 眾 ，

བདག་གི་དཀོན་བརྙས་བསྒྲུས་པའི་བསོད་ནམས་ཀྱིས།།

達 各 滾 逮 及 畢 索 南 吉

以 我 稀 有 唸 誦 之 福 德 ，

འགྲོ་ལ་ཕན་ཕྱིར་སངས་རྒྱས་འགྲུབ་པར་ཤོག།

珠 拉 盼 謝 桑 吉 哲 巴 修

為 利 眾 生 願 成 就 佛 果 。

ཚད་མེད་བཞི་བསྒོམ་པ་སྔོན་དུ་བཏང་སྟེ། ཆོས་ཐམས་ཅད་སྣང་ལ་རང་བཞིན་མ་
之 後 發 心 、 修 四 無 量 心 ， 意 念 諸 法
གྲུབ་པའི་དོན་ཡིད་ལ་དྲན་པའི་ངང་ནས། །
現 而 無 自 性 之 義 中 唸 誦 ：

ཨཿ སྐྱེ་མེད་སྟོང་པ་ཉིད་དང་རྟེན་འབྱུང་གི།

阿 吉 美 東 巴 涅 當 屯 炯 各

無 生 空 性 以 及 緣 起 性 ，

སྣང་བ་འགག་མེད་ཟུང་འཇུག་སྒྱུ་མའི་ཚུལ།།

囊 瓦 嘎 美 宗 杰 杰 咪 策

顯 現 不 滅 雙 運 幻 化 相 ，

རང་མདུན་ནམ་མཁར་མཆོད་སྤྲིན་རྒྱ་མཚོའི་དབུས།།
讓 屯 南 卡 秋 珍 嘉 促 魏
自 前 虛 空 如 海 供 雲 中 ，

རིན་ཆེན་སེང་ཁྲི་པད་ཉི་ཟླ་བའི་སྟེང་།།
人 欽 桑 砌 班 涅 達 為 當
觀 想 寶 獅 座 蓮 日 月 上 ，

སྟོན་པ་མཚུངས་མེད་ཤཱཀྱ་སེང་གེ་ནི།།
敦 巴 聰 美 夏 迦 桑 給 訥
無 等 本 師 釋 迦 牟 尼 佛 ，

གསེར་གྱི་མདོག་ཅན་མཚན་དང་དཔེ་བྱད་ལྡན།།
色 戒 斗 堅 熵 當 慧 夏 且
身 爲 金 色 具 足 相 隨 好 ，

ཆོས་གོས་གསུམ་གསོལ་རྡོ་རྗེའི་སྐྱིལ་ཀྲུང་བཞུགས།།
秋 故 色 瘦 多 吉 傑 中 葉
身 著 三 衣 金 剛 跏 趺 坐 ，

ཕྱག་གཡས་ས་གནོན་ཕྱག་རྒྱ་ལེགས་བརྒྱངས་ཤིང་།།
夏 意 薩 磨 夏 嘉 樂 江 相
右 手 壓 地 手 印 妙 舒 展 ，

ཕྱག་གཡོན་མཉམ་བཞག་བདུད་རྩིའི་ལྷུང་བཟེད་བསྣམས།།
夏 云 年 壓 德 賊 轟 則 南
左 手 等 印 持 執 甘 露 缽 ，

གསེར་གྱི་རི་ལྷུར་གཟི་བརྗིད་དཔལ་འབར་བ།།

色 戒 熱 達 則 傑 花 白 瓦

宛如金山威嚴極耀眼，

ཡེ་ཤེས་འོད་ཟེར་དྲྭ་བས་མཁའ་དབྱིངས་ཁྱབ།།

意 西 喔 色 札 魏 卡 揚 恰

智慧光芒遍布虛空界。

ཉེ་བའི་སྲས་བརྒྱད་གནས་བརྟན་བཅུ་དྲུག་སོགས།།

尼 魏 哲 嘉 內 旦 傑 哲 素

八大菩薩十六羅漢等，

འཕགས་ཚོགས་རྒྱ་མཚོའི་འཁོར་གྱིས་ཡོངས་བསྐོར་ཞིང་།།

啪 湊 嘉 促 扣 吉 勇 夠 揚

如海聖眾眷屬皆圍繞，

དྲན་པ་ཙམ་གྱིས་སྲིད་ཞིའི་མཐའ་གཉིས་ལས།།

沾 巴 匝 吉 哲 意 塔 尼 累

僅念解脫有寂之二邊，

རྣམ་གྲོལ་བདེ་བ་མཆོག་གི་དཔལ་སྩོལ་བ།།

南 珠 逮 瓦 喬 各 花 奏 瓦

賜予殊勝吉祥之大樂，

སྐྱབས་ཀུན་འདུས་པའི་བདག་ཉིད་ཆེན་པོར་གསོལ།།

嘉 根 諦 華 達 涅 欽 波 薩

皈依處之總集大主尊。

ཞེས་དེ་ལྟར་སངས་རྒྱས་ཀྱི་སྐུ་ལ་དམིགས་ཏེ་དེ་ན་དངོས་སུ་བཞུགས་ཡོད་སྙམ་པའི་……
如是觀想佛陀身，結果馬上想到佛
སེམས་བསྐྱེད་མ་ཐག་ཏུ། སངས་རྒྱས་རྣམས་ཀྱི་ཡེ་ཤེས་ཀྱི་སྐུ་ལ་ཕྱོགས་དང་དུས་གང་……
眞正安住在自前虛空中，因諸佛之智慧
དུའང་ཉེ་རིང་མི་མངའ་བའི་ཕྱིར། གང་དུ་དམིགས་པ་དེ་ཉིད་དུ་ངེས་པར་བཞུགས་པར་……
身何時何地都無有遠近故。觀想佛於何
འགྱུར་ཏེ། མདོ་ལས། གང་ཞིག་སངས་རྒྱས་ཡིད་བྱེད་པ། །དེ་ཡི་མདུན་ན་དེ་……
處佛必定安住於彼處。經中云：「何者
བཞུགས་ཏེ། །རྟག་པར་བྱིན་གྱིས་རློབ་བྱེད་ཅིང་། །ཉེས་པ་ཀུན་ལས་རྣམ་པར་གྲོལ། །
做意佛，佛安住彼前，恆時賜加持，解
ཞེས་གསུངས་ཤིང་། རྒྱལ་བ་ཉིད་ལ་དམིགས་ནས་ཚོགས་བསགས་པའང་མི་ཟད་པའི་……
脫一切罪。」觀想佛陀，所積之資糧也
དགེ་རྩ་ཆུད་མི་ཟ་བ་ཡིན་ཏེ། ཕལ་པོ་ཆེ་ལས། རྒྱལ་བ་དེ་དག་ཐོས་མཐོང་མཆོད་པ་
不會耗盡，善根不會虛耗。《華嚴經》
བྱས་པས་ཀྱང་། །ཚད་མེད་པ་ཡི་བསོད་ནམས་ཕུང་པོ་འཕེལ་བར་འགྱུར། །ཉོན་……
中云：「聞見供養彼等佛，無量福德將
མོངས་འཁོར་བའི་སྡུག་བསྔལ་ཐམས་ཅད་སྤོང་འགྱུར་ཏུ། །འདུས་བྱས་འདི་ནང་བར་མ་……
增上，斷諸煩惱輪迴苦，此善中間不窮
དོར་ནི་ཟད་མི་འགྱུར། །ཞེས་དང་། དེའི་མདུན་དུ་སྨོན་ལམ་ཇི་ལྟར་བཏབ་པ་ཡང་དེ་
盡。」於佛前如何發願也會如是實現。
བཞིན་དུ་འགྲུབ་སྟེ། འཇམ་དཔལ་ཞིང་གི་ཡོན་ཏན་བསྟན་པ་ལས། ཆོས་རྣམས་……
《宣說文殊剎土功德經》中云：「諸法
ཐམས་ཅད་རྐྱེན་བཞིན་ཏེ། །འདུན་པའི་རྩེ་ལ་རབ་ཏུ་གནས། །གང་གིས་སྨོན་ལམ་……
依緣生，住於意樂上，何者發何願，將
ཅི་བཏབ་པ། །དེ་འདྲའི་འབྲས་བུ་ཐོབ་པར་འགྱུར། །ཞེས་གསུངས་པའི་ཚུལ་རྣམས་
或如是果。」對此中所說之理生起穩固
ལ་ངེས་པ་བརྟན་པོ་བསྐྱེད་དེ།
定解。

再念誦：

སྙིང་རྗེ་ཆེན་པོས་རྩོད་ལྡན་སྙིགས་མའི་ཞིང་།།

釀 吉 欽 布 奏 旦 涅 咪 揚

大悲攝受具淨濁世剎，

བཟུང་ནས་སྨོན་ལམ་ཆེན་པོ་ལྔ་བརྒྱ་བཏབ།།

宗 內 門 蘭 欽 波 鄂 嘉 達

爾後發下五百廣大願，

པད་དཀར་ལྟར་བསྔགས་མཚན་ཐོས་ཕྱིར་མི་ལྡོག།

瑪 嘎 達 鄂 煽 吐 謝 莫 到

贊如白蓮聞名不退轉，

སྟོན་པ་ཐུགས་རྗེ་ཅན་ལ་ཕྱག་འཚལ་ལོ།།

敦 巴 特 吉 堅 拉 夏 擦 漏

恭敬頂禮本師大悲尊。

བདག་གཞན་སྒོ་གསུམ་དགེ་ཚོགས་ལོངས་སྤྱོད་བཅས།།

達 煙 移 色 給 湊 龍 秀 吉

自他三門善根及受用，

ཀུན་བཟང་མཆོད་པའི་སྤྲིན་དུ་དམིགས་ནས་འབུལ།།

根 桑 秋 畢 珍 德 莫 內 本

觀爲普賢供云而奉獻。

ཐོག་མེད་ནས་བསགས་སྡིག་ལྟུང་མ་ལུས་པ།།

吐 美 內 薩 的 凍 瑪 利 巴

無 始 以 來 所 積 一 切 罪 ，

སྙིང་ནས་འགྱོད་པ་དྲག་པོས་སོ་སོར་བཤགས།།

釀 內 久 巴 扎 布 瘦 素 夏

則 以 猛 烈 悔 心 分 別 懺 。

འཕགས་དང་སོ་སོའི་སྐྱེ་བོའི་དགེ་བ་ནི།།

啪 當 瘦 素 吉 梧 給 瓦 訥

於 諸 聖 者 以 及 凡 夫 眾 ，

དུས་གསུམ་བསགས་ལ་རྗེས་སུ་ཡི་རང་ངོ་།།

諦 色 薩 拉 吉 色 葉 讓 噢

三 時 所 積 善 根 作 隨 喜 。

ཟབ་ཅིང་རྒྱ་ཆེ་ཆོས་ཀྱི་འཁོར་ལོའི་ཚུལ།།

則 江 嘉 氣 秋 戒 扣 路 策

祈 請 十 方 一 切 佛 菩 薩 ，

ཕྱོགས་བཅུར་རྒྱུན་མི་འཆད་པར་བསྐོར་དུ་གསོལ།།

笑 傑 堅 莫 恰 白 故 德 素

恆 轉 甚 深 廣 大 之 法 輪 。

ཁྱོད་ནི་ནམ་མཁའ་ལྟ་བུའི་ཡེ་ཤེས་སྐུ།།

秋 訥 南 卡 達 魏 意 西 各

汝 如 虛 空 般 之 智 慧 身 ，

དུས་གསུམ་འཕོ་འགྱུར་མེད་པར་བཞུགས་མོད་ཀྱི།།

諦 色 剖 傑 美 白 葉 謀 戒

雖住三世無有遷變中，

གདུལ་བྱའི་སྣང་ངོར་སྐྱེ་འཇིག་ཚུལ་སྟོན་ཀྱང་།།

德 謝 囊 噢 吉 傑 策 敦 江

然於所化前示生滅相，

སྤྲུལ་པའི་གཟུགས་སྐུ་རྟག་ཏུ་སྣང་བར་མཛོད། །

哲 華 則 各 達 德 囊 瓦 湊

恆時顯現幻化之色身。

བདག་གིས་དུས་གསུམ་བསགས་པའི་དགེ་ཚོགས་ཀྱིས།།

達 給 諦 色 薩 華 畢 給 湊 吉

我以三世所積之善根，

མཁའ་ཁྱབ་འགྲོ་བ་ཀུན་ལ་ཕན་སླད་དུ།།

卡 恰 珠 瓦 根 拉 盼 拉 德

願利遍布虛空界有情，

ཆོས་ཀྱི་རྒྱལ་པོ་རྟག་པར་མཉེས་བྱེད་ཅིང་།།

秋 戒 嘉 波 達 白 尼 雪 江

令釋尊您恆時生歡喜，

ཆོས་རྗེ་རྒྱལ་བའི་གོ་འཕང་ཐོབ་པར་ཤོག།

秋 吉 嘉 魏 夠 胖 透 白 修

獲得法王如來之果位。

བདག་ཅག་སྙིགས་མའི་འགྲོ་བ་མགོན་མེད་རྣམས།།

達　嘉　涅　咪　珠　瓦　棍　美　南

無有怙主我等濁世眾，

ཐུགས་རྗེས་ལྷག་པར་བཟུང་བའི་བཀའ་དྲིན་ལས།།

特　吉　拉　白　宗　魏　刮　珍　累

蒙以悲心攝受之恩德，

ཞིང་དང་དུས་འདིར་རིན་ཆེན་རྣམ་གསུམ་གྱི།།

揚　當　諦　的　仁　欽　南　色　戒

此剎此時一切三寶相，

སྣང་བ་ཇི་སྙེད་ཁྱེད་ཀྱི་ཕྲིན་ལས་ཉིད།།

囊瓦傑尼器戒陳累涅

均是佛陀您之事業也。

དེ་ཕྱིར་སྐྱབས་མཆོག་མཚུངས་མེད་གཅིག་པུ་རུ།

逮　謝　嘉　喬　聰　美　戒　波　熱

故於無等唯一勝依怙，

ཡིད་ཆེས་དང་པས་སྙིང་ནས་གསོལ་འདེབས་ན།།

葉　氣　達　倍　釀　內　瘦　逮　內

虔誠信仰誠心而祈禱，

སྔོན་གྱི་དམ་བཅའ་ཆེན་པོ་མ་བསྙེལ་བར།།

溫　戒　達　嘉　欽　波　瑪　尼　瓦

莫忘昔日所發大誓願，

བྱང་ཆུབ་བར་དུ་ཐུགས་རྗེས་རྗེས་འཛིན་མཛོད།།

相 切 瓦 德 特 吉 吉 怎 奏

乃 至 菩 提 前 以 大 悲 攝 。

ཅེས་ཡིད་ཆེས་ཀྱི་དད་པ་དྲག་པོས་སྟོན་པ་དངོས་སུ་བཞུགས་ཡོད་སྙམ་པས་སྐུ་ལ་རྩེ་

以 猛 烈 虔 誠 的 信 心 觀 想 釋 尊 眞 正 身 相 ， 一

གཅིག་ཏུ་དམིགས་ཏེ།

緣 專 注 其 身 而 盡 力 唸 誦 ：

བླ་མ་སྟོན་པ་བཅོམ་ལྡན་འདས་དེ་བཞིན་གཤེགས་པ་དགྲ་བཅོམ་

喇 嘛 敦 巴 久 旦 諦 逮 云 相 巴 扎 久

「 頂 禮 、 供 養 、 皈 依 上 師 、 本 師 、

པ་ཡང་དག་པར་རྫོགས་པའི་སངས་རྒྱས་དཔལ་རྒྱལ་བ་

巴 揚 達 白 奏 畢 桑 吉 花 嘉 瓦

出 有 壞 、 善 逝 、 眞 實 圓 滿 正 等

ཤཱཀྱ་ཐུབ་པ་ལ་ཕྱག་འཚལ་ལོ། །མཆོད་དོ། །སྐྱབས་སུ་མཆིའོ།

夏 迦 特 巴 拉 夏 擦 漏

覺 釋 迦 牟 尼 佛 。 」 以 懇 切 祈 請 之 方

།ཞེས་ཅི་འགྲུབ་དང་། ཐུགས་རྒྱུད་བསྐུལ་བའི་ཚུལ་དུ་ཤེར་

式盡力持誦《小般若經》中所說的陀羅尼咒

ཕྱིན་ཡི་གེ་ཆུང་ངུ་ལས་གསུངས་པའི་གཟུངས་ནི། ཏདྱཐཱ། ཨོཾ་མུ་ནེ་མུ་ནེ་མ་

「 達 雅 塔 ， 嗡 牟 尼 牟 尼 瑪 哈 牟 尼 耶

ཧཱ་མུ་ན་ཡེ་སྭཱ་ཧཱ། ཞེས་ཅི་རིགས་དང་། ཨོཾ་མན་ཆད་ཅི་འགྲུབ་ཏུ་བཟླའོ། །

索 哈 。 再盡力唸誦「嗡牟尼牟尼瑪哈

འདི་དག་གི་སྐབས་སུ་སྟོན་པའི་ཡོན་ཏན་རྗེས་སུ་དྲན་ཏེ་དད་པའི་སེམས་ཀྱིས་རྩེ་གཅིག་ཏུ་སྐུ

牟尼耶索哈」。此等之時隨念釋尊的功德，

ཡི་གསལ་སྣང་ལ་དམིགས་ནས

以信心一緣專注其明顯身相而誦一遍

མཚན་བརྗོད་པ་དང་། གཟུངས་བཟླས་པའི་རྐྱེན་གྱིས་སྟོན

煽 久 巴 當 宗 逮 畢 近 吉 敦

「觀想依靠持誦名號、念誦陀羅尼

པའི་སྐུ་ལས་ཡེ་ཤེས་ཀྱི་འོད་ཟེར་སྣ་ཚོགས་པའི་སྣང་བ་ཆེན་པོས

畢 各 累 意 西 戒 哦 色 那 湊 畢 囊 瓦 欽 布

咒之緣以本師之身中放射種種智慧

བདག་དང་སེམས་ཅན་ཐམས་ཅད་ཀྱི་སྒྲིབ་པ་ཐམས་ཅད་བསལ

達 當 彬（sei）堅 塔 嘉 戒 哲 巴 塔 嘉 薩

大光芒遣除我與一切眾生之諸罪

ཞིང་། ཐེག་པ་ཆེན་པོའི་ལམ་གྱི་ཡོན་ཏན་ཚུལ་བཞིན་དུ་སྐྱེས

揚 特 巴 欽 布 蘭 戒 云 旦 策 云 德 吉

障，並如理生起大乘道功德而獲

དེ་ཕྱིར་མི་ལྡོག་པའི་ས་ནོན་པར་བསམས་ལ……

逮 謝 莫 到 畢 薩 磨 白 薩 拉

得不退轉果位」

དེ་ལྟར་ཅི་ནུས་སུ་བརྩོན་པར་བྱའོ། །ཐུན་མཚམས་རྣམས་སུ་མཎྜལ་སོགས་མཆོད

པ་དང་། ཐུབ་
平時盡力精進唸誦。座間時根據情
བསྟོད་ཀྱི་རིགས་དང་། སྙིང་རྗེ་པད་དཀར། རྒྱ་ཆེར་རོལ་པ། སྐྱེས་རབས་སྣ་
況供曼茶羅，誦各種釋尊贊，閱《大悲白蓮
ཚོགས༏ དེ་བཞིན་གཤེགས་པའི་མཚན་བརྒྱ་རྩ་བརྒྱད་པ་སོགས་མདོ་གང་འདོད་ཅི་ལྟར་
經》《廣大遊舞經》各種《釋尊經》《如來
ནུས་པར་བཀླག་དགེ་བའི་རྩ་བ་རྣམས་བླ་མེད་བྱང་ཆུབ་ཏུ་བསྔོ་བ་དང་སྨོན་ལམ་གྱིས་རྒྱས་
一百零八種名號》等，盡力隨意誦讀經典，
གདབ་པར་བྱའོ། །སྤྱིར་འགྲོ་འཆག་ཉལ་འདུག་གི་སྐབས་ཀུན་ཏུ་སྟོན་པ་ཉིད་མ་བརྗེད་
一切善根以迴向無上菩提及發願印持。總之，
པར་དྲན་པ་དང་། མཚན་མོ་ཡང་སྟོན་པ་དངོས་སུ་བཞུགས་པའི་སྐུ་ཡི་འོད་ཀྱིས་ཕྱོགས་
行住坐臥一切十分都應當憶念本師，夜間也
ཐམས་ཅད་ཉིན་མོ་ཤིན་ཏུ་དྭངས་པའི་དུས་ལྟ་བུར་སྣང་བའི་འདུ་ཤེས་ཀྱི་ངང་དུ་གཉིད་ལོག་
觀想釋尊之眞實身體發光照耀諸方如同極爲
པར་བྱ། དུས་རྒྱུན་དུ་སྟོན་པ་ཉིད་ཀྱིས་སྔོན་ཇི་ལྟར་ཐུགས་བསྐྱེད་པའི་ཚུལ་ལས་བརྩམས་
晴朗之白晝時一般，於此境界中入眠。平時
ཏེ༏ དུས་གསུམ་གྱི་སངས་རྒྱས་དང་བྱང་ཆུབ་སེམས་དཔའ་ཆེན་པོ་རྣམས་ཀྱི་རྣམ་པར་ཐར་
也隨念釋尊昔日如何發心的情形，勤隨三世
པ་ལ་རྗེས་སུ་གཞོལ་བའི་བྱང་ཆུབ་ཀྱི་སེམས་རིན་པོ་ཆེའི་དམ་བཅའ་ལྷོད་པ་མེད་པའི་ངང་
諸佛大菩薩事蹟，堅持珍寶菩提心之誓願而
ནས་བྱང་ཆུབ་སེམས་དཔའི་སྤྱོད་པ་སྤྱི་དང་ཁྱད་པར་དུ་ཞི་ལྷག་གི་རྣལ་འབྱོར་ལ་ཅི་ནུས་སུ་
行持菩薩行，尤其盡力勤修止觀瑜珈，如此
བརྩོན་པས་དལ་འབྱོར་ཐོབ་པ་དོན་ལྡན་དུ་འགྱུར་ཏེ། བདག་ཅག་གི་སྟོན་པ་འདི་ཉིད་ཀྱི་
將使所獲得的暇滿人身有意義。經中說僅以
མཚན་ཐོས་པ་ཙམ་ཞིག་གིས་རིམ་གྱིས་བྱང་ཆུབ་ཆེན་པོའི་ལམ་ལས་ཕྱིར་མི་ལྡོག་པར་མདོ་
聽聞我本師之名號也逐漸於大菩薩道中不退轉。
ལས་གསུངས་ལ། གོང་དུ་བསྟན་པའི་གཟུངས་འདི་ལས་སངས་རྒྱས་ཐམས་ཅད་འབྱུང་
《小般若經》中說：「諸佛皆從此陀
ཞིང་༏ གཟུངས་འདི་རྙེད་པའི་མཐུས་ཤཱཀྱའི་རྒྱལ་པོ་ཉིད་སངས་རྒྱས་ཤིང་། སྤྱན་རས་

羅尼咒中生，釋迦佛亦從此陀羅尼咒之威力

གཟིགས་དབང་ཕྱུག་སེམས་དཔའི་མཆོག་ཏུ་གྱུར་པ་དང་། གཟུངས་འདི་ཐོས་པ་ཙམ་གྱིས་

而成佛，觀世音依此現前菩薩勝果，僅僅聽

བསོད་ནམས་རྒྱ་ཆེན་པོ་ཚོགས་མེད་པར་འཐོབ་ཅིང་ལས་ཀྱི་སྒྲིབ་པ་ཐམས་ཅད་བྱང་བ་དང་།

聞此陀羅尼咒也將無勤獲得廣大福德並清靜

སྔགས་བསྒྲུབ་པ་ན་བགེགས་མ་མཆིས་པར་གྲུབ་པར་འགྱུར་རོ་ཞེས་ཤེས་རབ་ཀྱི་ཕ་རོལ་ཏུ་

一切業障。若修密咒，則無有磨障而成就。」

ཕྱིན་པ་ཡི་གེ་ཉུང་ངུ་ཞེས་པ་དེ་ཉིད་ལས་གསུངས་ཤིང་། བཀའ་གཞན་ལས་ཀྱང་གཟུངས་

其餘經典中也說唸誦一遍此陀羅尼咒可清靜

འདི་ལན་གཅིག་བཟླས་པས་བསྐལ་པ་བྱེ་བ་ཕྲག་བརྒྱད་ཁྲིའི་བར་དུ་བྱས་པའི་སྡིག་པ་ཐམས་

俱胝八萬劫中所造成的一切罪業等具無量功德

ཅད་བྱང་བར་འགྱུར་བ་སོགས་ཕན་ཡོན་ཚད་མེད་པ་དང་ལྡན་ཞིང་། དེ་བཞིན་གཤེགས་པ་

利益，此乃釋迦如來之殊勝心咒。對釋尊如

ཤཱཀྱ་ཐུབ་པའི་སྙིང་པོ་དམ་པ་ཉིད་དུ་གསུངས་སོ། །དད་པ་བསྐྱེད་པ་དང་ཞི་ལྷག་གི་རྣལ་

何升起信心及止觀之修法其他論典中有宣

འབྱོར་ལ་ཇི་ལྟར་བསྒོམ་པའི་ཚུལ་ཟུར་དུ་བཤད་པར་བྱའོ། །

說。（即於《釋尊廣傳白蓮花傳論》中有宣說）

ཞེས་པ་འདི་ནི་བསླབ་གསུམ་ནོར་བུའི་མཛོད་མངའ་དབོན་ཨོ་རྒྱན་བསྟན་འཛིན་ནོར་བུ་ནས

此修法儀軌是具三學寶藏之文鄔金丹增諾

བཀྲ་ཤིས་པའི་ལྷ་རྫས་དང་བཅས་ཏེ་ནན་ཏན་དུ་བསྐུལ་བ་ཡིད་ལ་འཇགས་པའི་སྟེང་དུ་ཉེ་ཆར་ཡང

吾供養吉祥哈達懇切勸請，我也銘記於心。

དབོན་རིན་པོ་ཆེ་ཉིད་ནས་སྤྲུལ་པའི་སྐུ་འཇིགས་མེད་པདྨ་བདེ་ཆེན་ལ་སྦྲན་ཏེ། རིན་ཆེན་དང་པོ

最近文仁波且又委託晉美班瑪德欽活佛，其

སོགས་བཀྲ་ཤིས་པའི་ལྷ་རྫས་ཀྱི་སྐྱེས་དང་བཅས་མྱུར་དུ་གྲུབ་པར་གྱིས་ཞེས་དམ་པ་ཟུང་གི་བཀས

以純金、吉祥哈達等供品請求速疾完成此修

བསྐུལ་བ་ལ་བརྟེན་ནས། སྟོན་པ་མཆོག་ལ་མི་ཕྱེད་པའི་དད་པ་ཐོབ་ཅིང་། དུས་མཐར་ཆོས

法儀軌。應此二位大德勸請，於勝殊本師有

སྨྲ་བའི་མིང་ཙམ་འཛིན་པ། ཤཱཀྱའི་རྗེས་འཇུག་མི་ཕམ་འཇམ་དབྱངས་རྒྱ་མཚོས། རྫ་དོ་རྗེ

不退信心、濁世名相說法者、釋迦世尊之弟

འཕན་ཕྱུག་གི་རི་ཞོལ་ཕུན་ཚོགས་ནོར་བུའི་གླིང་དུ། ཀུན་ལྡན་ལྕགས་བྱི་གསར་ཆོས་ཆོ་འཕྲུལ┈
子美彭嘉揚嘉措，鐵鼠年神變月初八於石渠
ཆེན་པོའི་ཡར་ཚེས་བརྒྱད་ལ་གྲུབ་པར་བགྱིས་པ་འདིས་ཀྱང་བསྟན་འགྲོ་ལ་ཕན་པ་རྨད་དུ་བྱུང་བ┈
多吉攀修神山附近圓滿寶珠寺院造華。願依
རྒྱུན་མི་འཆད་པར་བྱེད་པ་དང་། ཚུལ་འདི་མཐོང་ཐོས་དྲན་རེག་གི་འགྲོ་བ་རྣམས་ཀྱི་རྒྱུད་ལ་སྟོན་
此不斷弘法利生，今見聞念觸此儀軌之一切
པ་ཐུབ་པའི་དབང་པོའི་བྱིན་རླབས་མཚུངས་པ་མེད་པ་མངོན་དུ་འཇུག་པར་གྱུར་ཅིག །མངྒ┈
眾生相續中眞正獲得本師佛之無量加持。願
ལཾ།། །།
吉祥！

南無哥熱滿吉些兒哥嘛局佛陀耶！

獲得諸佛同等果　無等本師釋迦佛

憶念其德及深恩　盛開信蓮遍虛空

於諸如日般佛法　受持弘揚有緣眾

造此佛傳白蓮園　汝當歡喜而享用

一切憶念觀想釋迦牟尼佛的之人，如能在穩固信心的基礎上，通過觀佛陀身相、修寂止、勝觀瑜伽，則所有事業皆得成辦。以此緣故，以下簡述釋迦牟尼佛傳記。

一、功德品

總體說來，以業力感召而輪迴於三界中之眾生，無法擺脫三大痛苦、拋開束縛，因而也得不到任何究竟的安樂自在。正因為他們從無始劫來始終接連不斷地在漂流、輪轉，故而他們獲得暇滿難得的人身，並值佛出世、聞佛說法的機會也就微乎其微。

而我們恰好幸運地擁有了暇滿人身，還值遇了如意寶般的佛法，實乃可堪慶幸之事！但值此濁世之際，人壽短暫，而疾病又輪番相煎，再加上煩惱等一切不利因素的逼迫，因此，能調伏自心、如法修持之人就更顯寥寥無幾。如此一來，能生生世世利益眾生的佛法也就喪失了自己本該發揮的價值與意義。大多數人終日費盡心機於無意義之事，以靠追求今生瑣事及世間八法而散亂度日。原本世事無常、逝如閃電，無有任何可依靠之處。但眾生卻耗費太多精力用於規劃如此短暫脆弱之今生，絲毫也意識不到自己的肉身似水泡般消散的無實質內涵。若善加觀察，親友、怨敵、財物等一切人、物皆屬夢幻泡影，從來就無實質，也不穩固、恒定，皆屬分離毀滅之性，並且本身就是誘發痛苦之因。但可憐而愚癡的眾生卻不自知，反將之當成常有、安樂、值得絞盡腦汁算計的因素，從而執著於此而虛度難得人身。

許多人永遠生活在希求不斷的欲望與目標受挫的交相掙扎中，結果出乎他們意料的是，總是在某個突然時刻，他們的生命就像打雷一樣，瞬間就被炸裂、擊碎。從古至今，還未有一人能逃離得了死主的最後審判。儘管人人都不願感受死亡陰影，但在無人預知、也無人預報的情況下，閻羅王卻總是不期而至。而在肉體生命消殞之後，個人之業力並不就此終結，隨著他所造作的黑業白業，他也必將流轉於相應的惡趣善趣。

無欺之因果因緣超越所有人、天眾生的跨越能力，就是得到阿羅漢果位的大聖者，也無法違越他自己前世所造之因，更遑論其他眾生。因此，任何眾生所造之善業、惡業都將必然成熟、毫釐不爽。

可怕的是，末世眾生大多稟性頑劣，所造之業盡屬黑多白少，因之而將輪轉於三惡趣中。想想看：地獄有難忍長久的寒熱之痛；餓鬼的饑餓則廣大無邊；旁生更要受愚癡、互啖及被人役使之痛……如果我們在人間連一天的饑寒酷暑都無法承受的話，若是轉生於惡趣，那些萬倍於此的苦痛感受又如何消受？最令人不安的是，在某個眾生業力未窮盡之前，他根本無法解脫相應的種種痛苦。因此，每個稍有智慧之人都應審慎思維惡趣之慘痛、可怕，但可惜的是，能如此思索的人在現世實在是少之又少。

再說三善趣之痛苦：人有生、老、病、死、愛別離、怨憎會諸苦；非天有爭鬥之苦；天人有死墮之苦，三界之中，何有例外？到處充滿苦苦、變苦、行苦，眾生何來歡樂與自在？所以說輪迴真似火坑、魔女洲，無始無終如旋轉的火輪一般的眾生，在如此眾多之苦痛煎熬中，要想徹底脫離苦海該怎麼辦？

結論只能是依賴、皈依佛法僧三寶，捨此定無他法可滿自己離苦得樂之願。因此，我們首先應明瞭隨時憶念佛陀有非常大之意義，此即需要我們對佛陀生起堅定的信心，而這一切均來源於對佛陀身世的了知。

所謂的佛陀在無數劫之前，為利益所有眾生而發起了無上菩提心，後又圓滿了福慧資糧並最終獲得了遠離一切過患的智慧身果位；他真正是眾生皈依處、唯一估主，還是他們最無私之親友；他的法身具足十力、四無畏等如大海一般之無漏功德；他能現量通達三世一切萬事萬物；他的聲音具備六十種美妙梵音；他能於無量世界中顯現佛法光明；他的三十二相、八十好，以人、天為主的眾生若見之，定會感到像燦爛的太陽一般無比莊嚴、圓滿；他一根汗毛孔或者一線光芒所顯之光的功德，十方諸佛宣說無數劫也訴說不盡，更何況其餘功德。如是具無量功德之佛陀，誰若親睹其形、親聞其聲、或親身供養過，哪怕僅就是見到佛像、聆聽過名號，也都能在心間植下將來成熟的菩提種子，保證他在未得佛果之前能具足各種安樂。

據《大悲妙法白蓮經》記載：觀想佛陀後再供養一朵花；觀想佛陀後對之生起哪怕是一剎那的恭敬心；或者在旁生的心裏也能生起對佛陀的憶念的話，這些有緣眾生的涅槃果報則定可現前，此乃佛陀親口宣說。

在遍滿三千大千世界的獲得預流果、一來果、無來果、阿羅漢等境界的聖者面前，善男善女進行供養或以種種方式承侍之功德，與對佛陀生起信心，或對佛陀頂禮、合掌、稱南無佛之功德相較，那就實在是千萬分不及其一了。

如果在遍滿三千大千世界的緣覺前供養、承侍，或在其涅槃後以七寶供養緣覺之舍利，還在有生之年用各種妙香、鮮花、寶鬘等物進行種種嚴飾，凡此所積功德，與憶念佛陀、對佛陀生起清淨信心，或在對佛之功德生信後僅說一句

「佛之智慧真乃不可思議」等行持相較，其不可以里計之差距用比喻也無法言說，因佛陀所具有的是無量慈悲與清淨戒律等無漏功德。如有眾生對佛不可思議智慧產生信心的話，這種信心的異熟果報也同樣不

可思議。無論何等眾生，只要聽聞過佛的名號或者真實法語，那麼在他們得到最終佛果之前，憑此因緣所得到的種種功德都不可能無意義的消散。

曾有多名商人前往海中探寶，當輪船駛至大海中心時，突然從水中躍出一條巨大鯨魚，並妄圖殘忍吞噬掉船上的所有人。正當有人驚恐哭叫，有人無望地祈禱他們所信奉的各種天神時，一位具智且誠信三寶之商主，為了救護同船所有夥伴，便以恭敬心開始觀想佛陀，並要求大家也一同觀想且頂禮，還要齊力念誦佛號。當稱誦佛陀聖號的聲音傳開來之後，聽到佛號的鯨魚立刻打消掉此前的損害眾生之意，並在生起對佛陀歡喜心的同時，緊閉嘴巴離開了這條商船，最終未傷害船上任一個眾生。當商人們順利返回南贍部洲以後，那條鯨魚也因聽聞佛號的利益而開始恒享安樂。牠不僅停止了對其他動物的殺戮與食用，更在死後轉生為人，又值遇佛陀教法。他對律藏生起信心後便出家求道，依止善知識廣聞專修，最終獲得具六神通的阿羅漢果位，證得無餘涅槃。

像這樣轉生在旁生的眾生都能因聽聞佛號而再得人身、獲證涅槃果位，從中我們就可了知聽聞稱誦佛號的威力與可產生的神變。根據每個人的信心和對佛陀的憶念程度，聽聞持誦佛號所產生的功德也各有不同：有人因之而獲聲聞、緣覺諸果位，也有人從此種下無上菩提之因。

佛陀在經中說：「阿難，吾乃可憐眾生皈依處、估主、無偏親友、人天導師、度化眾生者、悲憫眾生者。此說為何？因法欲滅時，於我教團中，不如法之形象出家人紛紛應世。彼等眾生為一瓢酒誘惑，常牽其所生兒子之手往酒肆沽酒。劣陋如此之人亦能於賢劫中成就聖果，更何況如理修行之人。此假相比丘為何能得涅槃？因凡受我比丘戒之出家人均可一個不剩全得解脫，皆因此類眾生曾隨如來所證法界而起信心及正念，並發心頂禮、或口誦『南無佛』。」又經中云：「如是如來不可思，佛法亦為不可思。若於不可思生信，異熟果亦不可思。」

對佛陀生信的善根果報受用不盡，如以喻說明，則像一滴水彙入大海從而變成與無盡汪洋一體般相似。如果有眾生因前世業力轉生三惡趣中，但僅憑以前曾對如來有過信心的緣故，在此善根成熟後便會遇到佛法，並進而從惡趣中轉生，最後又因憶念世尊而得解脫。

佛陀自己說過：「阿難，對佛陀生信之再微小善根也永不會耗盡，對佛生起最短暫信心之善根一定會成為成佛之因。就如已上鉤之魚雖身體暫停於水中，但不久就會被釣離水面。於佛起信之眾生亦如是。」有些眾生會被業力拖下惡趣，但憑曾對佛有過的信心善根，等佛出世時，當佛以無漏智見關照之後，立刻就能解脫他所受之束縛。還有些人雖供養如來，卻由於貪執輪迴而不願立定成佛之志。實際上不管他本人願不願意，就如同我們在良田裏播下種子，只要因緣際會它就會自然而然地生長壯大、不理會我們的主觀意願一樣，這些人也決定會成就，因他供養的對境是最無上的福田，這樣的善根豈能不開花發芽。

佛陀還說過：「阿難，將來會有許多惡性國王及統領佛法邊地之國主出世，他們以及隨順他們之眷屬從來不懂佛法，更不知佛陀功德。即便如是，彼亦能於見到佛塔、佛像後生起淨信，因佛過去世時即以四攝法度化其人，以此因緣而必獲解脫。佛行菩薩道時，就曾供養過無量十方諸佛，依止甚多善知識，且依教奉行，又發下以四攝法攝受一切眾生之宏誓。他所造之不可思議善法無量無邊，凡此種種才使佛獲得了如金剛般之身相。」雖有眾生能變幻須彌山等七大山王如金剛樣堅固，但此等神變卻連損傷及拔出佛一根汗毛之能力都不具備。佛陀悲憫眾生，又以前世願力將自己遺身化成芝麻粒許的舍利子以饒益有情，誰若恭敬供養舍利子也必獲佛果。對舍利子、佛塔的實際親近，包括於夢境之時對他們生起恭敬、瞻仰、信奉之心，都能讓此人獲得究竟果位。

此外，佛陀又說：「供養佛陀功德亦永不會耗盡。觀想佛陀後於面前虛空中、或佛像前供養一朵花，此種功德若以如來之智慧衡量都不可測盡、無法言說。」這樣的眾生在萬劫之中於輪迴中漂轉，以這朵花的供養善根之成熟也可轉生成帝釋天王、梵天天主、轉輪聖王，所享安樂一直在他達於究竟佛地之前，都會享用不盡。因此經中還說：「善男子善女人欲獲帝釋天、梵天、四大天王、轉輪王之地位，或欲成為天龍夜叉等世間沽主，甚或欲成就聲聞、緣覺之果位乃至無上菩提之眾生，都應恭敬、供養、承侍如來。」

佛陀對阿難又說過：「且不論我獲佛果之功德，單言我行菩薩道時功德，聲聞、緣覺就未曾有，何論眾生？！我行菩薩道時，將王位、兒女、妻子，甚至自己生命骨肉全部佈施、捨棄，心甘情願感受痛苦，此等極難讓凡夫相信之事皆為利益眾生。聽聞此番話後，如有眾生能意識到佛為眾生苦行之甩心，於我所說四句法深信不疑，也必獲果地。」

如果憶念如來種姓之高貴、種種相好莊嚴、十力四無畏之功德、行菩薩道時的感人事跡、實施六度萬行的決絕態度、嚴持戒律的風範、還有真實無偽的大悲心性，則這樣做的異熟果報定可使我們獲取神變、威勢、及如甘露般之妙法。

一切生必有死，一切法均無常。故而我們應不放逸地勤行善法。

佛又說：「阿難，如有眾生憶念佛陀後感溉不已、汗毛直立、因生信而掉下熱淚，此等眾生皆不會再墮入惡道。所以眾生皆應精進行持不放逸法，如來之菩提及餘善根也依此而得。」

《生起佛力神變幻化經》云：「世燈隱沒後，沈沈暗數劫，為利諸有情，如來住此世。猶如空中月，及與幻化相，無性亦來去，如是佛亦然。佛陀亦示現，佛塔佛像等，何人敬供養，憶念其名號，發願求菩提，彼等皆解脫。若人頂禮佛，聽聞其妙法，供養受持者，離苦得解脫。」

其他佛經中說：「天人妙衣飲食等，恒沙劫中供眾生，不若佈施一居士，一日所獲功德大。隨信比丘與預流，一來無來阿羅漢，十方聖者緣覺前，供養恒河沙數劫。所積功德雖廣大，不若偶聽佛音聲，甚至一睹諸佛像，所獲功德超勝彼。若論見像後合掌，讚歎說偈以供養，此等善行皆積福，功德增上無等倫。何人持誦佛名號，生起信心不退轉，功德超勝汝諸人，用盡珍寶供如來。僅持名號利今生，來世也得無量益，何況讚歎念誦佛，生信功德無須說。」

《律藏經》云：「與佛所結諸緣分，稱誦供養微細事，皆得享用善趣樂，甘露佛果最終得。」

《賢劫經》中則說道：「虛空邊可量，大海深可測，於佛起信心，功德實難詮。從今至菩提，永斷惡趣苦，如欲得利益，應勤種福田，精勤不放逸，恭敬供養佛。」

而《入定不定手印經》則云：在十個三千世界如微塵數一般之緣覺

前，用瞻洲純金製成的宮殿進行供養，並且還在這樣的處所上嚴飾以種種寶燈、鮮花與妙香；再加上天人百味甘美飲食、精緻妙衣的奉獻，以此種種於恒河沙劫中恒時供奉所獲之功德，遠遠不能與有人僅僅聽聞到一聲「佛陀」、或「世間估主」、「一切智智」的聲音所得功德，或者目睹佛之畫像、塑像所獲功德相提並論。而能親手合掌、供養香、花、燈的功德就更難訴說，甚至對佛陀僅說一句讚歎偈的功德都廣大難測。這種善因哪怕只種下一次也能令人成就許多受用，並引發未來的獲取佛果、成為遍知等目標之實現。就像一滴水融入大海後，在劫末大火之前永不會乾涸那樣，同理，因如來而生起的再小善根，於一切智智火未出現前也不會消散。正如月輪雖小，但卻明然突顯於群星中燦爛赫然一般，依靠對佛所做的微小善事而生之善根，就是細微渺小，也遠比其他善法而生之善根高廣博大。如是如來具足不可思議功德。以上所敘僅是歸納諸經大概，如欲詳細了知，請翻查原經。

又《華嚴經》云：「佛子！何人見聞億念如來無上正等覺，皆生巨大善根功德，此種功德於此眾生修持無上菩提具真實難言之大意義。能助其除障、滿願、去一切誘惑、所求皆得承辦、享用所有有為法之安樂，直至取無為法之智、圓滿最究竟願望、得自然本智之果。」

這就好比一個人吃了金剛，金剛絕不可能馬上就消失得無影無蹤；草堆裏只要有一點星火，薪不盡火就不滅一樣，憑藉佛陀而來的小小善根亦不會在輪迴中耗盡，他最終會成為成就如來無為法之因。為何如此？因此種與如來有淵源關係的善根有不共能力之故。

《華嚴經》中還說道：「噫，佛子！汝應了知且深信不疑：任何眾生聽聞如來名號皆得遣除一切罪障。此等眾生偶或於如來生不恭敬等邪見，但見聞如來之善根力，在彼未得菩提前定不會因之而喪失。如來涅槃後，再過無數劫，聽聞佛號後生善根之力，與如來顯化時無有二致，且此善根永不耗盡。如來雖住於他世界，如若憶念，所得加持力與親在如來前無有二致。一切如來因安住於無量前際、後際故，依他所生之福德也無有邊際，因佛陀乃一切眾生中最清淨、無有任何垢染罪障之覺者。」

《屋室經》中說：「阿難，若向如來合掌、口誦『南無如來正等覺』且頂禮者，此眾生我已攝受，並將得佛果。於此眾生，我必關注有加。何以故？如來安住法界中，而合掌功德不可耗盡，何況佈施等餘功德。阿難，依靠佛、法、僧所生善根，輪迴中永不耗盡，皆為成就佛果之因。」

《寶積經•無量法門陀羅尼品》則云：「稱誦『南無佛』、頂禮佛是大燈火，因能燒盡煩惱故。而任何眾生只要聞到佛號亦能成為得大佛果之因，如稱頌、念說佛號，則可遠離一切無明黑暗，僅聞佛名皆得使聞者遠離無明黑暗。」

《華嚴經》中又說：「諸佛為利益眾生而做如來事業。」

《不退輪經》則闡釋道：「任何聽聞無等大師釋迦牟尼佛名號之眾生都將獲證不退菩提之果位。若僅聽聞名號都能獲如是功德利益，則供養一朵花於佛舍利塔前之功德自不必多言。不幸墮入旁生類眾生，以聽聞佛號故亦可種下無上菩提之因，且得以依次第證取佛果。這皆因諸佛發願力及發心不可思議所致。」

無論觀想佛陀、對之起信、或祈禱佛陀等善根大小，都有永不會耗盡的無量功德。在輪迴中，他們會成為眾生生生世世獲取快樂之因。不唯如此，圓滿菩提果之前，他們將一直為得大菩提之因。

這些道理在眾多佛經中都已被再三宣說過，我們對佛陀教言理應生信。

《法門經》記載了這麼一則故事：一個人正要被人們殺掉以祭祀供神時，他在此生死存亡之際才對佛陀生起了信心，並口誦了一句「南無佛」。結果就這麼一個善根也使他於六十劫中都轉生在三十三天作天人，八十劫中能憶念起前世，而且生生世世都無有憂惱苦痛，且於轉生後還能幫助別人遣除痛苦。

其他經中也有如下記載：一次，大海中一條巨鯨正要張開血盆大口吞食一條船上的商主們，此刻的商人們各個驚恐不已，他們於情急之中便念起佛號。結果在聽到佛號後，這條鯨魚就閉上了牠那正準備大開殺戒的嘴。後來，此鯨魚於安樂中死去並轉生為人，在值遇佛法後獲證阿羅漢果。此人名為法政。

還有一個記載：以前有一女僕，亦曾聽聞過佛名。她在被一頭犛牛頂死後轉生為斯里蘭卡，一位名叫珍珠的女士。身體、財富的莊嚴與圓滿自不必說，並且一生就獲得聖果。

如此事例都為如來親宣於諸多佛經中。

在懂得以上道理後，我們於未遇死亡恐怖、尚能自由自在時，就必須以不放逸之態度好好憶念佛陀、珍視佛陀。其實無論我們觀想的是十方三世的哪一尊佛，他們的法身都是平等的，他們的斷證都是圓滿的，並無任何差別。只不過因為我們這些娑婆世界的眾生太難調化，當其他佛陀並沒有降生在我們這個世界，釋迦牟尼佛仍以強烈之大悲心攝受我們。因此，我們觀想釋迦牟尼佛，一方面是有智慧的行為，一方面也是本著報恩的態度。如來所以興出世，本身就為度眾生。只要有一個眾生得到利益，如來的出世就會有意義。所以我們依賴佛陀所種的種種善根，才是對佛陀最好的報恩。如果我們了知了釋迦佛的恩德再去祈禱他的話，世尊便會以特殊方便慈悲攝受我們，因而我們很容易就會得到他的悲憫攝受與加持，這是必然而然的一個因緣。因釋迦佛過去就曾發過願要攝受我們這些濁世眾生，此中緣由下面就要廣述一番。

二、發願品

勝蓮如來剎土莊嚴

據《大悲妙法白蓮經》中記載：釋迦如來一時於王舍城靈鷲山說法。時有比丘六萬兩千，彌勒等不退轉大菩薩八百萬數，世間估主梵天之類及天龍夜叉等大乘種姓眾生而圍繞。彌勒、見義、獅慧等一萬餘大菩薩承佛威神從座而起，面向東南合掌恭敬，以歡喜、清淨心而白佛言：「勝蓮如來正等覺成佛以來示大神變，饒益千萬眾生善法利益。如來置眾生於不退轉菩提果位，實乃稀有無比。」此一萬大菩薩眾說完齊聲誦道：「頂禮勝蓮如來。」此時眾中有一菩薩名叫寶光，從座而起，恭問佛道：「勝蓮如來所住剎土距此世界遠近如何？他成佛後已過多少時日？」佛陀答言：「善男，你以大悲為成熟無量眾生善根而問勝蓮如來成佛、示現神通變化、利益眾生種種事業，你所發問實為你福報、辯才所致，我當為你宣說，你應諦聽：善男子，東南方去此過百千俱胝恒河沙國土，有世界名蓮花，其剎土具足種種功德莊嚴。繽紛鮮花、奇異妙香、盛大寶蓮嚴飾其處，又以藍寶石為地。諸大菩薩遍滿蓮花剎土，且處處皆聞佛法宣流。世尊勝蓮於昨夜盡、今晨啟時成就佛果，得無上菩提，現今發大神通、顯無量神變。勝蓮如來從頂髻中放大光芒，照徹上方世界微塵數如來剎土。諸上方佛土各大菩薩齊往下瞰，不見眾多山王，惟有無量無邊大菩薩遍滿世界。上方剎土中菩薩頓得等持、辯才、安忍、超地功德，已成最後有者之眾菩薩皆恭敬合掌、禮贊。他們親睹勝蓮如來身相、剎土、眷屬諸多圓滿、莊嚴相後，俱生大歡喜心，各以神變力前往蓮花剎土以供養如來。世尊勝蓮於行、住、坐時，伸廣長舌遍覆四大部洲，所有一切入定大菩薩各個出定依次供養。勝蓮如來又以大神變收回廣長舌，再於一一毛髮中放射六百萬道光芒，十方世界微塵許如來剎土皆蒙光澤。放光已，世尊勝蓮又收斂光芒於體內。

勝蓮如來授記道：『你等諸大菩薩皆當獲等持之菩提果。凡見聞、頂禮、恭敬、供養者，均可生於我之剎土。我以放光神變攝受你等。』言訖，勝蓮如來於所有眷屬、菩薩前廣轉不退轉輪之大法輪。

蓮花世界光明普照，白天黑夜悉皆隱沒。蓮花閉、鳥聲小、諸佛菩薩入禪永享安樂時，是為夜晚;花又開、鳥鳴啁啾、天降花雨、芬芳撲鼻、和風輕送，諸佛菩薩出定，勝蓮如來為菩薩眾傳大乘超勝聲聞之法時，則為白晝。此剎土之菩薩皆呈三十二相，光明通達一百由旬，得不退轉果位，具慈悲、清淨、無垢、入定、熄滅眾生煩惱、尋求善法之心，及能實施六度萬行、寂止、勝觀、正知正念、遣除一切魔障、違緣之能力。此皆因這些菩薩已於無量千百萬眾如來前勤行供養之故。

蓮花剎土無有女人名，亦無不善業、煩惱、執著、黑暗、垢染、三惡趣之苦。無暇、荊棘、石子、日月星宿皆遠離，火、風、雲、雨均消失，惟依佛菩薩、珍寶福德之光而得以顯現。如梵天無欲界食物一般，此剎土眾生端賴禪悅、佛法、妙香為食，無一般飲食。有鳥名叫果鳥，出美妙、悅耳之音，演八菩提支法語。此土廣博無涯際，與須彌山相較，若此山高六十萬八千由旬，寬八萬四千由旬，若把與如此之須彌山相應的世界搓成芝麻粒許，蓮花剎土則可包容無量此等芝麻粒。且這個佛國剎土中眾生全為大乘菩薩，亦如極樂世界。勝蓮如來住世三十中劫廣宣妙法，至其涅槃後，佛法仍可住世十中劫。已生將生彼土菩薩眾，壽長四十中劫。

此蓮花剎土久遠劫前本為檀香剎土，所有眾生並非皆為清淨。於此混雜之眾中，有一如來號勝月應世說法三十劫。一時於後夜時分示現圓寂，臨入滅時授記道：『有一大菩薩名曰虛空手印。我滅寂後，佛法住世十中劫。於法最後入滅時，此虛空手印菩薩示現成佛，號勝蓮如來。』

當此之時，此剎土中各大菩薩一一讚歎勝蓮如來道：『我們於十中劫中將入滅盡定，直至勝蓮如來出世方出定。』勝月如來則對其宣說咒語道：『此如來法門咒語為過去一切諸佛傳於紹聖者，今傳給你們。現在、未來一切諸佛均傳授此咒，你們實應諦聽且記取。』」

釋迦王如來當此之時在其眷屬前宣說此咒，時大地六次震動，現種種奇異神變。佛在無量聞法之菩薩眾前講述如何得不退轉菩提果及此咒語功德威力與因緣，所有一切現前不退菩提之菩薩眾，也各個講述了自己此前受持此咒之經過。釋迦佛還宣說了其餘奇妙之咒，並顯示種種神變利益眾生。

輻輪王率眾供養如來

有一大菩薩名叫寂慧問佛說：「世尊，其他諸佛剎土清淨離垢，遠離一切汙濁，具種種功德莊嚴。唯有圓滿功德，具安樂之大菩薩，而無聲聞之名。何以釋迦如來教化之婆娑世界，壽命濁、時間濁、眾生濁、見濁、煩惱濁興盛？世尊成佛後為何為四種眷屬宣說三乘法要？為何其餘佛陀攝持遠離五濁之清淨剎土，世尊獨應化在此等惡土濁世？」

如將釋迦佛的回答大略歸納，則可匯總如下：

佛說：「善男子，諸大菩薩乃以大悲、願力攝受不清淨眾生。恒沙河數劫前，當此世界處持執大劫時，四大部洲出一轉輪聖王叫輻輪轉輪王（後來之阿彌陀佛）。王下屬中有一海塵婆羅門（後來之釋迦牟尼佛），此婆羅門生一子具三十二相，名海藏。海藏出家後獲證佛果，號寶藏如來。寶藏如來置無邊無際眾生暫時處於善趣安樂，並終引導眾生趨於究竟解脫。

寶藏如來有一次與眷屬及聲聞弟子同入城中。離輻輪王國土不遠處有園叫瞻洲園，寶藏如來與眾人皆住於此園中。輻輪王聞聽後即攜財寶及百萬眷屬前往親近、頂禮、聞法，並祈請世尊與眷屬能於冬季三月中受他們供養。寶藏如來聞後允諾。輻輪王即命其國中人民咸來供養世尊，於世尊及眷屬所居之地廣建七寶宮殿，種種珍寶而為嚴飾，並供養法輪寶等七輪寶。且於每一僧眾、眷屬前以檀香粉、藍寶石等資具供養，日日於如來前恭敬供養莊嚴美妙之衣食，輻輪王亦親手執拂塵於如來前聽命。

一千國王太子與一千小國臣民每日皆於如來前作如是供養。如來及眷屬應供圓滿後，無量無數眾生來到世尊前聽聞法要。諸天人彈撥各種出美妙音聲之樂器並降下花雨，著藍色衣服之四百萬夜叉前來護衛佛陀與其眷屬。輻輪王則於夜晚在佛陀、僧眾前供燈無數盞——他坐於佛前，頭頂、雙肩、兩手、兩足上放滿燈盞，如是供養、通宵不寐。承佛威神加持之力，輻輪王並無疲倦之態。王如比丘入於第三禪定一般，感受大樂，無有絲毫痛苦。

如是供養三月之後，一千太子、八萬四千小國等無量眾生，人人皆於每一僧眾前供養、承侍，恭敬亦如輻輪王一般。王妃吉祥天女三月中恒以妙香、鮮花供奉如來前，成千上萬美女也在一一聲聞前作香、花供養。三月普供圓滿後，國王又做瞻洲純金質地飾品八萬四千、金輪王寶、神珠寶、玉女寶、大臣寶、將軍寶、大象寶、駿馬寶等七輪寶八萬四千，還將八萬四千太子、八萬四千小國國王、欣慕克等八萬四千城市、及八萬四千如意寶樹、八萬四千奇珍異寶、八萬四千七寶所成寶傘等人、財、物，再加只有國王才能享用的八萬四千妙衣，八萬四千珍寶念珠，寶鳥、寶獸、寶扇各八萬四千、取精妙藥八萬四千，尚有寶鐲、耳環、項鏈、臥具、鈴、鼓、海螺、寶幢、樂苑、燈器等無盡珍寶日用全都供養於如來前。為祈請佛陀幫助遣除、寬恕自己所造一切業障，並長住此瞻洲園，輻輪王說道：『我為瞻仰、供養如來方常入此園恭敬承侍，祈世尊慈悲長住此處。』

輻輪王之一千太子亦如父王誠心祈請，且各個皆得供養如來及其眷屬三月。

此時，海塵婆羅門正以乞討之方式雲遊整個南瞻部洲，並沿路勸請眾生皈依佛門、發菩提心。當睜眼、根聚、輪福、無惑、無畏、虛空、支生、成就等眾一千太子如輻輪王一樣，各自圓滿供養了三個月後，又用八萬四千七輪寶等廣作供養，凡此種種並不稍遜於輻輪王。供養完畢，有太子發願要成為梵天、帝釋天等天主及聲聞乘者或富翁之類，如此經過了二百五十年後，所有太子皆已輪番供養過如來並懺悔、發願，海塵婆羅門也結束雲遊來到瞻洲園。他一到此便用種種食品、資具祈請寶藏如來應供七年，寶藏如來慈悲開許。海塵遂如輻輪王所做廣大供養一般，於如來前奉行恭敬供養及承侍。

寶藏如來解析夢

一日，海塵心生一念：我已讓萬千無量眾生皆發無上圓滿成就佛果之菩提心，不知輻輪王又是如何發心？是人王發心，還是天王發心？那些發願得聲聞、緣覺或無上菩提之人的心行又如何？我發願獲無上圓滿佛果並度化所有有緣眾生，國王所願為何？佛陀、聲聞聖者、天龍夜叉皆應於夢中提示我。

做是念已，當夜於海塵婆羅門夢中，無數恒河沙如來皆現其前。眾如來給海塵許多朵由金葉、銀根、蘭寶石花鬚、石精寶花蕊組成的寶蓮，每朵蓮花中都有日輪，日輪裏有七寶寶傘。一一太陽放光無數，光芒全部融入海塵婆羅門之口。海塵自己身體亦成如上千由旬之鏡面一樣廣大、清淨，且體內遍滿六十百千俱胝跏趺坐菩薩眾，各於蓮座上入深禪定。日光放光於海塵頭頂，七寶傘躍升到梵天世界。海塵四周圍繞以五顏六色之繽紛鮮花，花中傳出天人美妙樂音。

恰在此時，海塵望見輻輪王遍身覆血，頭變豬頭，東奔西走，盲衝瞎撞。他吃了許多眾生後坐於埃繞拉大樹下，許多眾生又來吃掉輻輪王，及其骨架亦被啃嚙一空。其他眾生倏而不見，國王屍骨又復生肉，身體上最終又生出豬頭。於是又開始狂奔且吃眾生，吃畢又坐於埃繞拉大樹下，復被其他眾生所啖……如此迴圈不已。

至若王子，有些長豬頭、象頭，有些長犀牛、獅子、狼、狐狸、狗、猴子等各種畜牲之首，且身體遍覆鮮血。他們也吃食眾生肉，吃完坐於埃繞拉大樹下。接著又有眾生前來吃他們，吃至骨架亦無，後又生肉，長出獸頭，再食其餘眾生……反反復復，不知何時終了。

有些太子，則以豆蔻花裝飾自己後騎於犀牛或馬車上，一邊向右邊方向望去，一邊就漸入迷途。

帝釋天、梵天此刻已來到海塵面前，並對他說：『你應給眾王子一人供養一朵寶蓮，其餘蓮花可分諸國王、臣民。』海塵聽從吩咐於是開始給諸人分蓮花，正分之時，夢忽覺矣。

海塵醒後暗自思付：國王太子想必喜歡輪迴之安樂，騎馬、騎犀牛之屬料想已發下入聲聞乘之願。我能見到諸佛放大光明，應代表我讓南瞻部洲眾生獲三福德之功德。我已引領無數南瞻部洲眾生趨入善法，且供養佛陀七年，具體夢境之解析應問於如來。夢中我見到十方諸佛，諸佛還送鮮花於我。我已發無上菩提心，與此夢相究竟有何關連，應問如來。我還見蓮花及花中日輪，光明赫奕日光入我口中，身體變長增大，體內有許多以跏趺坐禪定之菩薩，帝釋天、梵天要求我把蓮花分給諸人，這些又是什麼因緣？到底又標誌著哪些徵相？我應詳細問於如來。

第二日早，海塵來到寶藏如來前先行種種飲食供養，待圓滿後坐於佛前低矮坐墊上。此時，輻輪王與一千太子為聽法故也來在佛前。海塵婆羅門在眾人前講述完了這個夢境，世尊於是說道：『海塵，你見恒河沙數佛陀且送你蓮花，花中有光融入汝口，此乃你雲遊四方二百五十年，引領無數南瞻部洲眾生發無上菩提心之功德所致。如此利益眾生、使他們發心，諸佛皆為你授記。眾世尊又送七寶寶傘高至梵天，此為你將來成佛時，妙音周遍十方恒河沙世界之表徵。你之肉髻見而不令人生厭，將為整個三界之莊嚴。而你體內有六十百千俱胝禪定菩薩，表示你未來成佛時，將使無量眾生發不退轉菩提心及發願成佛。你涅槃後，這些眾生於微塵數劫後必在其他種種佛國剎土成就佛果，並感恩禮贊道：「我等今日成佛全賴海塵婆羅門昔日發願之力。」此為你夢中體內顯現眾多菩薩之象徵。至於夢見諸國王及太子生出豬頭、狗首，遍身覆血，啖吃餘眾畢，又坐於埃繞拉大樹下被其餘眾生吞食。忽而身體又恢復如初，便如上所為，翻來覆去輪番不休。此等現象皆顯示愚笨之眾雖經勸化，而後發心行善，但只願以此善根得人天果報，故而才成為眾生享用品。諸趣之中，天人有死墮之苦；轉生為人後，又受生、老、病、死、愛別離、怨憎會等百般痛苦折磨；旁生有愚癡及砍頭之苦；餓鬼飽受饑渴之苦痛；地獄離不開寒熱煎熬，此類愚笨眾生皆得輾轉於六道中受此難忍眾苦。至於夢見以豆蔻花裝飾己身，騎犀牛及坐馬車之輩前往迷途，則當代表一些受你勸化而行三種福德之人，只顧自己入於寂滅，已趨入聲聞乘。』

海塵勸請眾生各發無上菩提心

海塵聽罷就對輻輪王說道：『國王獲此暇滿難得人身且值佛出世實如曇花現世，短暫而又稀有。況且又對善法生起信心且發下大願，亦為難能可貴。但不知國王知否，王政實乃痛苦之源，四大部洲之王位政權亦成痛苦之因，依此只能於輪迴中長久感受痛苦。而人天福報亦如微風，飄忽不穩且終將散逝。凡夫只知希求水月般的妙欲，又始終不知饜足。喜好人天福報者，將來必有墮落之日，何況人天諸界中，本身就要感受六道各自不同之種種痛苦。此等漂轉於輪迴中之凡夫，因無善知識引導，諸如「以前沒得到的境界以後想得到」、「以前沒證悟，今後一定要證悟」、「過去沒現量見到，將來要現量見到」之類的大願，這類眾生斷不可能發下，亦不會精進修持。他們對能滅盡一切痛苦根源之菩提心，不僅不希求，反而心生厭煩，而於一切痛苦輪迴之根則無有厭離之意。國王，輪迴實為所有煩惱、痛苦之根，需加以悉心觀察。國王已於佛法上做了大事、種下大善根，又對三寶生信，於佛陀前做能得大受用之供養，為轉生善趣而守持戒律，且親聆佛陀宣示法要，亦得大智慧，廣行上供下施之舉……圓滿此等善根後，國王實應發無上圓滿菩提心。』

輻輪王則回答道：『我不想發無上圓滿菩提心。為享輪迴中之安樂，我已做了佈施，也守持了戒律，還聽聞了佛法。怎奈無上菩提非常難得，故我不欲發此大願。』

海塵婆羅門聽後就再三勸請道：『大王，菩提道善妙異常，你應發願；菩提道通達無礙，你應起信；菩提道是清淨心之道，是正直大道、絕無彎曲。菩提道無有麻煩障礙束縛，亦無有狡詐煩惱之處，清淨非常。此道乃一切諸佛所加持，你應生歡喜心；菩提道同於一切智智之如意寶，你應珍惜；菩提道遠離一切不善法，為趨入善趣因。大王，菩提道是涅槃、究竟安樂之道。是故，國王應發無上菩提心。』

海塵廣宣、讚歎了菩提道功德後，輻輪王答道：『婆羅門，如來於人壽八萬劫時出世，並無熄滅惡趣眾生痛苦，所有眾生皆據本身善根大小而享相應安樂：有眾生成就等持陀羅尼；善根殊勝之菩薩獲不退轉菩提：亦有眾生享受人天福報。眾生如是各依其善惡業力感召果報，如來並未滅除任何一個眾生之痛苦。如此說來，佛陀究竟度化了哪一個眾生？儘管佛身相是大福田，如來亦未造成眾生善根，眾生也非解脫痛苦。我實已發菩提心，行菩薩行，積累大智慧，且趨入不可思議法門，並因之而調化眾生，做如來事業。只因有些如來剎土亦存在煩惱眾生，我不發成就此等不清淨佛國剎土之願而已。若我未來能住持清淨剎土，能利益眾生而成佛，則我願行菩薩道。』

正當此時，寶藏如來入明鏡莊嚴等持，剎那時分，十方微塵數莊嚴清淨剎土紛然呈現。有剎土正有佛顯示涅槃，有些則顯示如來已入涅槃；有些剎土中，如來正住菩提樹下顯現降魔景觀；有些剎土中顯現如來成佛後轉法輪之情景；有些剎土只有諸佛菩薩以及聲聞，有些則有聲聞乘者，有些則既無諸佛菩薩又無聲聞行者；有些剎土充滿五濁煩惱之眾生，有些無此等煩惱之眾；有些剎土眾生根機殊勝，有些剎土眾生根性惡劣；有些剎土眾生壽長，有些剎土眾生命短；有些剎土正在成形，有些則處住劫，有些因受大火等災難而趨於滅亡。

種種剎土一一各以等持力而顯現，一目了然、清晰可辨。

海塵語於輻輪王：『請觀佛之剎土各個不同之莊嚴景象，並發菩提心。你應任意選擇一剎土發願。』

輻輪王於是在如來前合掌請求：『我當如何發願以得清淨剎土？如何令眾生心皆清淨無染？眾生如何方得以長壽？』寶藏如來答道：『輻輪王，大菩薩以發願力得以轉生五濁興盛剎土，亦可以發願力轉生清淨離垢剎土。』輻輪王聞已答道：『我欲轉生無有五濁、清淨無染之剎土。』

寶藏如來回答說：『汝之因緣時節應已成熟，可發此願。』輻輪王於是在佛前頂禮。後歸家觀想清淨佛剎之貌。

海塵婆羅門隨後告訴睜眼大太子說：『你應發無上菩提心，勤修福德並迴向功德。』睜眼太子答道：『我欲歸家，於寂靜地思維佛剎莊嚴景象。如能發菩提心，我當親往佛前發願發心。』言畢返家，思維佛陀剎土種種功德莊嚴。海塵又在其餘千名太子前一一如前勸發菩提心，並及八萬四千小國國王與無量數眾生，皆承海塵勸請而發無上菩提，各自歸家穩坐，思維如來剎土莊嚴功德。

海塵一日心生一念：我已勸說許多眾生皆發無上菩提心，且親在佛及僧眾前恭請、承侍、供養七年。所發無上菩提心、誓願倘能成辦，則我欲所有一切天人、非天、羅剎、夜叉、鳩盤荼之類亦能做廣大供養，我想先見多聞天王。做此念已，多聞天王與數十萬前後圍繞之夜叉現於婆羅門前。

多聞天王說：『你有何等欲我幫助完成之事？』海塵問道：『你是誰？』天王回答道：『你聽聞過多聞天王名號嗎？我就是。今日找我有何貴幹？』海塵婆羅門就對多聞天王說：『天王，你實在應該廣行上供下施。』

『我願成辦你所希望之一切事情。』多聞天王應答道。

婆羅門即說道：『天王應立刻照我所說行事，勸請所有眷屬同發無上菩提心。欲發心之夜叉應於海邊取蛇心檀香、白檀香，有些則應覓各種妙香、鮮花，如此當能助我於佛前日日供養。』天王聞言應聲答道：『謹遵君命，傾刻照辦。』

多聞天王返回後即刻擊鼓集眾，對諸夜叉、羅剎說：『你等應知，現在瞻部洲有一海塵婆羅門，正於圓滿正等覺寶藏如來及其比丘僧眾前供養、承侍七年。你們皆應隨喜且發無上菩提心。』無數夜叉、羅剎聽罷合掌讚歎：『海塵婆羅門供養、承侍世尊功德，我輩皆至心隨喜，並發圓滿菩提心、迴向此功德。他所求之事定一一奉行。』多聞天王說：『你們好好聽著，如欲獲善根、福德者，今海塵婆羅門七年供養如來，需蛇心檀香、白檀香以作供奉，你們應往海邊找尋。』九萬二千夜叉齊聲應諾：『我們取蛇心檀香及白檀香。』四萬六千夜叉答道：『我們去尋妙香。』五萬兩千夜叉答以覓取鮮花。兩萬夜叉說：『為供養世尊，我們要找到取精妙藥、神饈等神藥異草。』七萬夜叉答言：『供養食物應屬我輩分內之事。』

海塵聞已又起念道：尚應使其餘持國、廣目、增長二大天王、龍王、夜叉、羅剎等眾前來發無上菩提心。做此念已，承佛神力加被，第二個、第三個四大部洲所有四大天王及其眷屬全部來在海塵面前。海塵亦如是勸他們發無上菩提心。

海塵又生一念：如我發願、發心功德圓滿，所有欲界天人也應受我教化上供下施、發無上心，故而帝釋天、離爭天、兜率天、化樂天、他化自在天諸天天人也應現在我前。思慮及此，五天天人全都應想而來，且說道：『你有何事欲我等承辦？』海塵則說：『為供養世尊，你們天人都應以寶樹、香花、天人妙衣、寶墊、飾物、寶床、寶傘、勝幢、樂器等所有天人美妙物品，嚴飾如來所居之瞻部洲瞻洲花園。』五大天主各回其土，集中持西天子所有天人後說道：『瞻部洲瞻洲花園欲做裝飾，應以各種寶墊、美食等物而為飾品，一一宮殿應如帝釋天宮莊嚴勝妙。』佈置妥當，一日之中，所有要求皆得圓滿，使人間花園齊於天上世界。五大天主隨後趨於婆羅門前：『人間瞻洲園裝飾已畢，尚有其餘我們可效力之事嗎？』婆羅門回答說：『五大天王在諸天人中極富威望、統領天界，應召集所有天人，讓他們親往人間，見聞、頂禮、承侍佛陀並聽聞妙法。』五大天王即召告所有天人道：『你們均應隨喜海塵婆羅門種諸善根，並發無上菩提心。』無數天人聞天主所言全部照辦，為聽佛法及供養佛陀，到黃昏時分，五天王率多達十萬眷屬齊往瞻部洲，在佛前聞聽法要，從虛空中降下花雨，彈撥能出美妙音聲樂器。

海塵又思付道：非天若能前來肯定是件好事。念訖，五大非天天王攜剛波等魔眾，及大梵天等千百萬眷屬，尚有第二個四大部洲帝釋天等五大天王現在其前，如是等梵天、非天、魔眾、第三個、第四個、第五個四大部洲之各天、非天、魔眾、梵天等眷屬，乃至三千大千世界所有天王、天及非天等無數眾生，皆如前所述，各發無上菩提心，聽聞佛法、供養佛陀。

海塵於是又想到：瞻部洲與所有世界中人及旁生、地獄眾生，所受諸苦皆當熄滅，如來應於眾生前顯示幻化，調化他們發無上菩提心。做此念已，如來覺知，即入等持，身體汗毛發光無數，滅盡眾生痛苦。這類眾生親睹如來身相，都發無上菩提心。世尊如是利益無量眾生。

瞻部洲人們聞得如來所居瞻洲花園為天人裝飾，造無量宮殿，眾人都欲拜見世尊、聽佛傳法，便相率來到如來前。此瞻洲花園有七寶組成之門二萬扇，每一門上均列寶座五百座，每一座上有婆羅門子五百數。凡入此二萬門者皆皈依三寶，發無上菩提心。

婆羅門如是七年中令天人、龍、非天、夜叉、羅剎、食香者（乾達婆）、餓鬼、食肉鬼、地獄及旁生等無數眾生發無上菩提心。七年圓滿後，又做法輪寶以外的八萬四千法輪供養，大象寶以外的七寶裝飾之八萬四千大象、駿馬寶八萬四千等供品也做供養。

輻輪王與諸人發願並得授記

輻輪王也於七年之中未生貪、嗔、癡等念，亦未生起執著國政、財富、兒女、飲食、睡眠等念頭，自他之心也未曾生起。七年中，他沒躺下睡過覺，亦無白天、夜晚、色、聲種種心念，身體也沒有產生疲勞之類的感覺。輻輪王恒時明然照見十方微塵數如來剎土功德莊嚴，不見山河大地、日月星辰諸種法，唯觀如來清淨剎土，且發願。

國王如是明觀，一千太子、八萬四千小國國王、及與成千上萬無數眾生皆住於寂靜地觀想如來剎土。有眾生觀清淨剎土，有眾生觀不清淨剎土。待七年圓滿時，海塵婆羅門欲在如來前做七寶供養，便合掌請求：『尊者如來，我讓輻輪王及一千太子、八萬四千小國國王等眾生為發無上菩提心安住於寂靜地專注觀想，請世尊讓國王及眾生全部出定，並發堅固不動菩提心，且為他們授記。』

寶藏如來即入智慧行等持，口出藍、紅、白、深紅、水晶、銀色光，眾光於眾人前幻化成梵天而使之出定。梵天說道：『諸位朋友，請從作意、入定中出定。海塵婆羅門七年供養已圓滿，今佛欲往他方，你等皆應往如來前供養、承侍。」眾人互相告之，最終傳於輻輪王。王即從作意、觀想中出定，攜眷屬來到如來前。時天人奏發美妙音聲之樂器，輻輪與一千太子等頂禮並坐於世尊前。

海塵婆羅門對國王說：『大國王，你與眷屬供養、承侍如來三月，我當隨喜功德，此供養之功德、善根應迴向無上菩提。』海塵又如是隨喜一千太子等其他眾生供養功德、善根，且要求他們也將此功德迴向無上菩提。諸事完畢，寶藏如來思量到：婆羅門已使如許多之眾生發不退轉菩提心，我當授記這些眾生未來剎土。念畢，佛陀面呈笑意，發光入不遺忘菩提等持，並以此微笑之光顯現無量無邊如來剎土，此中可見輻輪王未來剎土種種功德莊嚴。十方無量剎土眾菩薩均睹如來所放光芒，為頂禮、承侍世尊寶藏而紛紛前來。他們以菩薩大幻變法供養如來，且欲聽聞此等發心菩薩所得授記。

海塵婆羅門語於輻輪王：『你欲住持之未來剎土功德莊嚴如何？你當發願。』

輻輪王即於寶藏如來前合掌說道：『我恭敬、供養如來之善根已迴向無上菩提，七年中思維如來剎土功德莊嚴，現我發願：我將來成佛時住持之剎土當無三惡趣，所有不善業及死亡時之痛苦音聲亦不存在。眾生壽命、身體、等持、神變全為清淨，器世間與有情世間功德廣大、清淨。我欲成就如此剎土。』此發願之所有過程在原經中有廣述，在此恐繁未錄。

輻輪王又說道：『在器情世界變成如是清淨剎土之前，我願積集清淨資糧，行持菩薩道，待時機因緣成熟後於菩提樹下發願，發願之剎那頓獲無上佛果。當此之時，如來之身光、眷屬、聲聞、菩薩僧眾壽命、剎土種種莊嚴景況，無人能知曉、測度，唯除如來一切智智。千萬諸佛亦讚歎我剎土功德莊嚴無與等倫。凡聽聞我名號者皆得往生我之剎土，唯除捨法、造五無間罪者。』此乃輻輪王之願。

寶藏如來聞畢讚歎：『善哉，輻輪王！你願實為深奧。國王請看，從此過西方十萬億國土，有世界名自在莊嚴，有如來自在妙音正住世傳法。此土無聲聞、緣覺名，亦無聲聞、緣覺諸法，世尊自在妙音所傳皆為大乘法要。此土眾生全為化身，無女人名。如來涅槃後，佛法趨於隱沒。六十中劫後，此世界名為山光剎土，無邊智慧功德王如來出世，其剎土功德莊嚴與自在莊嚴剎土無有二致。如來壽命六十中劫，涅槃後，佛法住世十六中劫，隨後隱沒。過一千中劫，此世界又名極喜剎土，光明如來出世。此佛壽命、剎土莊嚴與無邊智慧功德王如來、山光剎土無有區別。佛法隱沒後，又成輪福剎土，寶藏自在妙音如來出世且住世五中劫，其土功德莊嚴等同於極喜剎土。佛涅槃後，佛法住世七中劫。待佛法隱沒後，此剎土又現出無量如來，無量如來雖示涅槃，但剎土不生不滅。又過恒河沙數劫，出現第二個恒河沙數劫時，此剎土名極樂世界。你即於此剎土獲無上圓滿佛果，號無上圓滿正等覺無量光如來（阿彌陀佛）。』

輻輪王聞畢問寶藏如來：『世尊，在這個剎土上，先前成佛之菩薩皆從何處發願而來？』

寶藏如來答言：『他們乃於其他剎土中發願來此世界，皆承過去、現在諸佛授記而獲無上圓滿佛果。』

輻輪王又說：『讓我等發無上菩提心之海塵婆羅門，何時成佛？』

佛言：『此婆羅門具廣大悲心，他轉法輪時，獅吼聲你亦能聞。』

輻輪王接著說道：『如來為我授記，如我所發之願未來皆得圓滿，我現今於如來前五體投地頂禮之時，恒河沙數世界皆當震動，器世間住世之諸佛都應予我授記。』言畢頂禮，如其所說，諸佛同為其授記。

寶藏如來緊接著說：『你應攝受殊勝眾生，恒河沙數諸佛為你授記，山河大地亦已震動，都證明你將成人天導師。』如來說完此番話，輻輪王滿意非常，為聽法故乃坐於如來近旁。

海塵婆羅門又如是勸請睜眼太子，太子乃請求佛陀道：『我觀惡趣眾生有難忍之痛，善趣眾生亦為煩惱所縛再墮惡趣。其餘眾生又為惡知識攝受，墮於非法黑暗中，滅盡自己善根，復被惡見鯨魚吞噬而恒處惡道中。為此眾生，我將自己善根全迴向無上菩提，為這些眾生能行持菩薩道。唯願受苦、缺乏佛法、怯懦之眾生，憶念我時誦我名號，我當以天耳、天眼聽聞照見。此等可憐眾生未得解脫之前，我不先得菩提。依此殊勝發願力，我長久住世，願眾生皆能離苦得樂。依我殊勝大願，我為此等眾生恒行菩薩道。願如來圓滿我願！

輻輪王成為無量光如來後，在其顯示涅槃與佛法隱沒之間，願我行持菩薩行。無量光如來佛法於後夜隱沒，願我黎明時成佛。請寶藏如來與十方諸佛為我授記。』

寶藏如來授記道：『善男子，你觀惡趣眾生而發大悲心，以此緣故，你名觀世音自在。觀世音，你能度脫無量無邊眾生痛苦，行菩薩道時亦能成辦如來事業。善男子，無量光如來涅槃後，第二個恒河沙數劫中時，佛法於一日後夜時分隱沒，你即於彼時在菩提樹莊嚴之金剛座上成佛，號如來正等覺勝光吉祥王如來。』世尊壽命、佛法住世數量、太子所說諦實語、世界震動、出擊鈸樂器妙聲、諸佛授記等諸多情況，在經文中有廣說，如欲了知，請翻查原經。

海塵婆羅門又如是勸請二太子輪福等其餘太子發願將來住持各自之剎土，他們各依自己所願發願未來住持種種剎土，並行菩薩行。後蒙如來授記、出諸種瑞相之詳情，本經中均有廣述。寶藏如來授記二太子輪福名大勢至菩薩，且授記觀世音菩薩成勝光吉祥王如來後，所住持剎土名清淨寶積剎土。大勢至菩薩於勝光吉祥王如來涅槃後示現成佛，號堅固功德寶藏王如來，所住剎土功德莊嚴與清淨寶積剎土無有二致。

三太子根聚亦發願行菩薩道、住持具足功德之廣大剎土。寶藏如來聞畢讚歎:『善哉，善男子！你聰慧穎異、心地善良，所發大願實為深奧。你具足殊勝功德、智慧，為利一切眾生發願住持功德、智慧圓滿之剎土。以此緣故，乃名文殊師利菩薩。文殊，於第三個恒河沙數劫中時，南方有世界名離垢清淨剎土，你即於此剎土示現成佛。娑婆世界亦屬此剎土。你成佛後號如來正等覺普見如來。』

四太子無惑發願欲如文殊菩薩行菩薩道，住持功德圓滿之剎土。寶藏如來為之授記道：『你行菩薩道時，能摧毀無量眾生煩惱大山，廣做如來事業，故名金剛智慧吉祥菩薩。於第二個恒河沙數劫中時，離此往東越十恒河沙數國土，有世界名睜眼剎土，如你所願，此剎土具足功德莊嚴。你成佛時，號普賢如來。』

五太子無畏發願未來住持無有煩惱、惡趣，如蓮花如來所居之剎土。寶藏如來授記說：『善男子，你所發誓願殊勝、剎土美妙，不久當獲等持。以說諦實語之力降下花雨，虛空中遍滿蓮花，你名虛空手印菩薩。於第二個恒河沙數劫中時，你於東方蓮花剎土成佛，號勝蓮如來。壽命、菩薩僧眾無量數。』

六太子虛空發願住持剎土同於虛空手印菩薩。寶藏如來為其授記：『善男子，善妙無比。你願實為廣大，諸多十方恒河沙數世界合為一世界，此世界具種種極悅耳動聽音聲。你為極明顯菩薩，將於第二個恒河沙數劫中時，於東方日月剎土成佛，號法自在王如來。』

七太子支生發願住持無煩惱、惡趣、女人之剎土，此剎土亦無有山岩、凹凸不平處、石子、荊棘、糞便、鼻涕等不淨物。只有具備寶石、鮮花、各種樂器之莊嚴圓滿世界，而有情世界則皆具等持，能現見十方諸佛具足種種功德莊嚴剎土。寶藏如來授記道：『善哉！你為獅香菩薩，於第二個恒河沙數劫中時，從此往東過四十二恒河沙數世界，有世界名藍香離垢剎土，你即於此剎土示現成佛，號離垢光明見相自在王如來。』

八太子無害發願住持剎土一如藍香離垢，亦如前行菩薩道。他發願說：『我欲顯現莊嚴等持，能修持一萬一千等持，能現見十方無邊如來、三世諸佛尊嚴，現見無邊聲聞圍繞之如來相，變幻微塵數身體於如來前做頂禮及無量供養，度化眾生，所願如離垢光明見相自在王如來。』無害太子發願時現出種種瑞相。寶藏如來為他授記說：『善哉！你所願剎土清淨非常，無量眾生受你度化願供養無量諸佛，你未來名為普賢菩薩。普賢，你於第二個恒河沙數劫中時，從此過北方六十恒河沙世界，有世界名為智慧水清淨功德剎土，你即於此土成佛，號如來正等覺智慧金剛自在寶頂如來。』當此之時，有懈怠眾生一萬名異口同聲發願道：『普賢菩薩行菩薩道、住持剎土，吾等皆欲往其剎土成佛。』寶藏如來也為他們授記道：『你等未來皆能於智慧水清淨功德剎土近旁示現成佛。一千人同取一名，號無垢妙音自在王如來等等。』九太子無罪發願道：『我行菩薩道時，乃至得菩提果之

前，願生生世世不生後悔、疑惑、擾亂他人、聲聞緣覺等諸不善業心；生生世世出家求道，恭敬說法上師；誓言堅固，允諾兌現。』無罪說此諦實語時，現出手中降下天人千福寶輪等稀有瑞相。寶藏如來則為他授記說：『善哉！你所發大願實為美妙，且將依天人法輪而利益無量五濁興盛眾生，使他們獲無有垢染心並發菩提心。你未來將成不動菩薩，且當作佛，故應發願住持自己所願之剎土。』九太子答言：『我發願住持剎土有以黃金為地，地平如掌，天人如意寶遍滿等器世間功德。還具有無惡趣、病、老、死諸苦，具足隨念佛陀等善法，離我法二執等眾生功德。實為宮殿、衣飾、樂器等安樂資具一一具備之極稀有剎土。』寶藏如來聽罷就授記道：『善男子，不動菩薩你將於第二個恒河沙數劫中時，離此向東越一千佛剎，有世界名現喜剎土，具足你所願諸種功德。你即於此剎土示現成佛，號不動佛。』

十太子雪寶發願同於不動菩薩。寶藏如來授記道：『你發願廣大，兼以蛇心檀香賜與許多眾生，讓他們觀想佛陀。以此功德，你將成為香象菩薩。待不動佛圓寂後，佛法隱沒七天，你即於現喜剎土成佛，號金花如來。』

十一太子獅子所發之願與香象菩薩無有區別。寶藏如來授記道：『你為寶頂菩薩，金花如來圓寂後再過三中劫，你即成佛，剎土名勝月剎土，功德莊嚴等同不動佛剎土，號香象自在妙音如來。』

十二太子年迪等五百餘太子皆發虛空手印菩薩之願，且發願住持未來剎土。寶藏如來一一授記他們將轉生之佛剎。四百太子又發願，其願同於金剛智慧吉祥如來，並發願未來住持剎土。寶藏如來一一為其授記。

餘諸九十太子所發之願與普賢菩薩無有二致，並一一發願未來住持各自佛剎。寶藏如來皆為其授記。

此時八萬四千小國國王均發願於未來住持具莊嚴功德之剎土，九億兩千萬眾生亦發願將住持剎土。寶藏如來依次授記眾人於別處佛剎成佛經過。

海塵婆羅門長子名海自在遍主，婆羅門乃於其前勸他亦發願住持未來剎土。海自在遍主聞言說道：『父親應出獅吼聲。』海塵答言：『待兒子發願圓滿後，我最後發願。』海自在遍主又問父親：『我當住持清淨還是不清淨剎土？』海塵於是說道：『一般而論，具大悲心菩薩住所剎土多煩惱眾生，你可據自己意願自己抉擇。』海自在遍主即到寶藏如來前說道：『我發願於人壽八萬歲時獲菩提果位。眾生貪心、煩惱彼時薄弱，厭離輪迴之眾為數廣大，我願於此眾生中示現成佛。』寶藏如來即授記道：『過一恒河沙數劫，出現青蓮實證劫時，有世界名殊勝四洲，眾生壽命八萬歲時，你即於此剎土成佛，號寶積如來。』

寶藏如來又為海塵婆羅門二子至海塵最小婆羅門子各個授記，他們皆於青蓮實證劫時示現成佛。海塵最小婆羅門子名無畏愁，發願住持剎土之眾生壽命、所度化眾生數、僧眾總量、佛法住世長短，皆為前此七十九子願望總和。寶藏如來授記無畏愁將於青蓮實證劫後成佛，號離垢顯聖如來。

當此之時，海塵婆羅門弟子三千萬坐於門外，海塵又一一勸發菩提心，勸請他們發願住持如來剎土。眾弟子中有一勝星，聞言乃道：『吾等欲獲菩提果位，當以何種道、資糧、行為、隨念方得作佛？』海塵答言：『應積集智慧、福德資糧，以無盡四寶藏為道，讚歎菩薩道為行。』婆羅門弟子勝星於是到寶藏如來前發願道：『願於此濁世時成佛。』言畢，以發願及諦實語加持之力，勝星現出手中降下大象寶等諸多瑞相。寶藏如來授記道：『你將示現成佛，號寶傘勝光如來。』

寶藏如來如是一一為一千婆羅門子及三千萬海塵眾弟子婆羅門子各按其願力授記，最後成佛之數人佛號依次為：毗婆屍佛、屍棄佛、毗捨浮佛。婆羅門子中有一遍入風，因教授吠陀而為眾人恭稱上師。遍入風此時說道：『我發願於五濁惡世興盛時成佛，特為具三毒之眾生傳法。』婆羅門子護星乃問：『遍入風上師欲於五濁興盛之剎土成佛，有何密意？』海塵婆羅門答道：『大悲心強烈之菩薩會於五濁興盛地示現成佛，因他欲慈心度化無有估主、無有皈依處之可憐眾生。』寶藏如來旋即授記道：『遍入風將於東方僧幢剎土成佛，號山王如來。』一千婆羅門子中，護星發願欲於人壽四萬歲時示現成佛。寶藏如來即為其授記道：『當此娑婆世界人壽四萬歲時，你示現成佛，號拘留孫佛。』

餘諸二婆羅門子至九百九十九婆羅門子各個發願住持未來剎土，寶藏如來則一一為其授記：於此賢劫人壽三萬歲時，迦那迦佛出世；人壽二萬歲時，迦葉佛出世；乃至人壽升至八萬歲時，又有彌勒佛出世。一千婆羅門子中，最小一子大勢力發願欲於賢劫所有佛前供養、聞法，並將於佛法隱沒時利益濁世眾生。大勢力願自己住持之剎土眾生壽命、佛法住世時日皆為前此一千零四位諸佛總和，賢劫諸佛教法下所有破戒、不恭敬、誹謗者皆得於大勢力教法中解脫輪迴、趨入涅槃城。他發願完，寶藏如來即為其授記道：『你將成為藥王明星菩薩，為賢劫最後一佛，號勝解光明如來。』

海塵婆羅門聞畢讚歎：『我自此無需承侍你等，諸人可隨意行持。』海塵婆羅門下有五婆羅門子承侍海塵，海塵一一送與他們寶飾等物且勸其發心。寶藏如來復為此五子一一授記。

海塵所發五百大願

海塵心生一念：我已於如來前勸無數眷屬皆發菩提心，眾人均發廣大願住持各自剎土，所有菩薩皆捨棄濁世眾生，唯除遍入風。故我當為濁世眾生發願。如是發願必有利於人天眾生，諸佛菩薩亦必讚歎。將來有大悲心之菩薩會行此道，十方菩薩亦將度化濁世可憐眾生。我涅槃後過不可思議劫，十方諸佛定讚歎我今日所發之願，聽聞後也當發願住持濁世剎土。我現今應發大願、出獅吼聲。

海塵婆羅門便將法衣披於肩上，來到寶藏如來前。當時千萬天人出擊鈸樂音、降下花雨，並讚歎道：『善哉，善男子！』所有在場眷屬亦合掌讚歎：『善哉，善男子！利益我等之大智者，你應發堅定誓願，我等樂聞。』海塵婆羅門於是右膝著地，當此之時，三千大千世界如來刹土皆一一震動，擊鈸樂器自然出聲，鳥、獸發動聽悅耳之鳴，一切樹木開花結果，世間惡趣眾生痛苦滅盡、生起慈悲心，虛空中天人以鮮花作供養。乃至色究竟天以下天界諸天人為聽海塵婆羅門誓言全都來到南瞻部洲，手捧妙香、鮮花等各種供品以作供養。

海塵婆羅門合掌作偈讚歎如來道：『禪定解脫如梵天，色界光明如帝釋，廣行佈施如法王，具足寶藏如商主。宣說滅法如山獅，不動穩固如山王，安祥平靜如大海，功過平等如大地。』海塵如是讚歎如來功德後祈請道：『如來尊者，我已勸請無量無邊眾生發菩提心，他們亦各自發願住持未來刹土。其願度化之眾生心地清淨、守護善根，因之易於調化。護星等一千零四位婆羅門子，如來也已授記皆當於賢劫中成佛。眾聖者雖願調化具貪、嗔、癡、慢之眾生，願以三乘佛法教化他們，但煩惱障深重眾生及濁世眾生均被拋棄。一切造五無間罪、捨法、誹謗聖者、執持邪見、遠離聖者七財、不孝父母、不恭敬比丘及婆羅門子、造諸惡業、做諸非福德之業、離十善道、於來世痛苦不以為然、不行三善行反持三惡行、被善知識與智者捨棄、身陷囹圄、趨入世間濁流、沈迷輪迴利欲、跨入無明黑暗、為惡道摧毀，已入險道等等諸多眾生，皆不為此等聖者攝受。娑婆世界賢劫人壽十歲時，可憐眾生亦被捨棄。所有一切無有皈依處、估主之眾，只能於輪迴漩渦中承受種種苦痛。

聖者所居刹土清淨無染，所調化眾生易於積累善根。不被攝受之眾生可憐可歎，此理昭然。』

寶藏如來答道：『所言正是。各個眾生依自己之意願發願、住持刹土，我亦按其誓願一一為之授記。』

海塵婆羅門緊接著說道：『世尊，看到此種情景，我心如紫根樹葉般跳動，並生起大痛苦，身體也感覺疲倦。世尊，眾菩薩已捨棄此等眾生，而於濁世黑暗中，我願以大悲心攝受他們。第二個恒河沙數劫中，於賢劫人壽一千歲時，願我長行菩薩道，對輪迴不生厭煩心。願以禪定力長期調化眾生，以歡喜心使之行六度萬行。

世尊所言無有相狀之殊勝佈施，我即以此行佈施波羅蜜多。生生世世中，無數眾生以乞討過活，我發願以飲食、藥物、寶傘、寶幢、珍寶等給予此類乞丐，且以大悲心不希求果報賜與他們。願我能見他們得解脫，願我能為利益如此眾生甘願捨棄一切。為利益眾生，極難佈施之自己眷屬、城市、王位、宮殿、子女、乃至自身皮膚、血肉、骨骼、頭、及至生命，願我皆以歡喜心佈施捨棄。過去無人行之佈施、未來行持菩薩道眾人任誰亦無法佈施之物，我願捨棄。無數生生世世，為獲菩提，願我能行佈施。不惟自己佈施，也能勸眾人佈施。

願我以種種難行之行，持清淨戒律，行淨戒波羅蜜多。願我於難忍對境中，行堅韌、安忍波羅蜜多。

願我以無為法寂滅之方式行精進波羅蜜多，觀一切有為法為空性。

願我能行菩薩道永不退轉，為斷一切障礙修持空性，以此行禪定波羅蜜多。

願我能接受一切無生空性，行智慧波羅蜜多。過去、未來諸菩薩以歡喜、堅定心難行此智慧波羅蜜多，願我能行之。願我能使一切眾生生大悲心，從初發願乃至得菩提之間，皆得具足殊勝大悲心。

願從今乃至涅槃間，為使眾多菩薩生起稀有感歎，我佈施、持戒等無有絲毫傲慢與執著心。

我為遠離七聖財、諸佛未調化、捨法、造諸惡業、趨入惡道等眾生發願，不希求自己安樂果位，以歡喜、堅定心利益此等眾生。

為播植善根於一眾生心相續中，我願十大劫中以歡喜心感受無間地獄痛苦。

為播植善根於一眾生心相續中，我願於旁生、餓鬼、貧窮夜叉、困苦眾人中感受各種痛苦。

為播植善根於一眾生心相續中，我願利益一個眾生乃至所有眾生。

願我能圓滿行持，達於赤手空拳或燒壞心相續般調柔境界（原意不明，藏文中亦不甚明瞭，請深思！）。

願我除了為成佛而在兜率天變成天子、成為最後有者菩薩外，生生世世不希求天人安樂。

願我於漫長輪迴中，能供養微塵數如來，一一如來前能以微塵數供品供養。

願我能證悟微塵數如來剎土功德。

願我能使微塵數剎土眾生皆發菩提心。

願我能使聲聞乘眾生按自己意願行各自之道。

願我能於佛未出世時，以仙人禁行使眾生行十善道，使眾生具足禪定、神通等。

如有眾生貪執己見，有眾生信奉大自在天，有眾生信奉遍入天、日、月、梵天、帝釋、大鵬等，於此眾生前，我亦變成大自在天等形象饒益他們。

如有饑餓眾生，願我能用血肉佈施、救助；如有痛苦眾生，願我能以身體、生命救護。

願我能以長期最大之發心利益損壞自己相續、喪失善根之眾生。

願我能於長期輪迴中，心甘情願感受極難忍之痛苦、強烈或中等痛苦。

當婆羅門子護星於賢劫中成拘留孫佛時，願我能以聖者慧眼照見十方世界微塵數剎土中諸如來廣轉法輪及住世景象。

願我能使敗壞心相續眾生、造諸惡業及捨棄善法之可憐眾皆得以行持無上菩提；願我能使此等眾生皆行佈施等波羅蜜多；願他們所造善根均為無上菩提之因，從而解脫惡趣束縛；願我能使此類眾生積累福德、智慧資糧，並使之趨入諸如來剎土中，如來當賜與他們無上菩提且為之授記；願這些眾生能獲等持、總持、安忍諸功德、並進而圓滿果地。

願我能以種種法使眾生守持如來剎土，眾生亦歡喜接受。

願我於拘留孫佛出世後，能以各種供品供養世尊，且於拘留孫佛教法下出家，精進持戒、聞法、修持等持，並為趨入惡道、造不善業諸眾宣講佛法，使之調柔身心，接受我之勸化。

願我於如來教法隱沒時，以任運自成方式廣做如來事業。

從今乃至人壽一百歲間，願我能使所有造惡離善眾生行持三福德善法（施、戒、修）。

願我能於人壽一百歲時，往天界為天人宣說佛法並調化諸天天人。

人壽一百二十歲時，整個世間眾人陶醉於安樂、地位、美妙身相中。相續中有吝嗇心、趨入五濁黑暗之眾生，增上貪心等煩惱眾生，互相損害、誹謗聖者、捨棄正法等增上不善業、毀壞善法、無慚無愧、現種種疾病、相貌醜陋、持各種惡見、邪見之眾，遍滿世間。恒時聽聞老、病、死、殺害、怨敵、寒熱、饑渴、疲勞等不悅意音聲，毀壞善根之眾充斥世界，他們都已被善知識捨棄。心相續中充滿嗔恨之眾生，亦已被遍知如來及善知識捨棄。這些眾生漂泊於黑暗輪迴中，雖以各自業力感召偶或能轉生於人壽一百二十歲時之賢劫，但因業力所感，具善根之眾也捨棄他們。他們多轉生於寸草不生之鹽鹼等荒涼粗糙之地，此等不毛之地多為微塵覆蓋，骯髒汙穢、充滿蚊蠅、毒蛇、猛獸，並常起暴風驟雨，腥臭恒久不散。污水恣肆縱橫，淒涼冷雨難停。莊稼不能成熟，藥物、果實、飲食、受用皆不如願，且多已污染、粗糙、變成與毒藥相和之物。眾生享用此類物品後，性情粗暴，易生嗔心、吝嗇心。他們會憎恨對方並致互相殘害；渴求血肉、獸皮；常執兵器殺害有情。眾人會以賽馬、劍術為樂，並喜握各種兵器。也有眾生樂行毫無意義之苦行、醜陋禁行……當此之時，為調化如上種種濁世眾生、成熟他們善根，願我能從兜率天降臨人間，入於轉輪王種姓父王之賢慧王妃胎中。此時，上至色究竟天，下至金剛大地以上，願遍滿大光輝。願此光輝於一切時照耀，三惡趣及人天眾生皆得以親睹。

願所有見者能對輪迴痛苦生厭離心，能希求涅槃，至少生熄滅煩惱心，最初聖道種子應播下。

願我以精通一切諸法等持之一法門，亦能於隨後劫中宣說佛法，並於母胎中入定十月。

願我成佛以後，從輪迴中所渡化眾生皆能見我於母胎中以跏趺坐入於摩尼寶般等持之相。

十月期滿，以我所積真實福德等持力，願整個娑婆世界從色究竟天至金剛大地六次震動，眾生皆當甦醒。

願我從母親右肋降生人間後，此娑婆世界有大光輝遍照，所有眾生均得以了知。善根未成熟眾生能因之播下涅槃菩提種子；善根種子已成熟眾生，能生起等持苗芽。

願我出生後，腳掌接觸大地時，娑婆世界金剛大地以上之大地六次震動，所有四生、五道眾生，水裏、虛空中眾生皆得甦醒。願此等眾生心相續中，尚未生起等持苗芽者，我能使之生出；等持苗芽已生起者，我應使之穩固，使他們於三乘法中獲不退轉果位。

願我降生於娑婆世界中後，大梵天、魔王波旬、帝釋天、日、月、世間估主、龍王、非天天王、具神變之夜叉王、羅剎王、龍、非天諸眾，為供養故而現在我前。

願我降生後立刻就能行走七步。

願我能以自己所積福德等持力，於在場所有眷屬前宣說三乘清淨佛法。

願我能調化所有當場眷屬中之聲聞乘最後有者。

緣覺乘根機眾生，我願他們獲殊勝安忍；無上大乘根機眾生，願他們獲如大海般金剛定等持。依此等持，願他們超離三界。

願我開始沐浴時，諸大龍王能來在我前為我行沐浴。凡見我沐浴者，願他們皆得現前證悟三乘法中所宣示之功德境界。

任何見我乘馬車；做童稚遊戲；學工巧；做諸事業；學文學語言；於美女前享五種妙欲；對此世間享樂生厭離心；半夜捨棄王位後，著紅色衣、袈裟趨於菩提樹下等諸種景象者，願他們能對三乘法生信，且開始精進修法，並願我能為他們宣說佛法。

願聲聞、緣覺乘者各獲等持境界。

願我於金剛座吉祥草墊上跏趺而坐，能行持熄滅呼吸、如虛空般禪定。

願我從禪定中出定後，自己享用芝麻粒之一半，另一半佈施乞討者。

願我能使娑婆世界色究竟天以下天人均來向我做供養。願諸天天人見我苦行後皆能生敬佩心，願他們亦能行苦行。

願我熄滅一切聲聞乘根機眾生煩惱，調化緣覺根機眾生成最後有者。

願龍、夜叉、非天、具五神通仙人為供養我而來在我前，以我苦行之感召，他們全得調化。

願四大部洲中，種種外道禁行者、苦行者面前均有非人助我調化，非人語於外道：「你等苦行實不究竟，此最後有者菩薩亦在苦行，而他定會成佛，故你等皆應前往一睹，受其勸化。」此等苦行者聞言後，均能捨棄各自之苦行來在我前。見我苦行後，各入聲聞諸乘，依各自根機而得調化。

願人間國王、人中英傑、城市中諸人皆能到我苦行之地，並依三乘法而得解脫；願諸女人為瞻仰我而來到我眼前，且成最後女身，最終各依自己因緣於三乘法中而得解脫；願飛禽走獸睹我苦行之後，永不再為旁生，並於三乘法中而得解脫；願餓鬼見我行持之後永不再為餓鬼，並於三乘法中而得解脫；願無量眾生見我苦行後皆生稀有心，於心相續中播下解脫種子；願我能於漫漫時日中，以跏趺坐厲行苦行；願我能行過去任一外道、聲聞乘者、菩薩眾未能行之苦行，未來亦能行如上之眾無法行之苦行。

願我得菩提果時，能以大勢力勝伏所有魔眾，因前世業力剩餘之煩惱魔亦被降伏，現前成就無上菩提。

願我能使一眾生獲阿羅漢果位，乃至二、三、四等所有與阿羅漢有緣眾生，皆得以我說法而得阿羅漢果位。

願我即使只為一眾生亦能顯示數十萬神變。

願我能為可憐眾生宣說正見、具成千上萬法義之詞句；願此等眾生皆據自己根機而得相應果位。

願我能以智慧金剛摧毀眾生心相續中煩惱大山。

願我能宣說使眾生趨入三乘法之佛法，能為哪怕一眾生宣講佛法，並賜其無畏佈施。為行佈施及賜其無畏，願我為說法能步行數百由旬。

願在我教法下多有出家眾人，且出家時無有諸多障礙；於我教法下，可憐眾與脆弱、忘性大、精神障礙、譫妄、魯莽、邪見、因煩惱而心煩意亂諸眾，及諸女人皆得圓滿出家。

願我具足比丘、比丘尼，優婆塞、伏婆夷四類眷屬。

願有眾多大士弘揚我之教法。

願諸天天人現見真諦；夜叉、龍、非天等能持守八關齋戒；乃至旁生也能行梵淨行。

寶藏如來，願我得菩提時，任何眾生以嗔恨心用兵器、火、矛及其牠武器損害我，以粗言惡語誹謗我、咒罵我、隨處造謠、宣揚生事，施與我有毒飲食，我未斷盡業障亦應先成佛。待我獲菩提時，眾生因前世所生怨恨，以粗言惡語詆毀我，用種種兵器、有毒飲食出我身血，我皆當賜與他們清淨戒律、等持、大悲，為他們宣說如天鼓聲般妙法，使他們獲清淨信心而行持善法。願此等眾生業障清淨、守持淨戒。願他們皆不以造此等惡業而障礙得離貪、生善趣及無漏法。願我自己業障亦得以究竟圓滿清淨。

寶藏如來，願我獲菩提果後，全身所有毛孔每日皆能幻變具三十二相、八十好之如來，此幻化如來能入所有有佛住世、無佛住世、五濁興盛世界。此等幻現世尊每日於種種剎土中，在造諸五無間罪、捨法罪、誹謗聖者、與惡友交往、趨入聲聞乘、戒律不清淨、毀壞戒律、犯根本戒、焚毀心相續、善心敗壞、喪失善道、趨入輪迴深淵、已入惡道等種種眾生前，宣說佛法。

何人對大自在天、遍入天生信，願我即能以此類形象為他們宣說正法。

願眾生於這些剎土中聽聞對我功德之讚歎並生羨慕心，且發願將來轉生我之剎土。

此類眾生若於臨死時，我未能親去宣說佛法，或未能清淨他們心地，則我不欲成佛；此類眾生若死後墮於惡趣，亦或不能轉生於我之剎土獲得人身，則我前此所發誓願皆當敗壞，願我不能成佛，願我如來事業不應實現。

其他剎土造五無間罪、趨入惡道眾生，若於死後轉生我之剎土則有種種相：身體顏色暗淡無光、面如食肉鬼、昏沈迷亂、臭氣燻天、毀壞戒律、短命夭折、罹患惡疾、失壞一切財物……為此類眾生得度，願我於娑婆世界之所有四大部洲，從兜率天降入母胎，長大後玩童稚遊戲、學習工巧技藝、行持苦行、降伏魔眾，及至最後示現成佛、廣轉法輪。顯示如是相後，最終顯現涅槃，並將舍利留於人間。願以此而調化眾生。

願我得菩提後，僅僅宣說一句法要，亦能使聲聞、緣覺根機眾生各自聽聞相應乘法語；所有遠離資糧之眾聽聞佈施法雨；遠離福德、希求善趣眾生聽聞持戒法語；互相憎恨、各感恐怖眾生聽聞慈心法語；殺害眾生之有情聽聞悲心法語；具嫉妒、吝嗇心眾生聽聞喜心法語；迷於色界、無色界眾生聽聞捨心法語；對欲界生貪之眾聽聞言其過患法語；反感、厭惡大乘法眾生聽聞隨呼吸生正念法門法語；執持邪見者聽聞緣起法語；孤陋寡聞眾生聽聞不忘失法語；執持惡見眾生聽聞空性法語；雜念紛呈眾生聽聞無相法語；欲求熾盛眾生聽聞清心寡欲法語；心地不清淨眾生聽聞心淨法語；善惡混雜眾生聽聞不忘菩提心法語；狡詐偽善之徒聽聞真實無偽法語；失壞信戒者聽聞無所依法語。願此等眾生皆得以據各自根機而聽聞相應法門。

願我得菩提後，僅僅宣說一句法要，亦能使——具煩惱心眾生聽聞善心法語；遺忘善法眾生聽聞無忘失法語；造魔業眾生聽聞空性法語；希求勝義諦眾生聽聞真諦法語；受煩惱逼迫眾生聽聞無可言說法語；入不平等道眾生聽聞平等道法語；於大乘法門生稀有心眾生聽聞不退轉法語；對輪迴生厭倦心菩薩聽聞歡喜法語；未了達善法、智慧、聖諦眾聽聞離於愚癡法語；滿足一般善法眾生聽聞聞法功德法語；互相用心不平等眾生聽聞無礙光明法語；疲厭做事眾生聽聞做事方便法法語；於輪迴生恐怖眾生聽聞獅證法語；為魔眾壓服眾生聽聞英勇無畏法語；未見如來剎土眾生聽聞淨土光輝莊嚴法語；生貪、嗔心眾生聽聞山蘊法語；現見如來剎土莊嚴眾生聽聞無能勝幢如來莊嚴法語；遠離智慧眾生聽聞明燈法語；蒙蔽於無明黑暗中眾生聽聞日燈法語；精勤滅盡語眾生聽聞功德源泉法語；如與我爭鬥般眾生聽聞遍入天法語。願此等眾生皆得以據各自根機而聽聞相應法門。

願我得菩提後，僅僅宣說一句法要，亦能使心不穩固、易於變化之眾生聽聞穩固不移法語；貢高我慢眾生聽聞山王寶幢法語；捨棄過去盟誓眾生聽聞精藏法語；欲獲神通眾生聽聞金剛句法語；欲獲菩提果位眾生聽聞金剛藏法語；希求一切諸法眾生聽聞金剛般法語；希求了知眾生心態眾生聽聞他心通法語；欲了知其他眾生根機之眾聽聞智慧明燈法語；言談乏味眾生聽聞辯才無礙法語；欲獲法身眾生聽聞修行妙法資糧法語；見不到如來眾生聽聞目睹如來身相法語；一切散亂、憂愁眾生聽聞寂止法語；欲轉法輪眾生聽聞離垢法輪法語；趨入無意義世間學問眾生聽聞真諦佛法法語；僅觀一如來剎土眾生聽聞廣大佛剎法語；欲播下如來相好眾生聽聞如來相好莊嚴法語；言語木訥、曠矖眾生聽聞無畏辯才法語；欲獲如來一切智智眾生聽聞無迷亂清淨法界法語；反復趨入現世法眾生聽聞穩固現世法法語；欲希求法界眾生聽聞殊勝神通法語。願此等眾生皆得以據各自根機而聽聞相應法門。

願我得菩提後，僅僅宣說一句法要，亦能使遠離智慧眾生聽聞勝妙智慧法語；入歧途眾生聽聞正道法語；希求如虛空般智慧眾生聽聞無所得智慧法語；欲求清淨六波羅蜜多眾生聽聞圓滿清淨六度法語；未圓滿四攝者聽聞圓滿四攝法語；希求四梵住眾生聽聞平等四梵住法語；菩提法未圓滿眾生聽聞圓滿出離心法語；不修智慧、有嗔恨心眾生聽聞大海手印法語；於無生法生希求心眾生聽聞心性為空法語；喪失聞法能力眾生聽聞不忘失法語；不喜相互說愛語眾生聽聞忠誠法語；於三寶起信眾生聽聞三寶大功德法語；於佛法無饜足眾生聽聞法雲法語；持三寶斷滅見眾生聽聞珍寶莊嚴法語；神志恍惚眾生聽聞無喻法語；受束縛眾生聽聞虛空門法語；思維別無他法眾生聽聞智慧手印法語；持如來功德未圓滿見眾生聽聞現量世法法語；曾承侍如來者聽聞決定幻變法語；未來宣說唯一法眾生聽聞一切法門法語；精通一切經部眾生聽聞諸法本性同等法語；捨棄舊法、六隨順法眾生聽聞諸法實相法語；精進解脫心乘眾生聽聞獲神變技能法語；隨如來秘密而尋思者聽聞不隨他轉法語；不精進菩薩行者聽聞智慧殊勝法語；依賴親友眾生聽聞隨順他人法語；行殊勝菩薩行眾生聽聞殊勝灌頂法語；如來十力未圓滿者聽聞不壞法語；未得四無畏者聽聞無盡法語；未得如來不共法者聽聞不奪法語；認定見聞無意義者聽聞廣大誓願法語；焦慮於現量證悟如來佛法者聽聞無垢大海法語；希求佛陀一切智智者聽聞如來正等覺法語；未得諸佛意趣者聽聞宣說無量無邊法門法語。願此等眾生皆得以據各自根機而聽聞相應法門。

任何無狡詐心、稟性真誠、願趨入大乘法菩薩，願我僅對其宣說一句法，他亦能獲八萬四千法門、八萬四千等持、七萬五千總持功德。

為成大菩薩，願我能具足大精進、不可思議發願、智慧、殊勝菩提，身具相好莊嚴、語言善妙可滿眾生願；為得無可言說等持，願我能具足聞法功德；為得無有遺忘，願我能具足正念；為了知惡劣眾生，願我能最後顯示涅槃；為得誓言堅固，願我具足思維；為永不退失所發誓言，願我具足加行；為增上地道功德，願我能獲勝解；為能捨棄一切財物，願我具足佈施；為所聞法要融入清淨心，願我具足淨戒；為所有眾生離於怨恨，願我具足精進安忍；為積集資糧，願我具足精進；為神通滅盡定現前，願我具足禪定；為斷除煩惱習氣，願我具足智慧；為救一切眾生，願我具慈心；為不捨棄任何眾生，願我具悲心，為對一切諸法不生懷疑，願我具足喜心；為能不分別高低，願我具足捨心；為能起神機妙用，願我具足神通；為能擁有受用無盡寶藏，願我具足福德；為了達一切眾生心，願我具足智慧；為了知眾生如何證悟，願我具足妙慧；為得智眼，願我具足光明；為得意義、法、句、辯才無礙，願我具足四無礙解；為壓服一切造危害者與魔眾，願我具足無畏法；為得如來功德事業，願我具足種種功德；為能恒久、無畏為眾生宣講佛法，願我具足正法功德；為廣弘如來一切法要，願我具足光明；為能顯現如來一切剎土，願我具足光輝；為得如來授記，願我具足神變；為能如實宣說真諦，願我具足如來幻變；為得究竟四禪足，願我具足神變；為能趨入如來秘密，願我能得一切如來加持；為能獨立獲取智慧，願我能得法自在；為能實行自己所言，不受任何損害，願我具足精勤善法之力。

願我即便宣說一句佛法，也能使入大乘之無量無邊眾生行持善法且獲滿足。願此等大菩薩獲不隨轉智慧、佛法大光明，並於極短時間中獲如來正等覺果位。

寶藏如來，其他世界中趨入三乘法眾生，如有造五無間罪、根本墮罪、毀壞自相續者，願以我發願力使之轉生至我之剎土。

行不善業、性情粗暴、為非作歹、急躁易怒、野蠻兇狂、無有厭世、飽受束縛眾生，願我以八萬四千發心、八萬四千種語言度化他們。

此等眾生喜不善業、懈怠懶惰，願我能為其宣說八萬四千法門。

大乘根機眾生，願我能為其宣說六度萬行法語。

聲聞、緣覺根機眾生、善根未成熟者、不希求佛法者，願他們皆能暫時先皈依三寶、後行六度萬行。

願喜殺生者斷殺；希求財富者斷除予取；貪執非法行者斷除邪淫；樂說粗語者斷除妄語；飲酒者戒酒；如是造諸五不善業眾生，願他們守持五戒。

願我能使不喜善法眾生守持即便一日八關齋戒。願我能使對善法信心不大眾生守持沙彌十戒。願我能使圓滿求善法者守持具足戒。

所有造五無間罪、煩惱粗大深重眾生，願我能以種種神變、善妙文字語言調化他們，為之宣說五蘊、十八界、十二處法及無常、痛苦、無我空性法；願此類眾生最終趨入寂滅、無畏之涅槃城。

願我能為比丘等四種眷屬宣說佛法。願我能為喜辯論眾生宣講辯論經論。

願我能對於善法不生信眾生宣說種種教言。願我能為喜念誦者宣說禪定解脫道。

願我即使只為一眾生亦能步行數十萬由旬為之顯示種種幻變而無有厭煩心。

眾生趨入涅槃前，願我終生均能以等持力度過。

願我涅槃時，遺體能變成芥子許舍利子以利益眾生。

願我涅槃後，佛法尚能住世一千年，中有五百年為形象佛法期。

任何眾生能對舍利塔歡喜供養珍寶、樂器，甚至僅持誦名號一次，頂禮、繞轉、合掌一次，或供養一朵鮮花，願此等眾生皆得按其意願於三乘法中獲不退轉果位。

任何眾生能於我教法中守持一分戒律，或按我所說持戒者，及守持、念誦、為別眾宣說，或自己聽聞即便只有一偈，皆能生信，且對說法上師供養一朵花或頂禮一次者，願他們皆得按各自意願於三乘法中獲不退轉果位。

一旦佛法隱沒、佛教燈火熄滅、法幢倒下時，願我之舍利能傾倒於人間乃至金剛大地之上；此世界缺乏珍寶，願我之舍利能變成智慧藍寶石，如火焰般明亮。此舍利又上至色究竟天變成曼達羅花、薩亞紮花等多種花，並降下花雨；花雨中願傳出三寶音聲、居士戒等戒律音聲，又傳出聞、思、修、不淨觀、呼吸觀、四無色禪、十住處、八勝處、止觀、三解脫、三乘法等法音。以此法音宣流，色界天人皆能憶念前世善根。願此等眾生能於善法發誓願，且降臨此娑婆世界之人間，教化人行持十善法；欲界天人亦能聽此法音宣流，且於聽法後能斷除有結（三有之結。結指結縛，煩惱因。由煩惱故，心於三界貪著無厭，不行善行，力行惡行，後來定為眾苦繫縛，故名為結。）、喜上界之心與心所，並能憶念前世善根。

願此欲界天人能從天界降臨人間，教化眾人行持十善法；願眾多花能於天上變成金、銀、海貝、珍珠、藍寶石等各種珍寶；願如是珍寶能降於娑婆剎土；待降於娑婆世界後，願此珍寶能熄滅戰爭、饑荒、疾病、惡語中傷、毒藥等禍患；願此世界變為安樂、無病、無戰爭、無束縛等富庶之地；任何觸、見聞、享用此等珍寶眾生，願他們能於三乘法中獲不退轉果位；願此等舍利能存在於金剛大地以上之所有世間，於兵器惡劫時，將舍利變成安達尼珍寶，安達尼珍寶後又至色究竟天變為曼達羅等鮮花。花中降種種花雨，傳出三寶或其他悅耳動聽之音。凡此種種願皆能存在於世；至饑荒惡劫時、乃至疾病惡劫時，願舍利能變成珍寶，上至色究竟天以下變為各種鮮花，花中降下花雨且出種種妙音。願凡此種種皆能存在於金剛大地以上之所有世間；願此等舍利能於賢劫中廣做如來事業，使無邊無際眾生能於三乘法中得不退轉果位。

願我行菩薩道時所教化之初發菩提心、中行六度萬行眾生，能過恒河沙數劫之後，於無邊十方世界中皆獲如來正等覺果位。

我得菩提後勸發菩提心之眾生，或依我涅槃後之捨利而發菩提心眾生，未來於不同佛剎土中獲得佛果時，願他們能以美妙言詞讚歎我道：「賢劫時第四位如來釋迦牟尼佛出世時，彼勸我等初發無上菩提心。時我輩皆為毀壞心相續，恒時造惡業、無間罪及持邪見者。世尊引導眾人行六度萬行，故我等乃得以現今成佛且轉法輪。」願我能如是令其遠離眾生之輪迴，使無量無邊眾生暫獲善趣、終至於解脫。

願所有希求菩提眾生亦能聽聞諸如來對我之讚歎；願此等眾生趨於如來前請求道：「釋迦牟尼佛當年為何願攝受五濁興盛眾生而發無上菩提心？」

願諸如來能為善男子、善女人宣說我初發大悲心、菩提心，中間住持剎土之功德莊嚴，及以前如何發願之經過；願此等希求菩提心之善男子、善女人聞後皆感稀有，並對廣大菩提生信；願他們能對眾生生大悲心；願他們發願於五濁興盛剎土中攝受所有造無間罪、行不善業眾生；願諸如來能依他們各自意願而為其一一授記；除此而外，諸如來亦為此等善男子、善女人宣說釋迦牟尼佛涅槃後，其舍利顯大幻變令眾生初發菩提心、中圓滿六度萬行、最後成佛之經過。』

海塵婆羅門如是在寶藏如來前為利益一切眾生而以大悲心發下五百誓願。海塵隨即又請求道：『尊者寶藏如來，未來五濁興盛時如無有如來出世，所有造無間罪眾生已趨入黑暗，若我所發利樂誓願圓滿、且能做如來事業，則我定不捨棄所發菩提願，善根亦不迴向其他剎土。也即不以此善根求得聲聞、人王之位；亦不希求財富、五種妙欲；不願以之轉生天人、尋香處。因如來曾言：佈施能得大受用，持戒能轉生善趣，聞法能得大智慧，修行能得妙果位，具福德眾生若迴向善根則能成辦一切所願。佛所說既如此，則我誓願如能圓滿，我願將佈施、持戒、聞法、修行所得福德盡皆迴向眾生。我願入無間地獄為眾生代受罪苦、感受無量苦痛，並以之為迴向。願以此善根令地獄眾生獲得人身；願他們得人身後聽聞佛陀教法，以戒為師；願此等眾生終得涅槃；眾生業力如若未能滅盡，願我死後墮大地獄；願我身體能成如來微塵數身體，每一軀體皆如山王大，每一軀體能如現今之身軀一般感受苦樂；願如是之每一身體能於地獄中感受微塵數眾生強烈痛苦；如是十方微塵世界中，為利益任何造無間罪、捨法罪、及趨入無間地獄眾生，願我於無間地獄中受諸痛苦，願此類眾生勿墮惡趣，且於佛生歡喜心，並從輪迴中得解脫，直至趨入涅槃城；所有十方微塵剎土中，以前世業力感召，有眾生生於燒熱地獄、極燒熱地獄、號叫地獄、大號叫地獄、眾合地獄、黑繩地獄、復活地獄中；有眾生墮於旁生、閻羅世界、貧窮夜叉、食肉鬼諸類中。願他們再勿墮落，而我則願墮入諸惡趣中，惟願他們得解脫。

願人中聾、啞、無舌、無腳、無手、神智不清者，造此

諸業之人或感受此種果報之人，以及食不淨糞眾生，皆能於各自所處位置而得解脫；如未能滅盡他們業力，則我願墮入無間地獄；我得菩提果位時若未能滿此類眾生願，則我願於無邊輪迴中，恒時於地獄、餓鬼、旁生、夜叉、非天、羅剎、人間感受種種痛苦。

若我願眾生得菩提之誓願能滿足，則我顯現如來正等覺智慧，請十方世界無量無邊如來為我加持，願我獲得智慧。

世尊，我如是發願廣做如來種種事業，若我於賢劫人壽一百二十歲時顯現如來正等覺果位，則請世尊賜予我獲無上正等覺菩提之授記。』

海塵婆羅門如是發願後，除寶藏如來外，所有在場天界、地面中之人、天、非天等世間眾生紛紛落淚，且五體投地頂禮海塵，並說道：『大悲尊者，你之正念深奧無比，且對無邊眾生生大悲心，發甚深廣大誓願；能以如此廣大強烈之悲心利益眾生，並已攝受造無間罪等難以調化之眾；又能以如此堅韌之耐心護持誓言，我等均已了知。你實為眾生妙藥、皈依處、無私親友，你為解脫眾生一切痛苦而發誓願，願你如願以償，願寶藏如來能賜予你無上菩提授記。』

輻輪王則涕淚縱橫於海塵婆羅門腳下頂禮，且做偈讚歎：『奇哉！

極為深奧，汝乃不住安樂，汝具度眾悲心，我實無法比肩。』觀世音自在亦誦偈讚歎：『汝未貪有情，諸根極調伏，諸根獲自在，總持智慧藏。』大勢至等菩薩眾也各自呈偈以作讚歎。其餘眷屬皆五體投地，合掌稱頌，各自做偈以為讚歎。

海塵婆羅門此時於寶藏如來前右膝著地，當此之時，整個大地震動，出巨大聲響。從此乃至十方微塵數如來剎土皆震動且出聲響。十方所有如來住世、不住世剎土均顯現極大光芒，降五顏六色繽紛花雨。諸剎土中菩薩眾趨於住持各自剎土之如來前詳問緣由，諸如來一一告之道：『於一具清淨正念世界中有一寶藏如來，此如來前有一具大悲心菩薩正發願，寶藏如來欲為其授記，故顯現此等妙相。』眾菩薩皆問：『此位菩薩何時發菩提心、行菩薩行？』諸如來答道：

『此具悲心之善男子現今始發無上菩提心。』

東方剎土中有一剎土名為寶積，住持此剎土之寶月如來交給寶頂菩薩、月頂菩薩皎潔無垢美麗月亮花，且令其傳語於海塵婆羅門：『大智者，你善妙非常，特贈你皎潔無垢美麗月亮花。大智者，你初發之菩提心因其大悲心之力，令十方世界微塵數剎土皆傳出美妙聲音，眾人稱讚你已獲大悲尊主名號。大智者，你未來以大慈大悲心所發誓願，願你具足大悲。你會再三樹立慈心勝幢，無數劫中，於無量佛剎中，你之美譽都將傳遍四方。大智者，你勸發菩提心之眾生也將得佛授記，並於其他剎土中示現成佛。成佛後亦會讚歎你助其成佛之功德。以上述三種理由，你將善妙非常。』寶月如來如是令寶頂、月頂菩薩傳語於海塵婆羅門。

兩位菩薩及其他九億兩千萬菩薩來到寶藏如來與海塵婆羅門前，並按寶月如來所述如實相告。同此，南、西、北方及上、下諸方如來亦遣眾多菩薩贈花相讚。詳細經過原經中有廣述，在此恐繁未錄。如欲了知，請翻查原文。

此時，三乘根機眾生如稻田一般遍滿現場，無量花朵變成花雨降於如來不住世剎土中，且從中傳出三寶、六度十力、四無畏等法語。為調化眾生而來此世界之在場大菩薩眾聽聞此法音宣流後，以海塵發願力、如來加持力、等持力而欲於此安住聞法。海塵婆羅門以皎潔離垢月亮花等種種鮮花供養寶藏如來，且請求道：『尊者寶藏如來，請賜予我獲無上圓滿正等覺授記。』

如白蓮花之殊勝大願

此時，寶藏如來入於諷誦燈火等持。入定後，整個如來剎土變為七寶所成之世界，所有山、草木、大地皆轉為七寶質地。從各個剎土而來之聽法眾，因各自觀想之善法不同而分別變為不同身色。有身體變為黃色，有身體變為白色，種種色彩各有不同。有身形如風、火、虛空、雲霧、水、山、梵天、帝釋天、鮮花、大鵬、獅子、日月星宿、鷲鷹、狐狸等。不只自身變幻如此，眾生所見如來身相亦各不相同。海塵婆羅門見寶藏如來住於自己面前由七寶所成、具千葉之蓮花中，所有大地、虛空中眾生亦目睹各自面前皆有如來如此住於千葉寶蓮中。每一眾生皆同樣作意：如來在我面前，垂念我、且為我說法。

寶藏如來對海塵婆羅門說道：『善哉，婆羅門！你以大悲心利益無邊無際眾生，你能照徹整個世界，皆源自你之大悲心。善哉，海塵婆羅門！如圓滿花樹有各種色、有各種味、有各種觸，樹根、莖葉均為妙藥，有些花之顏色、味道能遍於一百由旬，有些遍於二百由旬，有些遍於三百由旬，有些則可傳遍四大部洲。無眼之人嚐此花味可得明目；聾者嚐後能得耳聰；身體殘障者嚐後能得所缺乏身根。此花味能治以四百零四種病為主之一切病，任何精神失常、昏厥、昏沈、不省人事、瘋狂、心散亂、喪失正念之眾，皆可據此花味而得正念等各自所缺少之智慧。眾花樹中有一堅固白蓮樹，乃由金剛製成。藍寶石根、金葉、石精寶花鬚、紅珍珠花蕊，高可八萬四千由旬，寬十萬由旬。此白蓮之燦爛色澤、撲鼻芳香遍於十方微塵數剎土，所有剎土中爭鬥、受疾病折磨、肢體不全、精神不正常、昏厥、睡眠、瘋狂、喪失正念、心散亂之眾生，觀此白蓮樹之花色、聞其香味，即可滅除疾病等各種痛苦，並獲正念。有眾生死後身體尚留，接觸白蓮花之色及味後，生命即開始復甦。能見自己親朋好友，並能與之趨於花園中享受，亦能安享世間五妙欲。於其死後，能轉生梵天，並長久住世，且再不會轉生於別種界趣。婆羅門，從此蓮花樹即可了知在座大乘根機眾生之聚會境況。

陽光普照下之盛開鮮花分外耀目、豔麗，有花樹高可一百由旬，有花樹高可一千由旬，皆能遣除眾生各種疾病。如日當空，如來亦如是出現於世間：日光照耀下，各色鮮花紛呈亮麗且能滅除種種疾病；佛出世後，大悲光芒遍照一切眾生，啟開眾生心地，使之行持三福德善業。海塵婆羅門，你亦令無量無邊眾生行持菩薩行。此等眾生於我面前做供養，且發願各自住持清淨或不清淨剎土，我亦按其意願為之一一授記。善男子，在我面前發願住持清淨剎土、調化容易教化、心地清淨、有一定善根眾生之菩薩，不為大菩薩，也不算大真實。此等菩薩非以大悲心、心所攝受眾生，亦非以慈悲心令一切眾生求無上菩提。他們自己住持清淨如來剎土、捨棄悲心，實不精通智慧、發心。因任何捨棄聲聞、緣覺、

－惡趣、善根不具足眾生之菩薩，只知自己住持剎土、宣說唯一大乘法門、希求長久住世、於心地清淨、容易調化眾生前宣說佛法。他們如此發願，實乃不精通智慧、發心，不可稱之為大菩薩。』

寶藏如來言畢伸出手掌，其五指發各色數個十萬束光芒。此光芒照遍所有世界，照徹所有如來剎土。其中有一世界名為拇指剎土，其土眾生人壽十歲，身量醜陋而不莊嚴，具足不善業，身量高拇指許。住持此剎土之如來圓滿正等覺，號喜星如來，身量為爭時眾生一肘高。若以拇指剎土眾生量之，則此喜星如來高可一肘又七指。喜星如來現在住世，且為四眾眷屬宣說佛法。

所有在場眾生此時皆目睹拇指剎土世間、如來、眷屬景況。寶藏如來說道：『喜星如來無數劫前於寶傘如來前初發無上菩提心，並勸請無量無邊眾生亦同時發菩提心，此等眾生且在寶傘如來前以各自不同意願發願住持清淨、不清淨剎土。當時之大眾生（即後來的喜星如來）也勸我初發菩提心，我即於寶傘如來前發願欲於五濁興盛剎土成佛，寶傘如來乃以「善哉」讚我並賜我授記。令我趨入菩提之大善知識（即後來的喜星如來），當時發願欲住持五濁興盛、煩惱粗大之剎土，欲調化難以教化之造無間罪業、不善業、焚毀心相續、趨入輪迴深淵眾生。當其發願攝受此等眾生時，十方無量無邊住世如來皆遣使者賜予「善哉」讚

歎，並稱其為大悲光寂尊者。此位善知識、利益眾生之大菩薩、大悲光寂尊者如今於拇指世界眾多拇指身量眾生中最近示現成佛。此一肘高之喜星如來正為拇指高、且人壽十歲之眾生廣轉法輪。曾受其勸化而初發無上菩提心、現今已成佛之十方無量無邊如來均遣使者供養喜星如來鮮花。海塵婆羅門，你應詳觀有如來於清淨剎土中攝受清淨眾生，而喜星於不清淨剎土中之五濁興盛眾生前示現成佛，在人壽短暫之世界做如來事業，在諸如來捨棄之聲聞、緣覺前宣說佛法。你亦發願住持不清淨剎土，攝受五濁興盛、煩惱粗大之眾生。所有四眾弟子中，你已超勝別眾。任何捨棄聲聞、緣覺、只於清淨剎土中攝受具清淨心、積累善法眾生之菩薩，他們所發之願如鮮花，攝受已積累善根眾生之菩薩不會成為如白蓮花般菩薩。海塵婆羅門，菩薩有四種懈怠：發願轉生清淨剎土；於心地清淨眾生前廣做如來事業；得菩提後不對聲聞根機眾生說法；得菩提後欲長久住世。有此四種願之菩薩只如鮮花、非為白蓮花般菩薩，也不稱其為大菩薩，所有菩薩均等同於此種鮮花般菩薩，唯除遍入風。菩薩亦有四種精進：發願住持不清淨剎土；於心不清淨眾生前廣做如來事業；得菩提後亦說聲聞法；得菩提後住世時間不欲過長、亦不求短。有此四種精進之菩薩可稱為白蓮花般菩薩，非鮮花般菩薩，亦可稱之為大菩薩。

海塵得授記

海塵婆羅門，無數在場眷屬中，以你自己之發願力可授記你將轉生於如大悲白蓮花般之勝妙剎土。你以大悲心發願住持不清淨剎土，攝受不清淨眾生時，十方無量微塵剎土之無量如來均賜你「善哉」讚歎，並遣侍者稱你為大悲尊者。在場眷屬亦會恭敬供養你。大悲尊者，第二個恒河沙數劫中時，於此娑婆世界賢劫人壽一百二十歲時，整個世界眾生將行持不善業，此具足不善業、造惡業之可憐眾生，捨棄勝法、誹謗聖者，如是之五濁興盛世間，你將成就如來正等覺果位。你推翻眾生輪迴之輪、廣轉法輪、摧毀一切煩惱外魔，美譽傳遍十方世界。你之聲聞眷屬廣大，又曾與一千二百五十名比丘共同發願，將來於此之時，四十年中廣弘如來事業。如今之輻輪王彼時將為阿彌陀佛，廣做無量劫如來事業。與之相同，大悲尊者你亦在賢劫之娑婆世界成佛，號釋迦牟尼佛。你將於四十五年中如是廣做無量劫如來事業，顯示涅槃後，佛法尚住世一千年。佛法隱沒後，你之舍利將如你所願，廣做如來事業，利益調化無邊眾生。』

當場其他眾生所發誓願

當此之時，城中有一婆羅門語於海塵：『你於無量劫中行菩薩行時，我必承侍，供養資具、伴你行持。願你成最後有者時，我能成為你父。你得菩提後，願我能為你之大施主，並請賜我得無上菩提之授記。』

有一極調柔海天女則說道：『願我於無量劫中為你做事，你成最後有者之時，願我能成為你母。你得菩提後，願我能成你之大施主，並請賜我得無上菩提之授記。』

又有一星天女水天星則云：『願你成最後有者時，我能成為你姨母。』

帝釋輻輪、帝釋淨心二人則發願道：『願你成佛時，我們能成為你座下神通第一、智慧第一之弟子。』

帝釋正見發願道：『願你成最後有者時，我能成為你兒子。』

山上天女帝巴歌喜嘎則說：『願我生生世世能為你妻，並最終蒙你賜與得無上菩提之授記。』

非天王美行發願說：『你於無量劫如是行菩薩行時，願我能成為你最可愛之僕人，經常於你身邊承侍、幫助。你為最後有者時，願我依然承侍你。待你得菩提果位後，願我能成為祈請你轉法輪者。於你說法後，願我於所有眷屬中最初成就聖果。願我享受佛法甘露後，能摧毀一切煩惱，並終得阿羅漢果位。』

與此相同，天龍、非天等恒河沙數眾生亦隨順大悲尊者行為，而在其面前發願，並得到調伏。

有一貧者名為能畏，則於海塵婆羅門前說道：『大婆羅門，我亦欲為你修行之同伴。無數劫後你得菩提果時，願我能成為你之親友。願我能經常到你面前乞討，乞討臥具、墊子、衣服、大象、城市、房屋、大城市，以及你之兒女、血肉、身、首等等，願我能成為你行佈施波羅蜜多之對境，亦為其餘五度之對境。你如是在行菩提道過程中，願我永為你行六波羅蜜之對境。你得菩提時，願我能於你教法下得聲聞果位，並能守持八萬法蘊，且能對人宣說。願我最終能蒙你賜予得無上菩提之授記。』

大悲尊者海塵婆羅門聞言即於寶藏如來前五體投地，並喚來能畏說道：『善男子，你於我無量劫中行持菩薩道時作我修行之對境實為善哉！生生世世中當你向我乞討時，我也以清淨心歡喜佈施與你，願你勿有任何非福德之過。』大悲尊者菩薩言畢，即向寶藏如來祈請道：『世尊，願我於無量劫中行持菩薩行時，所有向我乞討者，無論以何種溫和、粗暴、輕蔑或清楚之語言，若我對其生一剎那之嗔恨、不歡喜、希求得自己佈施果報之心，則我實已欺矇十方無量無邊如來，願我如來正等覺果位不顯現。若我以不歡喜心佈施乞討者，或未讓乞討者生歡喜心，從而毀壞佈施；亦或在造善業中製造絲毫違緣，則我實已欺矇十方無量無邊如來。若我於乞討者之善法亦造下絲毫違緣，則願我墮入無間地獄。若乞討者向我討要我身著之妙衣乃至我自身肉體，如我未讓其生歡喜，或造下違緣，則我實已欺矇十方無量無邊如來，願我墮入無間地獄。若我行持持戒、忍辱等其他六波羅蜜時，如未能使眾生生歡喜，或對其所做善法造諸違緣，則我實已欺矇十方無量無邊如來，願我墮入地獄。』

寶藏如來聞言即賜予『善哉』讚歎，所有在場眷屬亦合掌歎言『善哉』，與貧者能畏相同之八萬四千眾生均如是發願。聽聞其他眾生如此發願後，大悲尊者歡喜非常，且說道：『奇哉，奇哉！於佛法匱乏、煩惱興盛之爭時，在五濁興盛世界中，我願成為無有依估眾生之商主、明燈、皈依處、引導者。從初發菩提心始，及至生生世世中，凡遇乞丐向我乞討我之頭、眼、耳或飲食等物，我會因感到稀有而高興。尊者寶藏如來，於行持菩薩行之無量劫及得菩提果位之間，所有長久向我索要飲食等物之乞討者，及從我手中接受絲毫佈施物之眾生，我成佛後，此等眾生若不能解脫輪迴、不能得我賜予他們獲無上正等覺果位之授記，則我實已欺矇十方無量無邊如來，願我勿顯現如來正等覺果位。』

繫念佛陀及身著法衣之功德

寶藏如來讚歎道：『善哉，善男子！曾有持山菩薩於世間自在光如來前初發菩提心，彼與你行持菩薩道時所發諸願無有二致。持山菩薩依自己所願行菩提行，圓滿菩提行後，從此往東越十萬個佛土，有世界名為妙觀察光剎土，於此剎土人壽一百歲時，持山菩薩即示現成佛，號離垢智慧花菩提自在妙高如來。此如來於四十五年中廣做如來事業，最終在法界中無餘涅槃。後佛法住世一千年、形象佛法再住世一千年。在其教法下之正法、形象法各一千年中，有比丘、比丘尼、沙彌破戒，造不善業，行不如法行為，無慚愧心，自己享用或送給家人眾生供養佛法、佛塔之財物及供養十方僧眾之飲食，此等孽障深重之人，如來於三乘佛法中仍賜其逐漸得解脫之授記。於此如來教法中，身著紅黃法衣之人亦得授記。離垢智慧花菩提自在妙高如來之四眾弟子即便犯根本戒，如能具心中有佛此一念頭所存的微小善根，亦得以獲賜授記。善男子，你也應如是發願。』

大悲尊者菩薩聞畢祈請道：『寶藏如來，我願如是發願。世尊，從我行菩薩道之生生世世及最終得菩提果之間，任何行持佈施波羅蜜多及絲毫善法之眾生，及我得菩提後之教法下所有著紅黃法衣、但已違犯根本戒、持煩惱見、於三寶起邪見、毀壞三寶之四眾弟子，若能剎那間生起心中有佛之念頭，我如捨棄任何一眾，使之於三乘法中不得菩提果位，則我實已欺矇十方無量無邊如來，願我不得成佛。眾生若見我得菩提後身著紅黃法衣接受人天眾生供養，他們自己亦於頸上披搭片刻，則願此等眾生終能於三乘法中得不退轉果位。任一眾生，乃至飲食貧窮、窮困夜叉、閻羅眾生，身著僅四寸之紅黃法衣，皆願他們暫時能圓滿一切飲食，最終則實現一切願望。

天人夜叉等眾互相憎恨、爭鬥不休，此等眾生若能憶念我紅黃法衣，則願他們相互間生起慈悲心，無有仇怨，心皆得調伏、調柔。任一眾生於戰場上作戰，若能保護、供養、恭敬，或自身攜有紅黃法衣一片，則願此眾生恒能得勝，不受任何損害、迷亂，且能從戰鬥中獲解脫。

若我紅黃法衣不具上述五種功德，則我實已欺矇十方無量無邊如來，願我不能廣做一切如來事業，所了知之一切法盡皆忘失，亦不能勝伏外道。

我成佛與涅槃後，任何僅僅念誦一句「南無釋迦牟尼佛」、或向佛頂禮之眾生，願此等眾生滅盡一切業障、於如來剎土中獲無上菩提，並於最後亦能顯示涅槃。』

寶藏如來此時伸出右手摩箏大悲尊者頭頂，且說道：『善男子，你所願極善、極妙、極善抉擇。你之具五功德紅黃法衣定會利益廣大眾生。』寶藏如來一邊摩挲一邊授記，同時賜予『善哉』讚歎。

大悲尊者菩薩頓生歡喜、信心，神情煥發如二十歲之青年。所有在場天龍、尋香等眾生也讚歎大悲尊者菩薩，併合掌，供養鮮花、妙音，同時作種種偈以為讚歎。

大悲尊者轉生為福力王

此時，大悲尊者頂禮寶藏如來道：『祈請世尊傳我菩提道等持法門及清淨資糧法門。』寶藏如來即為其宣說等持與清淨資糧法門，不可思議菩薩眾亦同時受益。大悲尊者菩薩自此後即常隨寶藏如來恭敬承侍。輻輪王此時則率一千太子與八萬國王、九億兩千萬眾生同時出家守持清淨戒律、聞受佛法、精進修持等持。大悲尊者菩薩則在寶藏如來前次第聽聞八萬四千聲聞法云、九萬緣覺法云，以及無上大乘之身念住法等十萬法云。聞畢讀誦並最終精通。隨後於某一時中，寶藏如來正等覺在法界顯示無餘涅槃，大悲尊者菩薩即以樂器妙音、各色鮮花、奇異香粉、種種珍寶等物供養，並用香水沐浴如來遺體，且以七寶造塔供奉。此塔高五百由旬，寬二分之一由旬。七日之中圓滿供養後，大悲尊者菩薩已令無量無邊眾生行持三乘法，並與八萬四千眾生七日後共同出家。

大悲尊者自此後一萬年中廣做如來事業，孜孜弘揚佛法，使無量無邊眾生行持三乘法、皈依三寶、守護居士戒等戒律、得五眼六通等功德。入滅之後，眾生供養此大沙門之骨灰，亦如供養轉輪聖王骨灰一般。大悲尊者菩薩圓寂當晚，寶藏如來佛法即告隱沒。此剎土中之大菩薩以發願力紛紛轉生各自所願之剎土中，大悲尊者沙門亦以其發願力轉生於從此剎土往南越一萬個世界之相鬥世界。

此相鬥世界人壽八十歲，眾生普造不善業，且性情暴虐、手染鮮血，性喜造惡，忤逆父母，對任何眾生皆無慈悲心，又從不懼怕後世。大悲尊者即於此土轉生為惡劣種姓，身高體長、威勢赫赫、智慧敏銳、辯才超眾、走路迅疾。為炫耀自己權勢，乃逮住一些人眾且威脅道：『你等眾人若能斷除殺生乃至一切惡業，我即可為你等留一條生路，且賜與生活所需資具；如不放棄惡行，我立即誅殺無遺。』眾人皆驚懼不已，紛紛合掌哀求道：『大估主！我等在有生之年定當捨棄殺生等十種不善業。』此劣種大勢力（即大悲尊者菩薩）又至國王、大臣前厲聲喝道：『我需飲食、衣物、臥具、金銀財寶等種種受用，爾等務必供養齊備。』劣種大勢力以種種方便使此等眾生在有生之年棄惡從善，並因之而使此相鬥世界人壽增至五百歲。

國王死後，眾大臣即為劣種大勢力行加冕大典，並稱之為福力王。此後不久，福力王即將手下地盤完全控制，且憑精進與毅力一一統治整個南贍部洲，成為強勁有力之大轉輪王。福力王令眾生皆行十善業，使眾人各依自己意願趨入三乘法中。王又宣佈欲廣佈施，於是整個南贍部洲相偕相率雲集眾多眾生，福力王廣行種種佈施。

此中有一名維生塵音之人來到福力王前說道：『你為無上菩提而大行佈施，如能圓滿我願，則你定可成為世界明燈。』福力王答言：『你欲滿足何等願望？』維生塵音回答道：『我欲統領非天治下國土，為戰勝非天需修一密咒。而修此甚深儀軌需用活人皮膚、眼睛，你能否佈施此兩種物予我？』

福力王內心思忖道：我以轉輪王大勢力令無邊無際眾生行持十善道、趨入善法，且已行無量佈施，今此無意義之軀體應使之愈發富有價值。眼前之人實為我真正善知識。想及此，福力王便說道：『我現在就將我之平凡肉眼送與你，望你生歡喜心，以此願我能獲無上法眼。我亦用清淨心將自己皮膚供養你，以此願我能獲無上圓滿佛果。』福力王言畢即用右手挖出自己眼睛佈施與維生塵音，此時王已血流滿面。

福力王隨即說道：『所有在場天空中及地上人天與夜叉等眾生，爾等諦聽：我佈施之善根迴向無上菩提，願一切眾生能脫離輪迴大海、獲寂滅菩提果。如我能獲無上菩提果位，則維生塵音密咒未成就之前，願我壽命不完結、正念不散失，亦不生後悔心。』福力王隨後又對維生塵音說道：『你可拿走我皮膚。』彼即用利刃割取福力王全身皮膚，獲取後即以之專修密咒。七日中，國王壽命未斷、正念未散失、未感受痛苦，亦未生一剎那後悔心。」

攝受濁時眾

釋迦牟尼佛如是宣講完整個經過，隨即又說道：「我即是當時寶藏如來正等覺之父親、海塵婆羅門大悲尊者，我初發菩提心即從那時開始。從初發菩提心以來，我已使無量眾生發起圓滿菩提心，此乃我最初所做諸事中最英勇者。寶藏如來圓寂後，我以自己發願力轉生於相鬥剎土之低劣種姓中，當時我亦讓眾生行持善法，以自己之顯赫威勢最終得以成轉輪王。我熄滅南瞻部洲之戰爭災難，並使眾生壽命延長。我捨棄自己肉身，實乃我所做諸事中第二英勇者。

如是佈施眼睛、皮膚後，我亦入滅，並轉生於相鬥剎土、成一低劣種姓之人、我以精進毅力令眾生行持善法，後得轉輪王果位，熄滅戰爭、爭鬥，延長壽命，並最終將自己舌頭、耳朵等佈施捨棄。

從相鬥剎土乃至轉生於其他世界，我皆以此種大勢力利益眾生。自此之後，憑自己精進、毅力、誓願力，我於恒河沙數劫中，於無量五濁興盛世界裏，令無邊眾生趨入善趣，且熄滅戰爭帶予眾生之煩惱。其餘如來發願住持清淨剎土，他們行菩薩道時，眾生均不互議他人過失，也不互相威脅。此等如來不對眾生宣說聲聞乘法，所住持剎土無有犯戒行為，亦無有眾生刻意持戒，一切粗言惡語、諸不善業之名亦難聽聞。一切法皆清淨，且全部宣流佛法之聲，極為悅耳動聽。居此剎土之眾生依教奉行，整個剎土無有聲聞乘法。

而我因發願住持不清淨剎土，故恒河沙數劫以來，於如來不住剎土中，我以言語暴粗、面目恐怖之方式，令眾生斷除殺生惡業，行持十善法並趨入三乘法要。現今，我住持之剎土具足煩惱、不善業，處處得聞不善業之名，眾生屢屢造作不善業。於此剎土中，我仍宣說三乘法要。

過去發願時，我未像其他如來一般發願住持清淨剎土、調化易於調化眾生。以我發願力，我精進行持菩薩道。我之發願實如播種，故而現今得不清淨剎土。

我行菩薩道時，我所行佈施不為以前眾菩薩行持，亦不為未來眾菩薩行持，唯除八菩薩。此八菩薩是何人？

一為勝施菩薩，住持普音剎土，成佛時號無合光如來。於眾生壽命一百歲時宣說佛法，七日後即示現圓寂。

二為精勸菩薩，於東方無勝世界、眾生壽命一百歲時示現成佛。恒河沙數劫中廣做如來事業，後顯示涅槃。此大悲尊者之遺體於五濁興盛、無有如來住世世界中仍可廣做如來事業。

三為花藏菩薩，以堅定誓願、精進、慷慨佈施行菩薩道。十恒河沙數大劫過後，花藏菩薩於從此往北之五濁興盛剎土因正度世界示現成佛，號毀壞黑因王如來。

四為慧光滅迷亂菩薩，一大劫後於西方五濁興盛世界具畏剎土、眾生壽命一百歲時示現成佛，號日藏無垢光自在如來。

五為妙喜菩薩。此位菩薩過無數劫之後，於爭濁無盡相鬥劫時，在上方五濁興盛世界能變積濁剎土、眾生壽命五十歲時示現成佛，號離思普光如來。以前世發願力，離思普光如來於十年中廣做如來一切事業，後顯示涅槃。圓寂當晚，佛法即告隱沒，隨後十年中，佛剎即進入空劫。

六為伸手菩薩。此位菩薩後因前世發願力而於此能變積濁剎土、眾生壽命三十歲時示現成佛，號妙法普光如來。妙法普光如來十年中廣做如來一切事業，後顯示涅槃。圓寂後，佛法住世七年。」

妙喜、伸手兩位善男子當場蒙如來授記後，歡喜非常，趨於如來前恭敬頂禮。二菩薩於佛前虛空中身量伸高至七棵多羅樹高之處（多羅樹：樹梢斷後即不復生，棕櫚科植物。），且對佛以偈讚歎道：「如來如日極燦然，此世威嚴如山王，離垢度眾具慧眼，頂禮如來正等覺。」兩菩薩如此讚歎發願。

微財轉輪王施身

釋迦牟尼佛則繼續說道：「善男子，妙喜、伸手與勝施、精勸、花藏、慧光滅迷亂共六位菩薩，乃我令他們初發菩提心，你們應諦聽此中緣由。

無數劫前，我們現今所居之

剎土那時名為無塵山頂剎土。於某一大劫中，眾生壽命一百歲時，有一蓮花端如來教法已入形象法時期。我那時已成整個世界之轉輪王，名微財轉輪王。當時我有王子一千名，我令他們皆發菩提心，且使他們出家，以便在蓮花端教法中廣弘佛法。當時眾王子中有六位不欲出家、亦不願發心。我問此六人：『你們因何不欲出家？』他們回答道：『此時佛法已入末法形象時期，出家人不能圓滿守持戒律，又遠離聖者七聖財，將來必陷輪迴淤泥中。即便偶得人天福報，多數時間依然漂泊惡趣中，故而不能圓滿守持佛陀戒律。因此之故，我們不願出家。』我隨即又問道：『你們又為何不發殊勝菩提心？』他們則回答道：『如你能將整個世界賜予我們，則我們願發無上菩提心。』

聽罷此言，我內心非常歡喜，就自己尋思道：於此整個世界，我令眾生皈依、持戒、趨入三乘法。我如把所有王位、世界交予六位太子，能令他們發無上菩提心，則我即可安心出家。思慮及此，我乃把世界分為六份，交予六位太子後便自己出家求道。此六國隨後互相征戰、爭論、不和合，以此原因，導致整個世界災荒頻起、風雨不調、穀稼不生、草木難熟，飛禽等類眾生饑寒交迫。那時我又思量道：我願捨棄自己身體，用自身血肉滿眾生願。於是我便來到護水山發願道：『我現今捨棄生命、身體，對眾生慈悲，並非為自己追求善趣安樂。願我身體能如山王般大，使人天眾生均得利益。我捨棄自身美妙軀體不為魔眾、梵天，只求變成血、肉利益人天眾生。所有存在於山河大地上之人、天、夜叉、龍、非人們，你們諦聽：我為利益眾生養育此肉身，願今能以血、肉滿你們之願。』

發願完畢，整個三界、大山皆開始震動，諸天天人齊聲痛哭，我於護水山頂捨身跳下懸崖。以我之發願力，身體頓成山王般大，且生出數十萬個頭顱，高可一百由旬，寬一百由旬。此時，任何飛禽走獸及人等眾生都來享用我之身軀。正當他們享用之時，我之軀體日日增大，最後竟至高十萬由旬、寬十萬由旬。體上頭顱全成人首，且口出人言：『諸眾生，你們可隨意享用、啖食我肉，渴飲我血，眼睛等物誰若需要盡可拿去。滿足之後，則希望你們能於三乘佛法中發心。如欲享用我之軀體，則可無盡享用，不會有任何罪過。唯願眾生均能長壽。』頭顱如此說後，許多眾生於三乘法中發心，亦有眾生發人天乘心。雖有大量眾生享用我血肉身軀及眼睛，但憑我發願力，肉體並未損減。眾生享用之時，我之軀體亦同時在恢復。

一萬年中，人、天、夜叉、飛禽走獸均已滿願。一萬年中，我捨棄恒河沙數眼睛、四大海洋般鮮血、一千山王大之身肉、鐵圍山般之舌頭、持雙山（七金山之第一重山。出現日月的山頂，有一雙岩石形如車軛，岩石每面廣三十二萬由旬，周長一百二十八萬由旬。）般之耳朵、須彌山般鼻子、靈鷲山般牙齒，娑婆世界般之皮膚。一萬年中，我依靠一個生命捨棄無量無邊身體，使無量無邊眾生皆得滿足。如是做時，我從未生一剎那後悔心。

我當時還發一願：如我能獲無上圓滿正等覺，則願我誓願皆能實現。我之誓願為：於一世界中，我願用身體滿足眾生；願我能在無塵山頂剎土之所有世界中，於恒河沙數劫中均能捨身、以血肉滿眾生願；願眾生均能趨入三乘佛法；所有人、夜叉、羅剎、旁生，乃至閻羅世界眾生享用我血肉後，願望皆得滿足；與我在一個佛剎中用肉身滿足一切眾生一樣，願我在十方恒河沙數佛剎中，恒河沙數劫中時均能用自身血肉滿足一切眾生所願；為滿眾生願，如我不願捨棄自己肉身，或有求果報之自私自利心從而未能圓滿誓願，則我實已欺矇十方無量無邊佛剎中所有諸佛，願我將來不得成佛、輪迴中不聞三寶之名、亦不行六度萬行、恒時感受無間地獄痛苦。當時所發願如是。

與我在此世界捨棄身體一樣，十方恒河沙數剎土中我亦捨棄過肉身，用血肉滿足眾生願。我所棄捨之身體，如從南瞻部洲向上堆積至三十三天亦會堆積充滿。此乃我捨棄身體之佈施度，亦為佈施身體之簡略介紹。」

燈顯王利益眾生

釋迦牟尼佛又接著說前世因緣：「善男子，過無量劫後，此佛剎成為月顯剎土，五濁興盛。我已成整個瞻部洲大轉輪王，名燈顯王。與以前相同，我使整個瞻部洲眾生行持善法。一日，我出門遊園，見一人正受刑罰，為繩索捆縛。問左右大臣此中緣由，眾大臣回答道：『大國王，國庫糧食一年收入之六分之一用於供養國王及眷屬日用生活，其餘所有大小國事開支亦由此支付。但此人卻拒不納稅。』

聞聽此言後，我隨即說道：『釋放此人吧，從今往後不要再徵收任何賦稅，亦勿徵收任何財物。』眾大臣馬上解釋說：『如若實施此方案，恐日後願以清淨心供養之人絕難找到。如此一來，國王、王妃、太子等諸人開銷又從何而來？』聽眾大臣如此解釋，我於內心頓感不安樂。我思量道：我將把整個瞻部洲所有王權、財富分予諸太子。隨後，我便讓五百太子發無上菩提心，並將瞻部洲所有財富分為五百份交予他們，自己則趨往森林中出家，行持梵淨行，並苦行修法。

離南方大海不遠處有片森林，我即在此以野菜、水果維持生活，並於曇花樹下修禪定，禪修日久後終得五神通。

此時瞻部洲有五百商人在大海中撈取眾多寶珠，其中有一名有智慧之月亮商主，從海中獲取如意寶欲帶回。諸龍王不悅，於是開始興風作浪，海上頓起風暴，居住在海裏的諸天人也開始哭泣。

這時有一個以大菩薩發願力而轉生的呼吸仙人及時出現，他以種種努力使眾商主皆得以安然過海。

而後又有一兇惡、專事損害眾生之羅剎緊隨商主，七日中又造出連綿狂風暴雨。商主皆迷失方向，於異常恐怖之際惟有大聲哭叫。五百人一邊哭喊，一邊各自祈禱所信仰之田神、自在天、水神、身劣神等神明，父母子女均大聲痛哭。

我聞聽後即趨於其前安慰道：『無需恐懼，我來指路，定能使你等順利抵達目的地。』我於是便在布匹上傾倒芝麻油，包住手後便宣說諦實語：『我為利益眾生已於森林中二十六年苦修四梵住，平日以水果、野菜充饑，已成熟八萬四千天人、夜叉心相續。如能使他們皆得無上圓滿不退轉果位的話，以我發心真實力、廣做如上善事之成熟力，願我手能燃燒為眾商主指路，使五百商主能得真實指引，順利到達瞻部洲。』

發願完畢，我的手指即開始燃燒七日，這些商主均得以安穩抵達瞻部洲。

我於是又發願道：『瞻部洲無珍寶之時，如我無上菩提願能實現，則願我能成為瞻部洲商主，七次前往海中取寶。願以此世界為主之所有世界皆降下珍寶雨。』同時我又發願：『未來十方恒河沙數五濁興盛世界中降下珍寶雨，願我誓願能實現。』我隨後就於此世界中、恒河沙數劫裏作商主，並令無量佛剎降下珍寶雨；於每一洲均七次前往海中取寶，且令珍寶雨降下。那時我如是令無邊無際眾生滿願，並使之趨入三乘法。善男子，請觀如來佈施，此為我佈施珍寶之善根。

除此之外，無量劫前有一歡喜劫，有一五濁興盛之糊塗剎土。眾生壽命五千歲時以我發願力，我轉生為瞻部洲一持誦吠陀之婆羅門日珠香。生存於此剎土中之眾生大多持常見，且互相不和合、相互損害。我即以大威勢為其宣說真諦：五蘊如敵；十二處如空城；諸法依因緣，皆為生滅性；正念內外呼吸等法要，使其善根迴向菩提、發菩提心。隨後我自己亦成為具五種神通之人，無邊無際眾生以我教言也終得五神通。同樣，無邊無際眾生放棄爭鬥，趨於森林中享用水果、野菜，並修禪定，以修行四梵住而生存。

此劫即將終結時，眾施主遍及於整個瞻部洲。眾人熄滅互相之間的憎恨，非時之狂風暴雨亦消失無跡，大地滋潤、莊稼豐收。雖如是，因眾生業感所現，種種疾病復又出現。我即思慮道：我未能遣除眾生疾病，應集中帝釋天、梵天、世間估主、護法天人、仙人等共造醫學論典以利益眾生。如是思索後，我即以神變趕赴那裏，集中帝釋天、梵天、仙人等至鹽鹼山造能遣除風、膽、涎諸症候之醫典。

依靠此種方式，無量無邊眾生疾病皆得以遣除。我於每一日中都使無數眾生擺脫疾病，令其行持佛法、趨入三乘道；亦使之遠離惡趣、獲得善趣，並掌握智慧。以此善根令其皆得安樂。

我願圓滿後，以此剎土為主，我又於其他剎土中亦憑藉此種方式利益恒河沙數眾生，遣除他們疾病，為其宣說種種學問。

權巧方便度眾生

與我在此剎土發願利益眾生一樣，我於恒河沙數剎土中均以殊勝智慧、三福德行持菩提道以利益眾生。與此相同，無數劫以前，有一惡時劫名具善劫，現今之剎土那時名為尊勝妙音剎土、具足五濁。從尊勝妙音剎土往東越五十四大部洲，有一瞻部洲歡喜剎土，我即以發願力轉生彼處。當時我為四大部洲尊主，名虛空轉輪王。我令眾生行持善法、趨入三乘法，並做廣大佈施。

眾多乞丐來到我面前，紛紛討要黃金、藍寶石等各種珍寶。我以歡喜心佈施給他們，於是他們便獲得了很多珍寶。我當時問諸大臣這些珍寶從何而來？他們回答道：『此等寶物皆屬龍王寶藏，我等世間之人只能獲取其中一部分，國王佈施之珍寶即屬其中。』

聽完這番話，我當時就發願道：『如我能於五濁興盛世界成佛，則願我誓願皆得以實現：願我在此世界每一部洲中，為利益眾生能七次變為可開掘寶藏之龍王；每次變為龍王時，均能開取出諸如黃金、藍寶石等千千萬萬無盡寶藏；每種珍寶皆可累積至一千由旬高；願我能以種種珍寶利益、佈施眾生。

與在一個五濁興盛之世界變為龍王一樣，於十方恒河沙數世界中，願我均能七次七次依次變為龍王，在每一世界中利益無量眾生。』

當我發願之時，天人降下花雨，贈予『善哉』讚歎，並祝願我之願望均能實現。諸天天人於虛空中稱我為虛空廣施大國王，多有眾生親耳聞聽這個稱號。他們聽聞後心想：如果此人能將難以佈施之物捨予我等，則可擔當此種稱謂。如其不然，則名不符實。於是他們便向我索要王妃、兒女等一切一切常人難以棄捨之物，而我均歡喜施予。

有一喜星婆羅門當時要我王位，我立即賜王位與他，並為其舉行加冕大典，將整個瞻部洲全權交付於喜星，且同時發願道：『我現今將王位交付於喜星，願他能統領整個瞻部洲，而且健康長壽，能以轉輪王身份長久住世。待我成佛時，願要我王位之喜星能成為我紹聖者，並獲我授記。』

另有一婆羅門名欲妙，他向我索要雙腳。我即以利刃砍斷兩足，且以清淨心佈施於他。

還有一婆羅門名護見，向我索要雙目；而妙聲婆羅門則向我討要雙耳；正明婆羅門又向我索取生殖器官；其餘人眾要我血肉等……我即令其各自割取，我自己則發心且作迴向。

有一普行外道名叫泄奶，欲取我雙手，我立刻用右手割斷左手，至於右手則讓其自行割斷。我以清淨心將雙手佈施於他，又為得無上菩提而做迴向，此時我已渾身鮮血淋淋。我又發願道：『若以此佈施能獲無上菩提，則我剩餘身體亦希望眾生能索要。』當時之國王、大臣、眾生皆無悲心，忘恩負義又無真智慧，他們不懷好意地說：『已無身肢，又喪王位，此肉團要他何用？』於是他們便以蔑視之態度將我肉身棄於城外屍陀林。

屍陀林中多有蚊蚋，吸血長嘴蚊更開始吮吸我血，所餘身肉亦被惡狗、狐狸、鷲鷹統統瓜分。當時我用清淨心再次發願：『我將王位、身體全部捨棄，並未生一剎那後悔心。如我所願能實現，則願我身體能增長至大山一般，願身體增長後，眾生吃肉、喝血皆如願。』以此願力，我之身肉再度復生，終至高十萬由旬，寬五千由旬，以此肉身於一千年中滿眾生願。最終，我所捨棄的，僅舌頭也如現今靈鷲山一般廣大，我也發願願得廣長舌。

在我死後，我以發願力於瞻部洲夏瓦達之地轉生為取藏龍王。轉生當晚，我即可開取成千上萬無數寶藏。當時我亦向大眾宣佈：『我於此處所開取之金、銀等各種珍寶，你們可隨意享用，只求大家都能行持十善道、趨入三乘法並發菩提心。』我如此共轉生為七次龍王，並於無量時間中開取寶藏，令無數眾生趨入三乘法而行善法。同時為得三十二相，我亦發願。

與之相同，除此世界之其餘世界中，以第二個世界為主之十方恒河沙數世界裏，我於每一世界均以轉生龍王七次之方式開取寶藏利益眾生。

如來以精進猛厲心求三十二相而行菩薩行，除八菩薩以外，無人行持過。

無數劫以前，有一世界處青蓮花惡劫，現今世界當時名為沙源，乃五濁興盛剎土。我於四大部洲中為帝釋善辨，眼見贍洲眾生行不善業，我便幻變成非常恐怖、可惡之夜叉來到贍洲眾人前。他們見到我後恐懼異常，顫聲說道：『你之所求我們定會滿足、供養。』我聞言即說道：『我欲食物。』他們便問：『何等食物？』我便趁機回答說：『我欲啖食人肉。除一生中斷除殺生、邪見等十不善業，並趨入三乘法之眾生外，餘眾皆需被我食用。』言罷，我又幻變出一些眾生，並將之吃掉，他們見後盡皆恐懼，於是各個發願道：

『我等有生之年再不造作十不善業，並於三乘法中發心。』我如是令四大部洲眾生皆行十善，並趨入三乘法。

以我發願力，於十方世界中，我均以羅剎之形象令眾生行持善法。那時我以猛厲形象使眾生行持善法，後當我於菩提樹下金剛座時，因我曾以恐怖形象應世之故，受此業報，魔王波旬及魔眾亦給我製造違緣。

善男子，我行佈施波羅蜜多菩薩道時，獲得甚深安忍、總持、等持、世間五通，使無量無邊眾生善根在三乘法中得以成熟。又供養無量無邊佛陀，於每一佛陀前都得到如大海中水滴一般功德。此外，我還供養了無數聲聞、緣覺、父母、具神通之仙人。過去我以自己血肉滿眾生願，而今我用佛法滿眾生願。」

勸請諸佛初發心

釋迦牟尼佛宣講完廣度眾生之善巧方便後，又開始敘說令諸佛初發心因緣。佛言：「我以佛陀之智慧顯現微塵數十方世界中趨入涅槃之如來，是我令其初發菩提心，如東方花朵盛開剎土之無垢威嚴功德王如來、極喜剎土中之不動如來、瞻洲淨水剎土之日藏如來等等。無量無邊正在住世轉法輪之佛陀，都是我令其初發心、中行六度萬行，最終獲我授記。」

正當釋迦牟尼佛敘述此經過時，花朵盛開剎中無垢威嚴功德王如來法座震顫，眾眷屬皆問緣由。無垢威嚴功德王如來答道：「此乃娑婆世界之釋迦牟尼佛正宣說過去發心經過所致。釋迦牟尼佛當年也曾使我初發菩提心，實為我之善知識，你等皆應前往釋迦牟尼佛住持剎土恭敬讚歎。」眷屬皆欲前往，但不知娑婆世界究竟處於何方，便請教世尊。

無垢威嚴功德王如來即伸出手掌，五指放射萬丈光芒，光中出現九百一十萬佛剎中之如來，娑婆世界亦在其中。整個娑婆世界大地、天空盡為菩薩、人天、龍王充滿，連手杖也無地方放置。眾眷屬都目睹釋迦牟尼佛正面向自己說話，便將之紛紛告知世尊。無垢威嚴功德王如來即說道：「釋迦牟尼佛乃一切智智，娑婆世界大地天空中每一眾生均看見釋迦牟尼佛面向自己說法，因如來一種顯色、形色即能顯現種種顯色、形色。眾生如信仰梵天、魔眾、自在天，佛陀即能以此等形象、語言為眾生宣說佛法。」

光顯菩薩等菩薩眾聞言即欲前往娑婆世界，稍後即向無垢威嚴功德王如來請問道：「娑婆世界現已遍滿菩薩，若我們前去恐無立錐之地。」無垢威嚴功德王如來則回答說：「善男子，你們無需擔憂娑婆世界空間大小，因釋迦牟尼佛具不可思議功德，所住持剎土實乃廣大無邊。

釋迦世尊過去以自己發願力宣說三皈依、三乘法，並傳授三乘戒律，又開示三解脫法，從而使無邊眾生脫離三惡趣並得三寂滅之道。正因其以前世發願力做此等事情，故而欲往釋迦牟尼佛以慈悲所攝之廣大剎土，就勿需擔心。

釋迦牟尼佛成佛後不久，一次為調伏眾生，便住於明眼夜叉所居之芸香樹山洞內，並以安樂、歡喜心跏趺坐七天。當時，釋迦牟尼佛身軀遍滿整個山洞，洞中連一四指大小空間土地亦難找到。七日過後，十方大菩薩眾一百二十億為頂禮承侍如來且聞受佛法，紛紛來此娑婆世界之芸香樹山洞口。此時釋迦牟尼佛顯示神變，所有億萬菩薩均目睹此山洞寬綽有餘，便全部進入其中。在此廣大非常之山洞內，每位菩薩均在佛前以各種幻變做種種供養。他們一一幻化出七寶所製成的寶座、寶墊，並在山洞內聽受佛法。當這些菩薩結束聞法回歸各自剎土之後，此芸香樹山洞又恢復成原先模樣。

四大部洲中有一具有智慧之帝釋天，當時壽命臨近終結，將墮旁生，他自己也異常恐懼。三十三天八萬四千天子與此帝釋天便一同來到芸香樹山洞，並坐於山洞附近。承釋迦牟尼佛加持，帝釋天此刻想到：我應使五髻尋香子以悅耳動聽之妙音讚歎釋迦牟尼佛，如此定會使如來出定。想到這裏，帝釋天便勸請五髻尋香子發美妙音聲。蒙釋迦牟尼佛加持，五髻尋香子馬上拿起琵琶，用歌聲樂音五百次讚歎世尊。如此做過之後，釋迦牟尼佛便入妙音現前頂等持，以此等持集中整個娑婆世界中所有具足神通之羅剎、夜叉、非天、大鵬、人非人、大腹鬼、尋香者，以及欲界、色界天人。喜歌聲妙音之眾生聽聞後生大信心；喜讚誦之眾生聽聞對佛陀的讚歎後亦生起信心及恭敬心；喜笛聲者則於聽聞笛音後頓起信心。

釋迦牟尼佛出定後目光直視山洞口，帝釋天就上前請求道：『我死之後當轉生何處？』

釋迦牟尼佛則說道：『所有夜叉等眾生可全部過來。』於是山洞中十二個恒河沙數夜叉等眾生便全部彙集起來，山洞也隨即變大，釋迦牟尼佛就開始為其廣宣佛法。中有眷屬屬聲聞根機，便聽到聲聞法，九億九千萬眾生因此獲預流果；大乘根機眾生則聽到大乘法，五髻尋香子等一百八十億眾生從無上菩提中獲不退轉果位。這些眾生中有發無上菩提心者，有發聲聞、緣覺乘心者，帝釋天智者也擺脫死墮畏懼，並延壽一千年，且最終從無上菩提中獲不退轉果位。

善男子，釋迦牟尼佛住持之地就如是廣大；如來法界壇城亦如是廣大，且無人能測度；如來度眾所用之善巧方便同樣廣大非常，邊際無法衡量；如來身軀也非常廣大，頂髻、身體任誰也無法測量。如娑婆世界眾生能全部集中於如來體內，並從如來一毛孔中出入，即便用天人天眼也無法了知一毛孔之邊際，此乃如來身軀廣大程度。

另外，釋迦牟尼佛剎土之廣大，十方恒河沙數世界中所有眾生如若全部到達娑婆世界，仍可輕鬆容納，此皆為世尊前世發願力所致。即便千萬個十方世界所有眾生都進入娑婆世界亦可包容無遺，更遑論十方！此也為釋迦牟尼佛初發心時發願所致，故而剎土如此廣大。因此，以上所說皆證明釋迦牟尼佛超勝其他如來。

善男子，你們應帶月亮花前往已目睹之西方娑婆世界，代我問候、祝福釋迦牟尼佛。」

無垢威嚴功德王如來即派秘宣、光顯等菩薩兩萬餘人，以如來幻變力使之一剎那就離開花朵盛開剎土。他們來到娑婆世界後，便按無垢威嚴功德王如來所說供養、讚歎釋迦牟尼佛。

東方現喜剎土不動如來法座此時亦開始震顫，不動如來派出菩薩前往娑婆世界，住持其他東方剎土之如來也派出無數菩薩前來供養、讚歎。待將東方如來剎土名號敘說完畢，釋迦牟尼佛又開始敘說南方諸佛剎土。

南方無憂剎土中有無憂吉祥如來，釋迦牟尼佛對眾人宣說道：「此無憂吉祥如來亦我讓其初發菩提心，中行六度萬行，最後得我授記。」同樣，在敘說完南方無數剎土、佛號後，南方無量無邊佛陀法座也開始震動，這些佛陀也如前所述那樣派出眾多菩薩前往娑婆世界。

待一切圓滿後，釋迦牟尼佛又開始宣說西方諸佛剎土名號：「從此往西有寶山如來住持之寂慧剎土，寶山如來也是我讓其初發菩提心。」敘說這些如來時，他們的法座全開始震動，並且皆派眾菩薩前來娑婆世界。

釋迦牟尼佛再宣說北方、上方、下方、東南方等十方如來剎土名號：「比如從此剎土越無數世界，有一尊勝剎土，住持佛陀為多聞子芸香王如來。此如來亦我讓其初發菩提心、中行六度波羅蜜多，後得我授記。」宣說他們名號時，這些如來所坐寶座均開始震動，他們也派出眾多菩薩前往娑婆世界。

總而言之，十方無數如來前之無量菩薩紛紛來此娑婆世界，所有佛陀都遣菩薩帶花問候、祝願，且讚歎道：「釋迦牟尼佛曾為我等善知識，最初讓我們發菩提心，中又令我們行六度萬行，最後得其授記。如今他已成佛並為眾生宣說佛法，我等皆至心隨喜。」

等十方無量菩薩全部集中後，釋迦牟尼佛隨即顯示神變，所有集中於娑婆世界之眾生，每一身體都幻變成一由旬大，且遍滿整個空間、大地。但此等眾生除見釋迦牟尼佛以外，所有一切均未看見，彼此之間亦不曾目睹對方，惟見虛空無邊，眼前之一切山河大地盡皆隱匿。

此時釋迦牟尼佛入遍虛空淨法等持，月亮花等各種供品皆經過釋迦牟尼佛毛孔進入體內，娑婆世界所屬所有眾生均目睹此事，無量眾生都遠離心與心所，對應色法之分別念亦全部消失，眾生全都專心致志、用心專注於如來。眾人就如親見極樂花園一般，眼見如此眾多之寶樹，繽紛多彩之鮮花、琳琅滿目之綾羅綢緞，再加妙衣、寶傘、勝幢、飛幡、臂飾、珍珠飾等等嚴飾花園之物，這些眾生皆欲前往觀瞻、賞玩。

所有娑婆世界中眾生，除地獄、閻羅世界（餓鬼）、旁生、無色界眾生外，此時全體進入如來毛孔中。釋迦牟尼佛則收回幻化並且出定，眾生相互之間已能目睹，於是便互相說道：「釋迦世尊現在何方？」彌勒菩薩應聲答道：「諸位有情，我等眾生皆已進入如來體內，你們想必應已了知。」諸眾生此時都看見佛陀身體內外，眾生一一在佛陀體內集中之過程。他們於是想到：「我們從何而入？何人吸納我等？」彌勒菩薩便對在場所有眷屬進一步解釋道：「你們實應諦聽，此乃如來不可思議幻化所致。為利益眾生，佛陀為我等宣說佛法而顯示神變，你們皆應如理思維此理。」在場眷屬聽罷紛紛恭敬合掌。

釋迦牟尼佛趁此機會向他們宣說能永遠維持安樂之法門，同時講了諸如從輪迴淤泥中解脫、趨入八菩提支、行持一切智智、圓滿如來自然本智、對一切眾生生起慈悲心等發心之十種迴向、諸法無我、心性無生滅等種種法門。如來體內恒河沙數眾生皆因之而獲無上不退轉菩提果位，無數菩薩同時也獲得總持、安忍等功德。

當眾生從如來毛孔中出來後，大家均感稀有難得，於是便恭敬頂禮如來足下。他們為觀察、了知如來妙音壇城、身量之具體狀況，各自回到十方如來剎土中。至東方剎土中之菩薩雖已越過東方無數剎土，但釋迦如來之聲音一直迴盪耳邊，世尊言語之含意、音聲歷歷在耳，如同近在眼前。而如來身體亦無有增減，身軀遍滿整個空間，諸菩薩、聲聞又親睹世尊一毛孔中都有無量菩薩、聲聞自在出入。與之相同，如來遍身所有毛孔中均有無數菩薩、聲聞進進出出。

與東方諸菩薩耳聞目睹相同，南方及其他各方剎土中之菩薩也如是見聞所有進入如來體內眾生皆從毛孔中出，此等菩薩便於如來前頂禮，又用種種語言、文字做各種讚歎，並坐於如來前。欲界、色界天人降下充滿妙香與鮮花之雨，彈撥出動聽美妙音聲樂器，同時亦以寶傘、飛幡等物作為供品。有一大菩薩名無畏正度，在釋迦牟尼佛前恭敬合掌後說

道：「這部廣說如來授記之經典當以何命名？」釋迦世尊即告訴他道：「此經名為《如來趨入等持法門經》，也可稱作

《眾多如來經》、《眾多聚彙經》、《菩薩得授記經》，或《無畏得度經》、《大悲妙法白蓮經》等。」

無畏正度菩薩又問道：「如有善男子、善女人守持、念誦、甚至僅為人宣說一偈，此等善行有何福德？」釋迦牟尼佛便回答說：「此經功

德前已敘說，今再略宣。任何人聽聞、讀誦、守持、為別人宣說一偈，或於未來末法五百年時繕寫、守持，所獲功德不可思議，諸大菩薩十大劫中以六度萬行所積福德亦不能與之相比。皆因此經能令許多眾生心得以清淨；能遣除天人、魔眾、梵天、沙門、婆羅門、夜叉、龍、尋香、鳩盤荼、餓鬼等眾生之嗔心與爭鬥，並能破除眾生、疾病及一切災荒。依靠此經能使眾生獲得快樂；得無疾、無畏與安閒；且能斷滅眾生煩惱；增長眾生善根；使他們皆得以擺脫三惡趣苦，從三惡趣中得究竟解脫，明瞭三乘道；並獲總持、等持法忍，利益一切眾生；能使眾生未來安住於金剛座、降伏死魔、現證菩提、廣轉法輪；能令遠離聖者七財眾生得三十七道品；能令爭鬥眷屬趨入無畏城市等等。因如此多之利益，我宣說如是法門。」

釋迦牟尼佛言畢即暗自思付：我把此等法門交付與誰？末法五百年時，誰能護持此法？此法實在勝妙無比，但誰能不厭其煩地於行持非法與破戒眾比丘耳邊宣說此法？誰能於貪執非法、被世間妙欲捆縛而隨其輪轉、已趨入邪道、尚未成熟等眾生前，以無有厭倦心之態度宣講此法？

正在思慮之時，在場眷屬均已了知釋迦牟尼佛之意趣，他們看見彌勒菩薩正帶一夜叉仙人名福德王者前往釋迦世尊前。釋迦牟尼佛告訴夜叉仙人道：「大仙人，你應守持此法門。末法五百年時，你應把此法於具不退轉善根菩薩耳邊傳授，你應令他們發不退轉菩提心。」

夜叉仙人請求道：「世尊，我定當依教奉行，以我前世發願力，過八十四劫後，我以夜叉仙人形象行無上菩提道。此時，我必使無量眾生修四梵住，令他們獲不退轉果位。末法五百年時，我定會令眾生守持此法門，任何眾生只要守持一個偈子以上，我則定當使他們心相續得以成熟。」

以上所述皆為《大悲妙法白蓮經》中所講述的釋迦世尊授記經過，僅以簡單語句概括。我等眾生皆應憑此憶念世尊功德、恩德，並應生起堅定不移信心。無等大師釋迦牟尼佛以大悲心如是成為五濁興盛眾生怙主而成佛。如《寶積經•彌勒請問品》云：「佛言：『阿難，彌勒大菩薩行菩薩道時，便發心攝受具微薄貪嗔癡習氣眾生，並欲度化喜行十善之眾生』。他所發誓願為：『於此剎土中成佛實乃善妙！』未來當眾生貪、嗔、癡等煩惱較微弱，且行十善道時，以他發願力，彌勒菩薩會顯現無上圓滿正等覺果位。

阿難，我過去行菩薩道時，就發願欲於五濁興盛世界中，當眾生貪、嗔、癡心較粗大、三毒煩惱猛厲、貪執非法、貪心尤為熾盛、守持邪法、不孝父母、不悌兄長、夫妻不和、親友反目、不滿聖者、對上師阿闍黎不恭、損惱自他、身形醜陋、野蠻愚蠢時示現成佛。『如能在此等惡性眾生中成佛實為勝妙』，此乃我當時所發大願。

如此世間也被我選中，我仍以大悲心住持剎土，以大悲心在這些眾生所居之城鎮市邑、村落王宮中宣講佛法。於此過程中，我恒遭詆毀，常有人以難登大雅之堂之惡語詬罵。阿難，有人說我持斷見；有人說我持常見；有人又說我沈溺眾多眷屬中。當我前往在家人中去時，有人心懷不滿地向我投擲泥土；有人施我以有毒之食；有人欲用火焚燒我……即便後來我已成佛，仍有眾生謂我與女人行不淨行，妄圖以美女為工具誹謗我。阿難，我依然以大悲心發願，願在大悲心所攝下，面對如此之眾生仍照講佛法。』

阿難聞言請求道：『世尊以大悲心調化此類眾生的確難能可貴，肩負誰也無法挑起之重擔，真乃辛苦勞累。』」

三、佈施品

大悲尊者太子以身飼虎

除此而外，無等大師釋迦牟尼佛為自他希求無上智、行菩薩道時，所做六度萬行實難數計。

無數劫前，瞻部洲有一馬車國王，統領小國五千。釋迦牟尼佛那時轉生為馬車國王最小太子，名大悲尊者太子。一次有老虎母子倆前來，二虎均饑渴難耐，母虎便欲食子。大悲尊者太子見狀悲心頓起，便以樹幹刺穿自己，以自身鮮血供母虎舔舐。母虎喝過太子血後稍長氣力，太子就又用自己肉身餵飽餓虎。以此緣故，大悲尊者太子即刻圓寂。

另據史料記載，為利益眾生，釋迦牟尼佛曾前往兜率天為母說法。

月光大國王佈施頭顱

久遠以前，釋迦牟尼佛於瞻部洲作月光大國王，那時國王身體有光，似天人一般美妙，且具足顯赫權勢、廣大財富。一次，國王心中想到：我因前世所積善業方得以安享今世榮華富貴，因此我應立志再造善業。想罷便廣宣天下言自己欲佈施國庫財富，將飲食、衣物、珍寶、妙藥盡皆施予，所有眾生均可各取所需。如此佈施令國中百姓皆與國王一道分享財富、安居樂業，月光大國王名聲也因此傳遍整個大地。

此時邊地也有一小國王名西馬森，西馬森國王聞聽後即心生嫉妒。他向國師普行外道詢問道：「如若月光大國王不消失而繼續存在，則他名譽定會超勝於我，我之功德權勢將全部隱沒。你們有何良策應對？」

這些普行外道聽後就紛紛說道：「此月光大國王以慈心如對父母一般對待眾生，我等根本無法傷害他。」國王聽後心生不悅，就立刻宣佈道：「有能將月光大國王頭顱砍下交予我者，我定將一半王位奉送給他，並將公主賜予他作妻子。」

當時住在山岩中之一凶目婆羅門，聽到消息後就答應說自己可擔當此任。他於是在七日中苦修護身咒語，又從西馬森國王那裏攜帶一些口糧，就向月光大國王治下國家奔去。

此時月光大國王國土出現大地震動、流星隕落等種種惡兆，諸大臣也連做惡夢。此時，護城天女見到凶目婆羅來到門前，立即使之陷入瘋顛狀態，且阻止其進入本國。

當時有一淨居天人於月光大國王夢中說道：「你圓滿佈施波羅蜜多之時機現已成熟。」國王醒後即派大臣大月亮到城門口對護城天女捎口信說：「若有人前來萬不可阻擋，應使其順利進城。」大月亮大臣到達城門時，天女顯現身體對大臣說道：「有一外地婆羅門欲以惡行斷國王頭，我未讓其進城。」大月亮大臣隨即說道：「你所言正是，此人確實能造大違緣，但國王願意讓他進來，故而我等不應抗命。」護城天女無奈，只好放其入城。

大月亮大臣做七寶質地之頭顱五百個，希冀以此勸化凶目婆羅門勿斷國王之頭。怎奈凶目非要親取國王頭顱，百般勸請亦不聽從。他直入王宮後立即索要國王頭顱，而月光大國王竟以歡喜心答應，且約定七日後將頭顱交付於他。眼見如此景象，大臣大月亮、王妃持地母皆因痛苦揪心以致昏厥而死。於其死後，兩人均轉生梵天天界。

月光大國王則向整個國家宣佈道：「欲看我佈施頭顱景觀者均可前來。」於是，眾多小國國王與臣民便全部集中起來，祈請國王萬勿佈施自己頭顱。但國王心志已定，絕不答應。當其卸下王冠之時，所有世間眾人之冠帽全部掉落於地。城中後方有一寶藏花園，花園中有一瞻匐樹，國王就將頭拴於樹上，且對凶目婆羅門說道：「砍斷我頭之後務必將頭交於我手上，我要親自送頭給你。以我佈施功德願一切眾生皆獲無上圓滿菩提果。」

當凶目婆羅門揮劍正欲砍時，樹神發威猛擊凶目一拳，凶目頓時倒地。國王便對樹神說：「我之頭顱於此樹下已佈施過九百九十九個，加上這一回，正好一千。請勿對我行佈施波羅蜜多、得無上菩提果位製造違緣。」樹神聽罷只得又使凶目復甦。

國王發此大願之後，凶目婆羅門便砍下王頭，大月光國王死後立即轉生遍淨天。（遍淨天，三禪天之上層。生於此中諸天，世間禪悅最極淨妙圓滿，故名遍淨。）

當時大地六次震動，人、天眾生痛苦之淚如大雨傾灑，天人又降下花雨，整個世間大地自然傳遍月光國王佈施自己頭顱之消息。

西馬森國王聽到後，因感月光大國王名聲更遠勝以前，便氣絕身亡。凶目婆羅門走後，所有小國臣民、王妃，以及餘眾皆啼泣哀號。有人悲痛至死，有人昏倒在地，有人捶胸頓足、撕扯自己頭髮臉目，所有人眾均痛恨凶目，並毆打之。凶目攜頭上路，豈料月光國王頭顱於路上開始腐爛，臭氣遠播，無法攜帶，凶目只得棄頭而走。半路上又聽聞西馬森死訊，更是失望至極，隨即吐血而亡。西馬森、凶目二人死後，直墮大地獄；為月光大國王而啼泣至死之人則全部轉生善趣天界。

西馬森國王即是現今之魔王波旬，凶目婆羅門即是現今之提婆達多；大月亮大臣則為舍利子，持地母則是目犍連。另據《報恩經》記載，有一大光國王佈施自己頭顱之記載與此記載也大致相同。

大佈施取寶利眾

久遠以前，此世界為一大國王統治，其上師名為婆羅門烈卓達，受到眾人愛戴恭敬，財富廣積同於多聞天子。釋迦牟尼佛那時為婆羅門之子，名大佈施，年歲尚小時便相貌端嚴、具足相好，且精通一切學問及技藝。因他財富非常圓滿，一次出門賞玩時看見貧窮困苦者後便生悲心。回宮以後就請求父母允許自己廣行佈施，蒙父母開許後，便行廣大佈施。他將庫中三分之二財物盡皆施捨，只餘三分之一時，管理倉庫者便告之於大佈施父母：「萬勿再行佈施，否則定會使倉庫空虛。」父母因感羞愧而不願當面數落兒子所為，便對倉庫管理者說道：「我們無法直接明示，你可關閉倉庫大門，對他說你忙於事務，不為他開門便罷。」

結果當大佈施還欲廣行佈施時，因庫門緊閉已無法滿足乞討者願望。大佈施心中暗想：管理倉庫者不開門也許是受父母吩咐，況且兒子把父母倉庫中所有財富全部佈施也不應當，我最好能想一萬全之策以得到如意財寶，如此便可把無量財富佈施與無數眾生。想及此，大佈施便到眾人前詢問有何方法可令自己如意佈施。如是問時，有人說你欲得財，定需耕地，有人說步行可積財，有人說經商能致富，亦有人說取寶需向海中去。大佈施內心思索：如我行耕地等事務恐不合適，上上之策乃是前往海中取寶。大佈施想完便向父母請求開許，父母恐其一去不返，便堅決不同意。大佈施便以決絕態度在父母面前斬釘截鐵說道：「如我不能實現此種願望，則我必將不吃不喝、長伏於地、在你們面前誓不起身。」言畢即按其所說，於六日之中絕食明志。

父母先以種種好言善語交相規勸，奈何大佈施心意已定，絕無妥協之意。萬般無奈之下，父母不得不聽之任之，大佈施此時方才進食。

於是他便與五百人相伴前往海中取寶，途中不幸遇上強盜，全部錢財被洗劫一空。又走至大西巴城時遇一婆羅門嘎西拉，大佈施便往其家向其討索三千兩黃金。當大佈施張口要金時，嘎西拉家一金色美女聞其聲後非常高興。此金色美女頭髮呈藍色，已有四千國王太子欲娶其為妻，但家人皆不贊同。此時金色美女於門口聽到大佈施聲音後，便對父母說：「我願為此人之妻，他乃為我丈夫。」待嘎西拉打開門後一看，更見大佈施身相莊嚴、與眾不同。於是當大佈施討索三千兩黃金時，嘎西拉便將黃金與女兒一起賜予大佈施。大佈施則說道：「如我能從海上順利歸來，我則可帶此女人一同歸家。」嘎西拉便將三千兩黃金及其他路途中所需物品、資具一一備齊交與大佈施。大佈施於岸邊即將登船之際，嘎西拉又對其千般叮嚀道：「你去海中取寶定有利益，但同時亦蘊藏風險，你務必小心。」大佈施點頭答應後便登船啟航，直往海中駛去。

眾商人一路同行，其間大佈施因精通探寶術而屢屢透過觀察發現眾多珍寶。眾人從海中撈取後堆放於船上，各種奇珍異寶竟擠滿整個船倉。眼見所獲甚豐，眾商人便欲歸去。大佈施則獨排眾議說道：「從龍宮獲取如意寶前絕不歸家。」商主們聽後心裏非常痛苦難受，便對大佈施說：「你若不回去，我們也不肯回去，不如我們一起漂泊四方。」他便勸解他們道：「你等實不該如此，你們理應歸家，我發願定加持大家順利回去。」大佈施說完便手捧香爐供養四方，並說諦實語，以此功德願眾商人皆得以順利返回瞻部洲。

大佈施則繼續向龍宮進發。他先於水中探尋七日，此時水已漫過雙膝；過七天，水淹大腿；又七日，水已浸到腰際；再七日，水過雙肩。大佈施隨即在水中遊弋七日，後終抵一山下。他又手攀草木、腳蹬懸崖，爬行七日後到達山頂。於山頂休整七日後，大佈施又用七日爬到山下一河邊。河裏清晰可見毒蛇纏繞之金色蓮花，他當場就以跏趺坐入慈悲等持，頓熄毒蛇嗔恨心。之後，他足踩蓮花又行七日，安穩越過毒蛇陣營。

路途之中又逢羅剎，羅剎覺察到人味襲來，立刻猛衝上來。大佈施悲心大發，羅剎便轉而以溫和語氣問道：「大士，你從何而來？又欲往何方？」他回答說：「我欲取如意寶。」羅剎聞言心中暗想：此人定有大福報。但因路途實在太過遙遠，如此步行恐難以到達。加上一路奔波勞累，我應予他一些方便。心生此念後，羅剎便將他帶上虛空，過四百由旬後又放至地面。

大佈施再繼續前行。走不多遠，便見一白銀宮殿，他當下想到：這裏必是龍宮。

當他向龍宮邁進時，忽然發現龍宮外面有一七層大坑，內裏遍佈毒蛇。他又發慈悲心，再次熄滅毒蛇嗔心，然後踩於毒蛇上徑向龍宮挺進。剛要進門，就見龍宮門口有兩條巨龍守衛，纏繞迤邐，頭置於地。兩龍頭見到大佈施後，立即準備施放毒氣。他則慈心頓發，兩龍倏忽低頭而眠，他乃得以踩其頭而入。

進得龍宮就見一龍王住於七寶宮殿中。龍王見到來人後非常恐懼、緊張，心中想：我宮殿外有七層毒蛇大坑，任誰也無法進入，此人到底是誰？龍王邊想邊起身迎接，恭請大佈施坐於寶座之上，並供養各種飲食，然後便詢問其來此緣由。

大佈施回答道：「瞻部洲眾生因生活窮困而屢造惡業，死後必墮惡趣中。我為他們而生悲心，萬里迢迢趕赴此地只為向龍王索要如意寶，因如意寶能滿足眾生願而利益眾生。以此尋寶福德，願我究竟成佛。望龍王能滿足我願。」

龍王應聲答言：「此如意寶稀有難得，你既為尋寶而來，理應於此小住一月。我供養你全部日用所需，如你能為我說法，我定將如意寶奉獻於你。」

大佈施於是同意講法，龍王則每日供養種種上妙飲食、樂器。他於一月之中為其宣講四念住法門，傳法完畢便欲離去。龍王就以歡喜心從頭上卸下如意寶送給他，且莊重發願道：「待你成佛時，願我能做你最好侍者。」

他拿到如意寶後便問龍王：「此寶到底有何功德？」龍王回答說：「此如意寶在二千由旬之內能賜予你一切所需。」大佈施聞言心中暗想：這如意寶雖具大功德，但還不足以達成我願望，我當再去找尋。

與龍王和眷屬告別後，大佈施又獨自踏上探寶之旅。

走過一段路程，又來到一座藍寶石龍宮前，如前一般，龍宮前有一七層深坑，毒蛇遍佈其中，宮門口兩條巨龍纏繞迤邐如故。大佈施又以慈悲心熄滅毒蛇、巨龍嗔恨心，踩其頭昂首進入龍宮。

此龍王如前龍王一樣起身相迎、恭敬有加，他於是又向這位龍王索要如意寶。龍王趁此機會請求道：「希望你兩月之內為我宣講佛法，我供養你一切日用所需。傳法結束時，我定當奉獻如意寶。」他就於兩月之中向其傳四神通法，隨後龍王就以能在四千由旬之內賜予所需之如意寶供養他，並同時發願道：「願你成佛時，我能做你最好侍者。」

大佈施心中再次想到，此如意寶雖較前功德增上一倍，但還是不能滿其所願，便又繼續向前找尋。經過一段時日後，他看見一黃金龍宮，外面依然有一七層遍佈毒蛇之大坑與兩條巨龍纏繞守護之宮門，大佈施以淵遠不竭之悲心，第三次熄滅毒蛇與巨龍嗔心。進入王宮後，龍王恭敬請法如前。結束對其四月傳法後，龍王將頂上如意寶奉獻大佈施，並發願道：「待你成佛時，願我能成為你最好侍者。」龍王並且說明此如意寶能在八千由旬內降下珍寶和一切所需。大佈施至此方感心滿意足，他心下暗想：瞻部洲方圓只有七千由旬，如意寶此回滿我願矣。

他拿到如意寶後便用布包裹，準備返回，此時諸大龍王與眷屬皆來相送。大佈施手捧三如意寶發願道：「如此三寶實為真正如意寶，則願我即刻飛上天空。」

大佈施言畢立即直飛入天，越過大海直抵岸邊。上岸後因連日奔波勞碌、略感疲憊就隨地而眠。海中諸小龍看到後就商量說：「我們所居大海中，如意寶僅此三枚，豈能讓此人全部攜之而去？我們應竊回此寶。」商量完後，諸小龍就悄悄偷走此三枚如意寶。

大佈施醒來後發現如意寶被竊，心知此舉定是海中小龍所為，於是發下大願：寧可竭盡全力滔乾大海之水，也要討回如意寶，決不空手而回！

他於是開始日日以一龜殼往岸邊滔水，海神測知大佈施想法後就勸說道：「大海深廣無邊，有三千三百由旬，即便瞻部洲全體人眾齊來百水亦無法百乾，你又如何滔盡？」大佈施意志堅定地回答說：「人如能以精進心行事持之以恒，則任何事皆可成辦。何況我用珍寶不為自己，只為利益眾生，並以此福德欲證佛果。如此心永不退轉、永不怯懦，大海為何不能滔盡？」

當此之時，遍入天等天人從遠處觀見大佈施為一切眾生而百乾大海水之苦行後，心生感動，互相紛紛輾轉相告，最終所有天人相伴齊來大佈施前。看到他精勤不輟、勉力滔水之時，眾天人各個脫去天衣紮入大海中。等其第一次從海水中浮起時，大海分明下降四十由旬；待其第二次出入後，海水又下降八十由旬；第三次時，海水則降低一百二十由旬。

此時眾小龍均感恐懼，便至大佈施前請求道：「祈請你萬勿滔乾大海。」他這才停止滔水。小龍們又問他：「你要此如意寶究有何用？」他則說道：「我乃為利益眾生而需用此如意寶。」眾小龍隨即反詰說：「你為利益眾生需用如意寶，豈不想我們大海中亦有眾多眾生，為何要將能帶來利益之如意寶讓你拿去？」大佈施聞言反駁說：「大海中眾生儘管也屬眾生，但絕無貧窮痛苦之憂；而瞻部洲眾生因窮困所致，為財富不惜互相損害、造作十不善業。如此一來，他們死後必墮地獄諸惡趣中。故我才生大悲心，要用此如意寶滿足瞻洲眾生所願。」

諸小龍聞畢釋懷，便取出所藏如意寶供養大佈施。海神亦發願說待大佈施成佛時欲成為其侍者。他就又帶著如意寶飛向虛空，終回大西巴城。問城中諸人先前一同探寶之同行商人去向，答說均已安全歸來，於是大眾皆感稀有難得。

大佈施又來到嘎西拉家門前，眾人都歡呼雀躍道：「大佈施已從海上歸來！」嘎西拉也覺得非常高興，隨即為他及先前同行之眾商人舉辦盛大宴會，接風洗塵。大佈施此時則用如意寶使嘎西拉錢庫傾刻充滿。嘎西拉命以種種珍寶精心裝扮之美女手捧珍寶水器為他沐浴洗腳，並將此美女也賜予他，大佈施則隨順接納。嘎西拉婆羅門歡喜異常，又將女兒和五百女僕，以及五百頭以珍寶裝飾之大象和各種能出歡樂音聲之樂器賜予大佈施。全部一併交給大佈施後，方才依依惜別。

大佈施率眾回歸故里，到家方知父母思兒心切，自從兒子離開後一直傷心哭泣，以致哭瞎雙眼。大佈施以虔敬心恭敬頂禮父母，當其手握父母雙手時，父母方知兒子已歸。父母埋怨道：「你離去之後，我們已哭瞎雙眼，不知你從海中到底獲得何種寶貝？」

大佈施便將如意寶放於父母手中，且欣喜說道：「我已覓得如意寶。」父母手拿如意寶不屑說道：「此等石塊遍滿我家倉庫，你卻為之不惜千辛萬苦、冒死尋覓，所作所為有何意義？」他也不辯解，只用如意寶擦拭父母眼睛，父母雙眼即刻便似風散烏雲般雙雙復明。父母高興不已地說道：

「此乃真如意寶，果然能遣除一切煩惱疾患。」

大佈施此刻手捧如意寶發願道：「願父母腳下能生寶墊，頭頂變出華蓋。」發願畢，寶墊、華蓋皆如願生出。大佈施又發願令家中倉庫全為寶物所充滿。

國王此刻便派人騎能走百千由旬路程之大象向大眾廣為宣告：「瞻部洲所有大眾聽著，大佈施已從海中取回如意寶，再過七天，眾人便可隨意享用一切財富。」

大佈施沐浴更衣之後，在清淨草地平原上將如意寶置於勝幢上，手拿香爐發願道：「瞻部洲眾生恒處困厄窮苦中，我必須饒益他們。如此如意寶真實不虛，則願天降眾生他們所需之財物。」話音才落，四方狂風驟起，飛沙走石颳走大地上所有不淨之物。然後降下雨水，接著又開始降下百味甘美飲食，隨即又落下糧食、妙衣。最後則降下珍寶雨，整個瞻部洲大地遍佈珍寶，如同滿地石子、瓦片一般隨處可見。

正當眾人心滿意足之時，大佈施諄諄開示道：「因大家生活貧困、造惡不止，恐你等日後墮入惡趣、我方發大悲心歷經千辛萬苦、冒死赴海求得如意寶珠。故而你等實應心生安樂，且將身、口、意全部投入行持十善道中去。」他如是千方百計勸請大眾行持十善法，以此因緣，瞻部洲眾生多有死後轉生善趣天界者。

大佈施之父母乃現今淨飯王、摩耶夫人；而白銀龍宮龍王為舍利子，藍寶石龍宮龍王為目犍連，黃金龍宮龍王為阿難，他們三人那時全都承侍過大佈施；海神則為後來之芒嘎巴尊者。其他佛經中所記載的，後來成為世尊的義成王子前往大海取寶的經歷亦與此敘述相吻合。

善義太子為眾取寶

很久以前，有一寶盔國王統領五百小國，娶有五百王妃。怎奈妃子雖多，但皆沒有子嗣。情急之中，寶盔國王便多方祈請日、月天神，不過種種手段最終均無濟於事。國王內心焦灼萬分，痛苦無奈當中日夜揪心：自己百年之後如無太子繼位，國必大亂。正當憂心如焚之際，一日於夢中，有一天人托夢給國王道：「如欲求子，當前往王宮外之園林，那裏有兩位仙人，其中一位遍體金色，你即可向他祈禱，他則會投胎為你的太子。」

國王急速趕往仙人住地，找到仙人後按天人所述至誠祈請一番，仙人終於答應可於死後轉生為國王太子，另一仙人也說願於死後轉生為國王太子。國王高興難抑地說道：「希望如是，但願如此！」

金色仙人死後不爽前約，即刻入於國王大王妃胎中，九月懷胎過後，大王妃產下一遍身金色太子，頭髮呈現藍色，相貌非常端嚴。寶盔國王為新生太子行盛大賀誕儀式，並請看相師觀察占卜太子命運，看相者仔細端詳後為其取名善義。此時另一仙人也於死後入於另一王妃胎中，待其生育後，國王同樣為之舉行賀誕儀式，並請看相者為其占卜取名惡義。

善義太子長大後精通十八種學問，一日請求父王能允許他到外面玩耍。得父王開許後，善義則以大威風出宮巡遊，眾人皆爭相前往觀瞻。目睹太子風采後，眾人均讚歎善義威嚴實如梵天。而善義則趁出遊之機親眼目睹眾多貧窮者、著破衣爛衫者、殺生者、耕地者、漁夫及獵人。善義問其何以從事此等營生？這些人回答道：「我們生活貧窮無著，實在難以維持生計，萬般困窘中只得做此低劣活計。」

太子聞言心中難過不已，為他們的悲慘境遇流下傷心淚水。他在心中感歎道：「嗚呼！此等眾生命運可謂從黑暗到黑暗，永無光明之期，真乃可悲可歎！」

回宮後，他便請父王做廣大佈施，蒙國王開許後，便廣行佈施之舉。及至倉庫佈施至只剩三分之一財物時，倉庫保管者便請求寶盔國王停止太子如此佈施。國王便令其關閉庫門，如此一來，善義則無法再滿足廣大眾生求乞之願，他便想依其他諸種方式隨意滿眾生之願。此後之種種經過，諸如詢問眾人、想去海中取寶等等，皆與前文所述大佈施經歷大致相同。

後來五百商人與一老年商主，以及善義太子便一同前去海中探寶。惡義此時則想道：我也要幫助兄長前去。寶盔國王想如要派別人陪同太子，還不如派弟弟幫助哥哥，便同意惡義前往。善義就取了三千兩黃金以作盤纏，一千兩補貼日用，兩千兩用於救急。

出發之時，國王、王妃咸來送行，太子所乘輪船由七根繩子拴在岸邊，正欲揚帆出海時，開始依次砍斷繫船繩纜，並且每天都有人大聲宣告：「大海航行危險異常，種種險難不一而論。自古以來去者眾、回者寡，故而所有尚有疑慮之人均可自行離開。如不顧及身家性命、父母家庭，敢到海中取寶者，所取寶物定可使本人七代當中財富圓滿。」此番話語每天皆宣讀一次，並砍斷一根纜繩。連續七天後，繩斷船啟，輪船飛快駛離岸邊，前往海中行去。

到達寶洲後，因善義王子精通探寶術，他就指導眾人如何尋覓寶物。

眾商人隨後皆安頓於寶洲，善義則與老商主划小船又駛往別處。

當他們越過金、銀、藍寶石山下，抵達金沙後，老商主告訴善義道：「我已無力再往前行，恐必死於此處，惟願你勇往直前，直抵七寶所成之龍宮大殿。如大門緊閉，則可取門上金剛杵用力敲開，那時門內五百天女皆會一一供養你珍寶。其中有一天女會供養你藍色珍寶，此乃真正如意寶，得到後萬勿捨棄，定要將之帶回。其他美女所供養之珍寶亦需帶回，且需牢記切勿與眾人提及此事。我死於這裏後，望你莫負我恩，請將我一把朽骨埋於金沙之中。」

老商主言畢命喪，按其吩咐，太子將他身軀埋於金沙裏。然後又循其指示、直往前行。終至七寶龍宮後，他用門上金剛杵敲門，五百天女應聲而出，其中一天女果然將藍色珍寶供養於他，善義將之包裹於布中帶回。

惡義太子此時正令其餘商人多攜珍寶準備回家，結果因貪心所致，船載過量，行於大海之上時，一遇風浪即東倒西歪、時沈時浮。多虧善義帶有如意寶才未沈於大海，其餘商人則幾乎全部溺於水中。惡義頓覺恐怖，抓住善義連喊救命，善義就幫他安穩過海。

惡義上岸後驚魂未定地說道：「我們兄弟離父別母前往海中探寶，如今珍寶未得、同伴已死，空手而返豈不大煞臉面？」善義本乃一心性淳樸之人，聽罷弟弟所言，為安慰惡義，使之不至於過分沮喪，就將老商主臨終遺言對弟弟和盤托出：「我們其實已得如意寶，有何羞愧難當之處？」「此話當真？」惡義欣喜若狂道：「如意寶到底是何等模樣？能否讓我端詳？」

哥哥便從布裏取出如意寶交予弟弟仔細觀看，惡義看罷貪心大長，內心忿忿不平地想到：父母原本對我就不如對兄長那般關愛有加，如果我空手而歸，哥哥卻攜寶返回，他們定會更加鄙視、惡劣待我。不如趁哥哥熟睡之機將之誅殺，我自己攜寶面見父母，到時只說兄長已被淹死即可。想到這裏，惡義就對哥哥說道：「若兩人帶著如意寶休息恐不安全，不如由一人佩戴著，其睡覺時，另一人巡視，二人輪流，不知你意下如何？」善義便同意惡義的提議，兩人開始輪番佩戴、巡邏。惡義睡眠時故意長臥不起，以致善義看守、巡視頗費時間。待到兄長安眠時，因勞累過度便沈沈睡去。趁其熟睡之機，惡義以遍佈荊棘之兩根樹枝，突然刺入善義雙目中，然後帶上如意寶倉皇逃竄。

善義太子驚恐非常，大聲驚叫：「有強盜！有強盜！」

但荒山野外無人知曉。後有一樹神告訴他道：「搶走如意寶之強盜正是你弟弟惡義太子。」善義心痛、眼痛，一時悲痛難忍。他只得邊爬邊走，後至一處名為樂西瓦之地。到達時，正逢一牛群，約五百頭左右。群牛中有一極聰明犛牛，又善解人意，知道太子眼痛後就用柔軟舌頭舔善義眼睛，其他牛見狀也漸漸圍攏過來。放牧者看見後急忙趕過來，只見一人眼裏插著兩根樹枝正痛苦不堪。放牧人便緩緩將樹枝拔出，又將太子帶回家中，餵以牛奶、敷以牛油、悉心照料。善義病情大致好轉後就對放牧人說：「我現在欲離開這裏。」放牧人不同意。待眼睛創傷完全痊癒時，善義又對放牧者說道：「我現在欲往城市方向去。」

牧人於是送其至城邊，善義則要求說：「我以後生活沒有著落，你可否送我一件樂器？」牧人便交給太子一件樂器，太子從此便於街頭巷尾以賣藝為生。因其技藝高超，所彈樂曲美妙動聽，人們就常常將各種物品、飲食送予他，後來城中五百乞丐都依賴他而得以生存。

三次，一看管王宮外園林之人前往城中，聽到樂聲後內心非常歡喜，便問眼前之盲眼藝人道：「你能否到我們那邊看護園林？」善義聞言滿懷哀痛說道：「我乃一盲人，如何看管園林？」來人善意解釋道：「你眼睛雖失明但無關緊要，你可手拉繫有鈴鐺之繩子，一聞鳥鳴即刻拽繩，如此行事即可。」善義聽後方才答應下來。

此時惡義已回到父母身邊，寶盔國王問他為何丟下善義。惡義回答說：「兄長與諸商人都已沈溺於水中，幸我諳水性才得逃脫，否則必死無疑。」國王、王妃聽罷即刻昏厥倒地，所有臣民聞聽太子死訊後也哀哭不已，眾人均對惡義說：「你若似善義那般死去才為善妙。」

善義曾育有一隻天鵝，寶盔國王此時便在天鵝脖頸上繫一紙條，放其四處尋找太子。此天鵝飛越眾多地方，最後降落於善義所居之園林。聽到善義所發音聲後，天鵝急急趕去送信。善義聽到熟悉親切之天鵝鳴叫，於是取下天鵝頸上信件請別人代讀，至此真相終於大白。

太子給父王回信寫道：「惡義用長滿荊棘之樹枝刺瞎我雙眼後搶走如意寶。」寫完就將此紙條繫於天鵝脖頸上。

當時樂西瓦國王有一公主，相貌美妙秀麗、傾國傾城。她一日到園林遊玩，看見善義太子頭髮凌亂、衣衫破爛、滿面淚水坐於樹下行乞。儘管如此，公主仍一見傾心，貪戀心頓起，撇下眾人不顧，只願陪同太子說話。日近中午，國王派人喚公主回宮用膳，豈料公主答言：「將午飯送至此處，我不回去。」等侍者將飯送到，公主便對善義說：「我們一起用餐可好？」

太子誠摯說道：「我乃一瞎子，又是乞丐，與公主吃飯實不應當。如國王發現，定會降罪於我。」而公主則再三勸請道：「如若你不與我共進午餐，我也絕不進食。」善義無奈只得與公主一起用餐。

二人一直對談，公主對太子之貪戀心愈發強烈，久久不願離開太子身邊。直待日薄西山，國王再次派人催請公主回宮，公主此時便回答說：「我欲與此看園人共同生活，我不會再喜歡任何人，只對他留意。望父王勿改變我心，也勿干涉，敬請開許。」

國王聽到女兒所言內心十分尷尬，雖不好當面制止，但確感離奇稀有。國王心想：我原本欲將公主許配於寶盔國王太子，怎奈太子一直未從海上歸來。誰料我家公主偏偏選中如此一名乞丐，真替我高貴種姓丟臉，叫我以後如何在眾人面前抬頭？國王於是再三派人催請公主回宮，但公主心意已定、拒不聽從。國王平日對公主寵愛非常，無可奈何之際，最終只得將二人接至王宮，且允二人成婚。

公主婚後經常晝出夜歸，善義日久生疑，便對公主說：

「我們已結為連理，奈何你整日早出晚回，讓我不得不起懷疑。你是否心上另有其他中意男子？」公主坦然答道：「除你之外，我心中沒有任何其他男子，如你不信，則願我話語之真實力能使你一隻眼重新復明。」公主話音剛落地，善義一隻眼頓時恢復如初。

善義以前從未對人談起過自己，二人共同生活後不免相互詢問對方身世。一日，公主問道：「你父母親屬尚健在否？你是何地人氏？」善義答言：「不知你是否聽聞過寶盔國王大名？」公主答以：「聽說過。」

善義坦白承認說：

「此寶盔國王就是我父王。另外，不知你是否又聽聞過善義太子？」公主再次答以：「聽說過。」太子便將實情完全告之：「你既已聽說過，那不妨將真相告訴你，善義太子就是我。」公主聽罷驚訝萬分：「你既為善義太子，又為何落此痛苦境地？」王子便將前後經過細細道來。公主聽後就問道：「惡義對你迫害至此，整個世間亦難以想像。如你們兄弟二人再度相逢，你欲如何處置弟弟？」善義揮手笑答道：

「弟弟刺瞎我雙眼固然不對，不過我無一絲一毫仇恨及報復心。」「他對你這般殘忍。你居然還以歡喜心對之、無有嗔恨，實難讓人相信。」公主驚訝語氣更勝剛才。太子則堅定發願道：「如我對惡義無有絲毫不滿之態度確屬真實，則願我另一隻眼也即刻復明。」太子剛剛說完，以話語諦實力，眼睛瞬間就恢復如初，且相貌較前更為莊嚴。

公主內心歡欣無比，立刻就往父王處奔去。一見父王就問道：「父親，你是否知道寶盔國王太子善義？你與他是否相識？」國王回答道：「當然相識。」公主便說：「你想不想見你相識之人？」國王略顯驚訝地問：「我想見他，你是否知道他在何處？」公主滿心歡喜地說道：「我夫君正是善義太子。」國王聽罷哈哈大笑，以譏諷神色對女兒說道：

「小公主你是否頭腦錯亂？胡思亂想有何意義？善義太子一直杳無音訊，眼前乞丐豈能冒充善義？」公主正色答道：「父王如若不信可親自前往鑑別。」

在公主鼓動下，國王終至善義面前。一睹雙目復明之善義，立即確認此人即是太子無疑。國王誠惶誠恐伏於太子腳下請罪道：「我未能認出太子實乃慚愧至極。」

於是眾人假裝太子剛剛從海上歸來，便將善義擁往大街之上，四處宣揚說：「善義太子真正從海中歸來矣。」諸王公大臣齊來迎接，將王子接入宮內，又重新把公主正式許配於王子，使之公開、真正做王子妻子。

此時，帶有王子所寫紙條之天鵝已飛回寶盔國王宮裏，寶盔國王見信後方知善義尚活於人世，深感欣慰、慶幸同時，就將造孽者惡義關進監牢。寶盔國王立即派人前往樂西瓦國，並語於樂西瓦國王道：「我善義太子據說在你國家內正受大痛苦，你們以前未將太子送還已鑄成大錯，現今應即刻將太子與大象、駿馬等一併送回，否則我定將親赴你國收拾你等。」

這時，善義太子又回憶起牧人救療之恩，便與樂西瓦國王協商，賜予他眾多駿馬、大象、衣物、田地、牲畜、金銀財寶及僕役，如此多之獎賞，足夠牧人一輩子盡享幸福生活。樂西瓦國王又將五百頭珍寶嚴飾之大象、五百名僕人、

五百名女僕、五百架馬車一併贈予善義太子，國王自己則和諸位大臣及成千上萬臣民以種種樂器，極盡炫耀威風之能事將他們送回。

派出之人先回宮稟報，寶盔國王與王妃聞訊後雙雙出宮迎接。見到父母，善義立即從馬車上跳下，恭敬頂禮雙親。隨後又執父母雙手問訊請安、祝福問候，三人一同在歡迎樂器聲中喜回王宮。

途中，善義問道：「弟弟惡義現在何處？」父母憤憤答言：「已被關在牢獄。」善義聽罷就懇求父母將弟弟釋放。父母大惑不解地說：「他

自己犯下大錯，如何能放？」善義堅持說道：「如不釋放弟弟，我不願再回王宮。」父母無奈，只得傳令釋放惡義。

惡義從監牢獲釋後，逕直前來迎接兄長。兄弟二人見面後熱烈擁抱，關係更勝從前。善義太子愈加慈愛弟弟，眾人均感稀有。

善義回宮後問起弟弟如意寶之事，惡義回答道：「回來路上，我將之埋於地裏。」善義於是讓惡義取回如意寶，但惡義卻未能找到所藏如意寶。二人便一同前往，一到埋寶之地，善義就發現了如意寶。

回到王宮後，善義贈予五百小國一國一個小如意寶，自己則留下那枚真正如意寶，並以之發願道：「願父母腳下、頭頂能生出寶墊、寶傘。」以如意寶之力量，果如其願。他又發願道：「我以前從國王、大臣寶庫中所取財物，以此如意寶之力，願全部圓滿補齊。」言畢即用如意寶往寶庫方向一指，整個寶庫頓時被珍寶充滿。

寶盔國王則派人四處宣佈道：「再過七日，善義將以七寶佈施大眾。眾人應需集中，到時可隨意享用。」七日後，善義將如意寶珠放於寶幢上，手捧香爐頂禮四方，且發願道：「此如意寶若真實不虛，則願降下金銀財寶。」話音剛落，就見狂風大作，颳走一切不淨之物。接著又開始降下清淨雨水，洗滌一切灰塵污垢。然後降下糧食、衣物、珍寶等，整個大地於是到處充滿珍寶，眾人均感心滿意足。善義王子又趁此機會開導說：「從今往後，大家不會再有貧窮之憂，故而人人都應力行善道，將身、口、意三門投入十善法行持中。」善義以此等方式令眾人行持十善，結果人人死後均得以轉生善趣天界。

無等大師釋迦牟尼佛久遠之前為善義太子時，如是以佈施、安忍、精進利益眾生；當時之父母為以後之淨飯王與摩耶夫人；樂西瓦國王後為迦葉尊者；當時之妻子後為眾生主母；當時之惡義後即為提婆達多。

此外，《毗奈耶經》中善作、惡作太子之記載，與此處情節大同小異；《報恩經》中所述大王妃、中王妃所生太子善義、惡義之記載，與上文所敘亦大致相同。

慈力王佈施血肉

釋迦牟尼佛曾有一世為統領瞻部洲之慈力國王，治理八萬四千小國。慈力王乃一大慈大悲之人，一貫以四無量心教導臣民行持十善法。以此緣故，專事危害眾生、散播瘟疫、挑起戰爭之餓鬼，以及以人血肉維生之惡性魔鬼，皆無法獲取飲食，因而身體日漸羸弱。此時尚有五夜叉亦無法損害眾生，並因之而忿忿不平。五夜叉一日於一寂靜處見一牧童，就詳細向其描述饑渴難耐之近況。牧童聞之則言：「我等國王慈力王慈悲心切，他定可解除你等痛苦。」

五夜叉便前往王宮，問國王道；「我們本應以人之精氣血肉滋養身命，怎奈國王令人民皆行十善，使我等再也無法找到飲食。眼見我們身陷痛苦之中，國王能否多加慈悲憐憫？」

慈力王聽後立即對這些夜叉生起真實無偽之大悲心，他隨即出自身血，又用器皿盛之餵飽五夜叉。佈施完鮮血過後，慈力王又揮起鋒利寶劍割掉自身骨肉以佈施夜叉。五夜叉喝飽吃足慈力王血肉後心滿意足，並從此熄滅危害眾生之暴虐心。王又令其行持十善法，五夜叉均依教奉行，並在慈力王前猛厲懺悔往昔所造諸惡業。慈力王又發願道：「我現在以血肉滿足你們，待我成佛時，願我能以清淨戒律、等持、智慧遣除你等貪、嗔、癡三毒，使你等夜叉皆獲安樂涅槃。」

後來當釋迦牟尼佛成佛時，五夜叉就成為當時之五比丘。因釋迦牟尼佛曾發願無論轉生何處，都要調化他們，故而當世尊第一次轉法輪時，五比丘就同獲聖果。

慈力王佈施過後之身體，後依帝釋天奉獻之藥物而得以癒合，身體又恢復如前。瞻部洲普天同慶，眾生皆感安樂。

其他經中又說，當釋迦牟尼佛有一世做金剛力國王時，曾特別砌房屋作佈施之用，並廣行佈施以利益眾生。同時也用自身血肉佈施五夜叉，大致經過與上文相同。

義成王子廣行佈施

以前有一個叫牙瓦的國家，國王善妙以佛法治理國家，下轄六十小國，統領八十城市，擁有五百頭大象、四千大臣、兩萬王妃。眾王妃開始均無生子，後有一王妃終於懷孕。待太子降生後，兩萬王妃乳房均流出乳汁。見此瑞相，大眾皆感歡喜，就為太子取名義成。

義成王子十六歲前已嫻熟文字、戰略戰術、工巧、音樂，所學技藝無不精通。王子經常承侍於父母膝下，國王、王妃亦為愛子單獨造一宮殿。

義成王子從小就喜佈施，盼望飛禽走獸等所有眾生都能離苦得樂，並常造佈施讚歎文。後王子長大，娶另一國家公主曼德為王妃。曼德秀麗端莊，嫁於義成後生有一男一女兩個孩童。

一次王子出宮巡遊，看見帝釋天所幻化之眾多貧窮者，回宮後便向善妙國王請求做廣大佈施，將所有國庫財富全數佈施。國王歡喜開許，義成王子乃得以大行佈施。

牙瓦國有一寶象名斯達亞，與牙瓦國比鄰之一敵國對此大象覬覦已久，因為此大象具有能戰勝敵人的不共功德。敵國派出八位婆羅門前往義成處討要，義成答應給他們其他大象，但均遭八婆羅門拒絕，他們只求能得到斯達亞大象。義成王子無奈說道：「此大象乃國寶，父王待牠與我並無二致。如我將大象贈予你等，父王定會將我驅逐出境。」

義成王子說完心下暗想：我以前行佈施時從未違逆過眾生心願，現在為得無上菩提又有何物不可佈施？我可將大象贈予他們，然後令其馬上離開便罷，否則父王一定會將大象搶回。想到這裏，義成便將大象送與八位婆羅門，又命他們快快離開本國，八位婆羅門就牽著大象飛快跑掉。

聞聽斯達亞大象被送與敵國後，牙瓦國臣民均感恐懼異常，眾人議論紛紛道：「有此寶象，國家方能繁榮昌盛。更何況這頭大象實在與眾不同，牠之強勁力量能抵六十頭大象。如果將之佈施給敵國，敵國則可憑之輕易摧毀我國。這可如何是好？大象已經賜予敵國，加之國庫又已被佈施一空，如此看來，義成王子將來連妻子、子女亦可一併佈施。」國人議論沸沸揚揚，善妙國王也有所耳聞。他問王公大臣道：「此事當真？」大臣回答說：「太子確已把斯達亞大象送與敵國。」聽到這番話，國王立刻從寶座上跌落於地、昏死過去，王妃也感震驚、恐懼不已。

眾大臣此時則商議如何處置王子，有人道：「應將義成雙腳砍斷，只因他依靠雙腳走到象群中去之緣故。」也有人說：「因他手牽大象、將之送與敵國之故，應砍斷他雙手。」還有人言應砍頭......如此等等，不一而足。國王聞言，心生不悅，乃道：「我太子義成喜行佈施，且對善法有信心，如此殘害實不應當。」此時，恰有一大臣建議道：「如是打、砍、殺皆不合理，不如讓太子十二年中不得回國，將其流放在外以作懲罰，同時又可令太子羞愧難當，不知此計能否稱意？」國王點頭稱是，便接納了這項建議。

國王又召太子進宮詢問道：「是你贈予敵國大象？」太子答言：「是。」國王又問：「為何不經我開許就將之擅自佈施與敵國？」太子辯解說：「父王以前確曾答應過孩兒可任意佈施一切，難道父王已忘自己之開許？正因已得到父王同意，故我未再請示。」善妙國王掩飾說：「我所開許僅限一般財物，誰又同意你將寶象佈施？」太子抗爭道：「所有財寶既然均屬國王，又為何單單要把寶象開列出去？」

國王至此已理屈辭窮，便強辯說：「我已下令要懲罰你，你必須前往丹得山居住十二年，這期間絕不許你回宮！你儘快啟程吧。」義成仍以慈悲心祈請道：「父王如此決定，我毫無怨言。惟願再開許我行七日佈施，待佈施圓滿後我自會離開。」國王狠心說道：「不能讓你居留過長時間，你應即刻啟程。」義成只得無奈說道：「父王既如此，孩兒也只得不違教言。」

此時兩萬王妃皆替王子求情，善妙國王終於答應給王子七日時間以作佈施。義成隨即派人四方宣說，廣集眾生後又連行七日佈施。

臨近分別之時，義成對妻子曼德說：「國王已將我驅逐出境，令我十二年中住於丹得山。」曼德聽罷義成所敘情況，堅定果敢地對丈夫說道：「我們應於此地發願，願一切吉祥和平。為此，我欲與你同上丹得山。」義成王子善意勸解道：「丹得山環境惡劣、條件困難，加以山上又常有兇暴猛獸出沒，而你向來安享富貴、快樂生活，故而理應留在王宮繼續享用美妙生活。你如何忍受丹得山之艱苦：那裏沒有妙衣、甘美飲食，只能以草為墊、以山中泉水、水果充饑；那裏無有任何妙欲，只有狂風暴雨肆虐、嚴寒酷暑煎逼。大風起時，飛沙走礫、灰塵蔽空、不見天日；尚有毒蛇時時侵擾，所有這些，你將如何承受？」

曼德則從容應對道：「妙衣美食於我有何益？我只願永不離開你，能長久與夫君相依。我欲與你一起離開此地，因我一心一意依賴你。我們最好一路同行。」義成為不連累妻子，還欲勸說曼德打消此念，他又接著說道：「我性喜佈施，如有人索求，不論妻子兒女我都會捨棄。那時，你恐會對我佈施製造違緣，不知你能否信守不對我佈施製造障礙之承諾？」曼德則以堅決態度說：「如果你要佈施，則我定會隨喜，直至命難也絕不為你義舉製造任何違緣，望你勿再懷疑。」義成最終只得答應曼德請求：「你既如此堅決，那我們就一起出發。」

義成夫妻攜兒女準備上路，臨行前與母親告別時，義成頂禮母親且說道：「請母親多多奉勸父王以善法護持國家。」母親則感悲痛交集：「我唯有一子，與你分別實乃令我傷心欲絕，我心何能似金剛那般堅硬、冷酷！祈請諸天尊務必保佑我子，儘快讓其歸來。」母親發完此願，又有兩萬王妃各自獻上珍寶項鏈、四千大臣一一獻一朵七寶蓮花以為贈別禮物。

太子妻兒離開王宮，欲從城中北門出發。北門外聚集眾多可憐眾生，義成於是便將七寶蓮花、珍寶項鏈全部佈施給此等眾生。當時此地有數萬人前來為王子送行，眾人痛苦萬分，紛紛說道：「如此賢善之太子實為我等無私親友，為何要被驅逐出境？」王子一邊安撫眾人，一邊使其各自歸家，自己則帶曼德與一雙兒女離開牙瓦國。

一路上，妻子與兩小孩坐於馬車內，義成則為其駕車。走過一段遙遠路程後，於一樹下休息，此時走來一位婆羅門。他直接向義成提出索要馬匹之要求，義成便爽快佈施與他。駕車之馬既無，王子便親自拉車，曼德也於後推車相助。四人再度走過一段漫長路途，又有一婆羅門前來索要大車，王子再次以歡喜心滿其所願。

馬、車皆無，四人只得步行。又逢一婆羅門求乞時，王子已無財物可施，最終便將自己所著新衣交予其人，自己則以破衣爛衫遮體。繼續上路後再逢一婆羅門討要，王子便將曼德新衣盡皆佈施。當又一個婆羅門繼續前來乞討時，義成就將一雙兒女之新衣全數佈施。行如此佈施時，王子未生起一剎那之後悔心。

所剩路途中，義成背負兒子，曼德背負女兒，一家四口充滿歡喜、其樂融融。此時尚距丹得山有一千由旬路程，可謂遙遠至極。一次走至一寂靜處，四人唇焦舌乾，實難繼續前行。帝釋天便幻化出一城市，城中眾人多有迎接、供養王子飲食財物者。稍事休整，四人又繼續上路。

由於路途實在太過遙遠，加之四人疲乏勞累、困頓之至，曼德便對義成建議道：「我們已行如此遠之路途，不如就地住下可好？」王子認真答言：「父王命我至丹得山方可居留，如停於此處實乃違背父王教言，且不為父王好太子，我們還是繼續前進為好！」

四人如是又往前行，長久跋涉，快接近丹得山時，眼前一條深廣、洶湧之河流突然擋住去路。行至岸邊，曼德面有難色說道：「河水如此洶湧，不如索性住於此處，勿往前行。」義成仍堅持道：「父王乃命我行至丹得神山，故而我們怎可於此地長久滯留？」言畢即入慈悲心等持，河中剎時現出一座大山、截斷水流，王子、曼德攜兒帶女挽起衣服直跨過河去。上岸後，義成回顧河中大山轉念想到：此山如果仍繼續存留於此處，則河水勢必不往下流，許多眾生將因此而死亡。於是王子一邊注視水面，一邊發願道：「願此河流能恢復從前樣貌，流淌向前、一如往昔。若有人前來過河，也望他們皆能順利渡過。」話剛說完，河水即恢復舊時狀態。

王子一行最終抵達丹得山時，但見滿目蕭條、一派貧瘠景象。不過因山有鳥語花香點綴，加之山溪水甜甘美、山上水果鮮豔誘人，整個環境倒也安適清和。王子不覺說道：

「看此山中，參天巨樹高聳入雲，無人砍伐、亦無人攪擾；溪水則長流不斷，且清洌透徹；而瓜果又豐饒肥美，真乃一絕佳修行之地。」

義成入此山中之後，所有飛禽走獸均歡喜迎接。此山原本已住有一俄茲達比丘，年逾五百，此人具有殊勝功德。義成聞聽後便前去俄茲達處頂禮問候，且說道：「我們準備長住此處，可否請長老指點何處有水源清淨、水果鮮美之圓滿修行地？」俄茲達緩緩道來：「此山乃一真正具足福德之山，一切皆完備不缺。你住於任何一方都勝妙適意，所有地方均清淨無染。你是否欲與妻子在此求學佛法？」

義成正欲答言，曼德插話答道：「大比丘，你在此處已修行多少時日？」俄茲達回答說：「我來此山中已四百多年、快近五百年矣。」曼德又問道：「你現在仍有我、我所執，如此修行何日方能證道？於此山上久住，如能像土木石塊一般棄絕我、我所執，那時才可謂真正證道。」俄茲達謙虛說道：「我不大明白你所謂之真實道理，因我尚未證悟。」王子此刻則接上話題：「不知你聽聞過牙瓦國義成太子名聲否？」俄茲達說：「我經常聽人說起，只是無緣親睹其容。」義成就坦白道：「我正是義成太子。」俄茲達比丘驚問道：

「你到此地欲為何求？」義成認真答言：「我欲得大乘聖道。」俄茲達滿懷敬意地說：「你未來定可得大乘聖果，到那時我願為你座下神通第一之弟子。」

俄茲達比丘帶領他們於清淨地安住下來，依比丘教言，義成將辮子打成髮髻，全家以飲淨水、食瓜果為生。義成後又用草木搭建成一小茅棚供自己居住修行，又為曼德、兒女一一各搭小茅棚遮身。

義成兒子此時已過七歲，名為牙日，年紀雖小，已會自己穿衣，整日跟隨在父親身後。女兒名為牙娜，年紀六歲，常身著獸皮，跟於母親身後。山中禽鳥野獸在見到義成王子後均歡喜依賴，義成於此山中只住一日，第二天，就見乾涸泉水又充滿清澈水流；已乾枯衰敗之樹木重又萌芽、開花、結果；較兇猛之野蠻眾生盡皆消散；互啖、殘忍之猛獸亦開始食草；整個環境中之草木皆全部返青；種種飛鳥各出悅耳動聽之鳴叫。曼德常在山野採集水果，供義成、兒女食用。兩小孩則經常暫時離開父母，到一水泉邊與各種小動物嬉戲玩耍，有時甚至樂不思歸、整夜不回。

一次，義成王子看見牙日騎一頭獅子，不小心從獅背上跌下，輕微擦傷皮肉，又稍稍出血。一隻伶俐猴子見到後就過來舔舐血跡，又用樹葉擦拭傷口，還陪小牙日到河邊清洗傷處。

此時，革拉地方有一婆羅門，年已四十方才討得一妻。妻子秀美非常，而此婆羅門卻極其醜陋，具足十二醜相：臉黑如煤；生三橫肉；鼻梁歪斜；眼球斜視；嘴唇耷拉；聲音啁哳；肚皮凸出；屁股撅起；腳又跛行；皺紋滿面；頭頂生瘡；醜如魔鬼。妻子自然不願正眼瞧他，常當面數落道：「你如死去，該有多好！」

一日，妻子去河邊提水，恰遇一群年青男子。他們看見她後就開始嘲笑她丈夫，眾人邊模仿婆羅門行狀，一邊放肆譏笑：「你如此美麗，怎會嫁與那麼難看的丈夫？」婆羅門妻子無奈答道：「我家丈夫就如晨霜一般白髮蒼蒼，我亦希望他能儘快死去，怎奈他一直苟延殘喘、活到如今，這叫我又有何方？」

待妻子挑水回到家中後就對婆羅門說道：「我挑水時凡遇年青人均會遭到他們恥笑，你如能找到僕人，則我也無需挑水，如此一來，也可免遭眾人譏笑。故而你務必為我找到僕人。」婆羅門聞言面呈難色：「我們生活貧窮若此，怎能雇得起僕人？」妻子則毫不讓步：「你若不找，那我就絕不與你共同生活。」妻子說完又補充道：「我聽說義成王子性喜佈施，現今正遵父命居留丹得山。他有一雙兒女，你不如直接討要過來。」

婆羅門滿心不情願地說道：「丹得山離此有六千餘由旬，何況我以前從未去過，現在前往著實困難。」

妻子厲聲說道：「如你不為我找到僕人，我立刻吊死在你面前！」婆羅門驚恐萬分：「千萬勿尋短見，寧可我亡，也毋須你死。你快為我備好乾糧及路上所需，我即刻動身。」妻子發潑說道：「要去就去，有何準備可言？」婆羅門只得自己找些乾糧上路出發。

婆羅門一路步行，先至牙瓦國王宮，向守門人詢問義成下落。守衛將此情況稟報國王，善妙國王聞聽後恰如火上澆油一般頓起嗔恨，他心中想到：這些婆羅門以前就滋事甚多，我驅逐太子實是因他們而起，不知現在為何又來此處？國王內心非常不滿，不過還是接見了他。

婆羅門則對善妙國王說道：「義成王子美名現已傳遍天涯海角，我此次來就為懇請太子能滿我願，我要找到他。」國王悶悶不樂回答說：「義成太子現在一寂靜深山中居住，已無任何財物隨身，他能以何物佈施與你？」婆羅門趁機巧言道：「王子既無資財，則也無須怕我討要，我只想見見太子而已。」

善妙國王便遣人指路，告訴他義成大致方向。

來自革拉之婆羅門從此就踏上千辛萬苦尋找義成王子之旅途。他經過長時間顛簸後終至丹得山近旁之大河邊，此時，他一心一意觀想義成，結果終於順利渡過大河。

到達丹得山時，婆羅門先遇一獵人，便問獵人道：「你於此山中是否見過義成王子？」獵人心中暗暗思量：王子素喜佈施，結果被這些婆羅門拖累，以致被逼離開父王。想到這裏，獵人心頭怒火猛然升起，他一把抓過婆羅門將其拴於樹上，然後狠狠抽打，以至於婆羅門身上多處受傷。獵人又警告他道：「你問義成王子下落到底有何居心？若不如實道來，我立刻用箭射殺你。」婆羅門心想：如將實情告之，此人必會殺死我，看來只能以妄語相答。想到這，他便做出生氣狀，且委屈說道：「你為何如此待我？你這樣質問實在不好！」獵人一時不明所以，就再三詢問他事情究竟。婆羅門就打妄語道：「牙瓦國善妙國王極欲見太子義成，便派我前來接太子回家。」獵人聽罷此言，後悔不已，就再三向其道歉，懺悔因不認識婆羅門而致誤打之過，同時又為其指明太子住處。

婆羅門立刻向太子處進發，義成從很遠處一看見他就恭敬迎接，且歡喜說道：「你從何處遠來此地？一路奔波，想必辛苦不已。」婆羅門趁機說道：「我千里迢迢趕來，不顧身體衰老、又饑又渴。」王子聽後就將其帶入茅棚，請他坐於坐墊上，又供以淨水、瓜果。婆羅門隨意享用後直接開口詢問道：「我從革拉地方來，早就聽聞王子慷慨好施，樂善美名傳遍四方。而我正好一貧如洗，故而特意長途跋涉前來乞討。」王子面露愧疚說道：「如我有財物可佈施但卻不佈施與你，則我實為一貪婪吝嗇之徒。怎奈我確已佈施完所有物品，此身現已一無所有，又談何接濟你？」婆羅門緊追不捨道：「你既已無可佈施之物，那就乾脆將一雙兒女送與我當僕人，不知你可否願意？」

婆羅門如是討要三次後，王子最終答應道：「你既從遠道而來，那我不得不按你意願將兩個小孩佈施與你。」此時，兩小孩正在外面玩耍，義成將之喚回家後說道：「這位婆羅門專程從遙遠地方而來討要你倆，我已答應他之請求。從今往後，你們應跟隨他一道生活。」兩小孩聽後恐懼異常，他們躲在義成腋下齊聲說道：「我們雖曾見過不少婆羅門，但從未碰到過如此醜陋之人。他哪裏是婆羅門，分明是餓鬼或食肉鬼。何況我們母親上山採水果尚未歸來，她未回來之前，請父親萬萬不要將我們送給眼前這位餓鬼，否則他定會吞吃我倆。再者，母親又不在身邊，我們未與母親道別就離開，恰如牛犢離開母親一般，母親定會痛苦哀傷。」義成王子寬慰兩小孩道：「我已將你們佈施給他，因而你們兄妹不能再居留此處。況且這位婆羅門也絕非餓鬼，他乃一真正婆羅門，哪裏會吃你們？你們還是跟他上路吧。」

婆羅門則趁機說道：「不如我現在就離開此處，否則孩子母親歸來又會阻攔兒女離去。如此一來，她必將給王子佈施製造違緣，並從而毀壞善根。」義成王子則堅定表白道：

「我無論佈施什麼，從開始至結束，從未生起過一剎那之後悔心。」王子說完就用水為婆羅門洗淨雙手，然後將兒女小手交於他手上，這時大地開始震動。

兩小孩根本不願跟著婆羅門走，便又回到義成身邊，雙膝著地，邊頂禮邊哭訴道：「我倆以前造何惡業，竟至遭此大難？我們雖已轉生國王種姓人家，卻還要替別人當奴僕，這到底是何道理？我們願在父親面前懺悔業障，以懺悔之因緣、福德，願我們兄妹二人再勿遭遇如此痛苦！」待兩小兒說完後，義成王子立刻開示道：「世間所有聚合、同情憐憫最終皆會分離、消散，一切法均無常，皆無任何可靠之處。待我證得無上菩提時，定會度化你二人。」孩子們又接著哭訴道：「子女離開母親時本應頂禮告別，而我倆卻未見母親就得離開，這真是我們各自業力所致。這樣一來，母親必定痛苦萬分。」兩小兒邊說邊哭。

婆羅門就進一步要求道：「我已年邁體衰，孩子如若跑回母親那裏，我何能趕上？你務必捆住二人。」義成王子聽罷就將兒女雙手反綁起來，然後再將繩索交與婆羅門。

婆羅門牽著牙日、牙娜正欲前行，而哥哥、妹妹均不願離開，他就開始用鞭子抽打孩子，直至他倆流血倒地。義成王子眼見兒女受人鞭笞，傷心淚水不覺滑然落下。淚珠落地後，大地又開始震動起來。

義成與飛禽野獸送別孩子，一直到孩子消失不見、再也尋覓不到蹤影時方才歸來。各種野獸送別牙日、牙娜後回到過去經常玩耍嬉戲地方，各個倒地哀嚎、傷心欲絕。

婆羅門牽著兩小兒走出很遠路程後，來至一棵大樹下。他就將他倆拴在樹上，自己則在一旁休息。休整妥當後，婆羅門復欲前行，但孩子思母心切，便躲在一棵樹後不願前進。

婆羅門再度以鞭子狠狠抽打，可憐小孩兒皮稚肉嫩，如何經受得了這等毒打，便雙雙哀求道：「不要再拷打我們，我們與你同行便是了。」牙日、牙娜抬眼望見碧藍天空，就滿含哀怨訴說道：「天啊！山神啊！樹神啊！你們難道不悲憐我們嗎？難道見不到我們在受苦嗎？我們要赴他鄉異地充當別人奴僕，離開母親時，母親恰好在山上採摘水果。我們實在渴念母親，你們能否幫忙讓我們如願見到她？」

這時，曼德正在山上採摘水果，突然間便有不同感應陣陣襲來。她左腳掌開始抖動，右眼皮也跳動不止，同時兩隻乳房自然流出乳汁。曼德心想：今日頻頻現出惡兆，此種情況以前從未出現，小兄妹定正遭遇違緣，一定有不吉祥之事發生。曼德於是停止採摘，飛速歸家。

帝釋天此時擔心曼德會為義成佈施製造違緣，於是就變現成一頭母獅擋在道上。曼德看見母獅後說道：「你是獸王妃子，我乃人王之妻，我們在此山上之生活實質並無差別，請為我讓路。我尚有兩個未成熟孩子，他們從早到晚還未吃任何東西，他倆一定在家等著我，我一定要前去探望，請勿擋我去路。」母獅眼見婆羅門已走出很遠路途後，才為曼德讓出一條道路。

義成妻子回家後，只見義成未見小孩，便急忙往兩小兒平日所居木棚裏探視一番，結果一無所獲。又去牙日、牙娜平日常玩耍之地搜尋，亦無有任何收穫。但見孩子平日喜歡一起玩耍的同伴黃鹿、梅花鹿與其他猛獸，諸如獅子、猴子等都痛苦不堪、倒地難過。她詢問義成兒女下落，但義成卻沈默不語。

曼德疑惑頓生：「我每次從山中採摘水果歸來，兩小兒很遠就歡快蹦跳不已。他們甚至因喜悅而致趴倒在地、撒嬌叫喊：『媽媽來了。』而當我一旦坐下，他倆便會在我前後左右、肩上肩下來回跳躍，且為我抖落灰塵、擦去汗滴。現在他們都在何處？你是否已把他們送與別人？未見孩子，我心似肝腸寸斷。我那可憐的孩子到底在哪裏？求求你告訴我吧。」曼德如是祈請三次，但義成均不回答。曼德傷心欲絕：「未見孩子我心難過，你啞口無言，我更傷悲。」義成這時才答話道：「今日，革拉地方有一婆羅門前來向我討要孩子，我已將牙日、牙娜佈施與他。」

義成妻子聽罷頓時倒地痛哭，義成便善言勸解道：「你勿哭泣，難道你已忘記我們前世發願之經歷？你過去於燃燈佛出世時所發誓願尚能憶否？當時我為一婆羅門子，你為一婆羅門女，名森達日嘎。你手拿七朵蓮花叫賣，我便用手上僅有之五枚銀幣從你手中買下五朵以供養佛陀，而你則將剩餘兩朵蓮花也一併送與我，且在供養完佛陀後又與我一起發願，願生生世世做我妻子。那時我就向你表白過，要當我妻子，必定不能違背我之願望。我素喜佈施，除父母以外，我會佈施掉所有財物，你不能為我佈施製造任何違緣。我當時就叫你發願，你也發下大願，說不會為我的佈施製造違緣。你那時如是說過，現今我將兩小孩佈施，你又為何要擾亂我心？」

曼德聽完此番話後，自然以清淨心回憶起過去發願經

歷，她立即隨喜，並希望王子發願圓滿。

後來，帝釋天幻現化成一個具十二醜相之婆羅門，並向王子索要曼德。義成答應佈施與他，曼德則說道：「我如跟隨別人，誰又來承侍你？」王子回答說：「我若不行佈施，又怎會得無上菩提果位？」說罷就用淨水洗滌婆羅門雙手，然後將妻子交與他。如是做時，義成未生剎那後悔心。

帝釋天了知義成未生後悔心後，與諸天天人齊聲讚歎，時大地震動不已。帝釋天將曼德帶出七步後又送回，將其送還王子時說道：「拜託王子萬勿將妻子交與其他任何眾人。」義成王子驚問道：「你為何不帶走她？她在人間女人中非常賢慧美麗，又乃一國王之公主，並為我做飯及從事一切事務。我相信，她性格、操守都非常適合你，是故你應帶她離去。」

婆羅門這時便回答說：「其實我並非婆羅門，實為帝釋天，只為觀察你佈施心真偽才如此行事。」他一邊說一邊就現出帝釋天身相，且問義成：「你們有何請求？」

曼德恭敬頂禮帝釋天後提出三項請求：「第一，願帶走我兒女之婆羅門能前往牙瓦國；第二，願我一雙兒女不遭受饑寒交迫之痛苦；第三，願兩小兒與我倆能儘快回到王宮。」帝釋天聽罷當場答應幫助曼德滿此三願。

王子此時則提出自己願望：「我願一切眾生均能擺脫生老病死之苦痛。」帝釋天聞言又感敬佩又感無奈地說道：

「你所願實乃廣大無比。若轉生善趣後欲獲日、月果位，或得世間國王地位，或希求健康長壽，我皆能賜予。但王子所願早已遠超三界，故我實難滿你願望。」

義成只得說道：「如你無法達成我之願望，則望你暫時助我成為富裕之人，能令我佈施超勝從前，除此之外，還望　　　，你能讓我與父王、大臣早日相見。」帝釋天聽到這兩個願望則爽快答應道：「這二者定可幫你實現。」帝釋天說完就泯去蹤影。

來自革拉之婆羅門此時已將兩小孩帶回家中，誰料家中悍婦非但不滿意，且嚴詞訓斥道：「看你帶回兩可憐小兒之驕傲神態，不以為羞，反以為榮，其實有什麼可誇耀之處？這兩孩兒本屬國王種姓之人，而你對他倆卻沒有任何慈悲之意，反虐待他們，以致兩人皆遍體鱗傷、渾身滴淌膿血、身體骯髒不堪，你怎會做如此傷天害理之事？你速將兩小兒賣掉，重新買一堪作僕人之別家小孩。」

婆羅門只好又將兩個孩子帶往市集，帝釋天就幻化成一名商人告訴他說：「你這兩個小孩賣價太高，在此地恐難以賣出。」此時牙日、牙娜已是饑渴難耐，帝釋天又巧用幻化法使其吃飽喝足。婆羅門則透過帝釋天之加持威力，不欲再待在本地，於是便帶著兩小孩向牙瓦國進發。

到達牙瓦國之後，國中大臣與民眾皆認出牙日、牙娜乃義成子女、善妙國王之孫，如今卻淪落至如此田地，眾人不免傷心感歎不已。他們問小兄妹：「為何會落到婆羅門手中？」婆羅門不滿地搶白道：「這兩孩兒皆屬我所有，你們多嘴多舌又為哪般？」國中一大臣正色斥責道：「你在我們牙瓦國內，我們理當詢問詢問，你又有何不滿之處？」另有一些大臣及百姓商量後，認為應從婆羅門手中奪下孩子，而有一施主卻另有看法：「此乃義成王子佈施之舉，我們如若搶來奪去，王子了知後定會內心不悅，還是不搶為妙。不如直接稟告國王，他肯定會將孫兒買下。」眾人紛紛稱善，就一起前往國王那裏說明、請求。國王滿心焦急：「速將這婆羅門及孩子帶到王宮。」

見到牙日、牙娜後，國王、王妃、大臣均痛哭傷心，國王問婆羅門：「你欲將此小兒以何價錢賣出？」還未等婆羅門答話，牙日搶先說道：「我之價錢為一千銀幣外加一百頭牛，妹妹價錢為一千金幣外加二百頭牛。」國王頗感奇怪，便問孫子：「世間慣例都為男子值錢、價高，何故你們卻顛倒行事？」牙日振振有詞道：「有人原本不屬於國王種姓，且又性格惡劣，但卻可以被招至王宮，並受眾人尊敬，還要穿著種種珍寶衣裙，恒享百味甘美飲食。而自己唯一之至親太子倒無法享受王室生活，無權享受快樂逍遙皇宮自在，加之眾人對他也毫不在意。以如此之顛倒因緣看來，男兒理當價低，女兒就應價高。」聞聽孫兒如此表白，善妙國王滿懷傷心，他痛苦落淚道：「我如今想念你們，你們為何不投入我懷中？你們是對我不滿還是害怕婆羅門？」兩小孩答道：

「我們既非對國王不滿，也並非害怕婆羅門。只是我們原先被人認為是大國王孫子、孫女，而今卻又成別人奴僕。於此世界中，何來僕人撲入國王懷中之理？既無此規矩，我們又怎敢破例？」

國王聽罷更覺傷心難過，便如牙日所說如數將錢交與婆羅門，然後將兩兄妹同攬入懷。他摩筝著孩子們的頭說道：

「你倆在山上如何解決吃穿？」孩子們回答說：「我們以野菜、水果為食，樹葉、獸皮為衣，整日與小動物歡快嬉戲，無有絲毫痛苦心。」

國王此刻命婆羅門立刻離開，孩子們又請求國王道：

「這位婆羅門一路忍饑耐渴，現在應賜予其吃喝，使其願望得以滿足。」國王滿心疑惑問孩子：「你們對此人難道不生憎惡、仇恨心？為何更欲贈其吃喝？」國王語氣已略帶不滿。牙日、牙娜則頗為懂事地說道：「我們父親一向喜行菩薩道，他已將財物佈施盡淨，就將我們兄妹佈施與他作僕人。只是我們未能滿父親所願，未對此婆羅門行一天僕人義務。何況他本人尚要忍受饑渴痛苦，此種煩惱誰能承擔？我們父親不惜以兒女佈施與他，你作為大國王難道如此吝嗇，以致不願施捨一人飲食？」

國王頓生慚愧，便送與婆羅門許多飲食，婆羅門心滿意足、高興離去。

善妙國王又派人前往丹得山接義成回宮，派去之人在到達丹得山腳下時，無法渡過那條洶湧大河。來人便一心觀想王子，以此得以順利抵達丹得山。他抵達後便請求王子按國王意願速速回宮，但義成卻讓其捎口信給父王道：「父親讓我居此地十二年，我現今還差一年就將圓滿，待我期滿後再回宮不遲。」

使者回國後向善妙國王稟報義成王子說的話，善妙國王聽了，就親筆寫信並再次派人給王子傳信道：「你為人中具慧之人，去時能去，歸時亦定能歸來。孩兒是否還對我不滿？我如今只想與你同桌共食、再續父子情緣。望你火速回宮！」

使者再上丹得山，義成王子見信後便將之放置頭頂之上恭敬頂禮，又繞轉七匝後始動身返回。

待王子即將告別丹得山時，所有飛禽走獸聽到消息後均痛苦難過、倒地哀叫；眾多泉水也突然乾涸；一些小動物也不欲再吸吮母親乳汁；許多飛禽發出淒慘、哀痛鳴叫聲……。

王子穿上能出門見人之衣衫，便與曼德一起啟程回宮。此時敵國國王聽說義成王子要回來，便派人帶著已配金鞍之斯達亞大象，及盛滿金子之銀盤與盛滿銀子之金盤，前去迎接義成，並令人傳語於義成王子道：「我自己曾被無明遮蔽，以致向王子索要大象，以此緣故而令你被驅逐出境。現在我已明白事理，並後悔不已、懺悔不疊。聽聞你欲歸國，我就將大象、金銀供養你，望你接納並寬恕我之罪過。」

義成則寬容地對來人說道：「譬如有人已享用百味甘美飲食，食已嘔吐不止，所吐之汙穢髒物又豈能再次食用？我已做過佈施之物同樣也無法收回。希望你把大象再送還國王，並對國王言，我義成對你們能派人迎接我、並對我說這番話已歡喜不盡，感激之情充溢於胸。」

來使回國後將大象又交與國王，以此寶象之威，舉國上下人人皆生起慈悲之心，大家和睦共處，同慶國泰民安。

牙瓦國善妙國王此時則乘騎一頭巨象，率領王公大臣與民眾齊來迎接王子回宮。義成看到父王后恭敬頂禮，便跟父王一道回宮。當地百姓個個笑逐顏開，紛紛供上各種鮮花、供品，且灑水除塵，歡迎王子歸來。

到達王宮後，義成先去母親那裏恭敬頂禮、問候請安。善妙國王於是便把所有國庫寶藏、財富交與義成，讓其隨意佈施。義成終於滿了佈施之願，所行佈施更勝從前。

釋迦牟尼佛如是為義成王子時就廣行佈施。當時之父母後為淨飯王、摩耶夫人；當時之妻子曼德後為耶輸陀羅；當時之俄茲達比丘後為目犍連；當時之帝釋天後為舍利子；當時之獵人後為阿難；當時之牙日後為羅睺羅；當時之牙娜後為姨母郭達嬤；當時之婆羅門後為提婆達多；當時之婆羅門妻子後為婆羅門女匝瑪姿亞娜。

普度王子行佈施

普度王子行佈施之記載與上文所述義成王子佈施記載內容大致相同。

很久以前，在一個名叫西步瓦的地方有一位普勝國王，我等大師釋迦牟尼佛曾轉生為他太子，名叫普度。

普度向來樂善好施，廣行佈施時甚至將本國最珍貴的，如雪山一般潔白的大象送與利紅國王派來的一位婆羅門。當時，所有西步瓦民眾均感不滿，便紛紛將之告於普勝國王處。國王儘管內心不情願，但迫於民眾壓力，無奈之中只得將太子驅逐出境。

王子之妻名為瑪直，一子名查瓦江，一女名智娜增，此時便與普度王子一同啟程離開家鄉。

一路之上，多虧有四匹健馬拉車前行，但不久就被一婆羅門全部討要而去。普度歡喜佈施後，便自己親自拉車帶路。後有四名夜叉望見王子疲累不堪，便化作紅色野獸形象幫助拉車，這讓妻子瑪直頓生歡喜心。

走不多久，又逢一婆羅門前來索要大車，普度王子就將車子完全佈施與他。剩下路途中，普度背負查瓦江，瑪直背負智娜增，一家四口艱難步行邁向目的地。

諸夜叉看見王子勞累難支後，就再次顯神變縮短了原先遙遠路途，將他們快速、安穩送抵一處能望見所流放之山的地方。這樣，四人很快就抵達了最終棲息地。

來到山上後，他們發現了一處悅意舒心之茅棚，便決定定居於此。

一晃又是半年飛逝，其間，王子一直苦行不輟，而瑪直也辛勤承侍。恰在此時，從遙遠地方又來了一位婆羅門，受其妻命令前來討要兩小孩以作僕人，王子未加猶豫就答應下來。聽到二人對話後，兩小孩異常恐懼，便眼巴巴地望著自己父親，眼裏充滿祈求與哀怨。普度看到後心生悲憫，但還是不忘向他們曉之以理：「我並非狠心將你們送與他人，與你們分別亦令我痛心難過。不過為獲無上菩提，父親才將你二人佈施與他，希望你們兄妹不要難過、怨恨。」

普度說完又轉向婆羅門：「我已將兩個小孩佈施給你，只是孩子母親尚在山上採摘野果，希望你能等她歸來，明日再帶小孩上路也不為遲。乘此機會，也可為他們略作裝飾。」婆羅門則心下思量：此女人恐為狡詐之徒，如這樣等下去，她若回來必定阻撓王子將兒女佈施與我，我豈能坐此等她、自喪良機？此時普度王子為安撫婆羅門又說道：「我妻子實為我修行之最好道友，她絕不會阻撓我行佈施。不過如你定要此時出發，我也只能悉聽尊便。」言畢，普度又補充道：

「我這兩個孩子不大會當僕人，我儘管將他們佈施與你，只恐你日後未必滿意。何況我父王若發現他倆，也必會將孫兒贖買回去。」婆羅門放肆說道：「諸國王就如毒蛇一般野蠻、暴虐，我又怎敢親近？萬一不幸被國王發現，他定會從我手中搶走兩個小孩，要麼就會嚴加懲罰我。故我只能將他倆交與妻子，不讓任何人發現。」

普度王子將兩小孩叫至身邊，慈悲說道：「到婆羅門那裏去後定要好好當僕人。」婆羅門則不耐煩地對孩子們惡狠狠說道：「快點出發！」接著又用粗暴言詞將他們驅趕上路。

兩小孩離開父母自然痛苦萬分，兩人紛紛流下滾滾熱淚，他們一起請求父親道：「可否等母親歸來再讓我們離去？」婆羅門則又一次以歹毒心態想到：如若孩子母親回來，她肯定會因疼愛子女而不肯再將這兩小兒送我，這豈不壞我大事？想及此，婆羅門便捆住小孩雙手，又將他倆拴在一起，邊抽打邊強行拽著兄妹倆上路。

小兄妹一邊回顧父親，一邊不情願地跟著婆羅門。女兒智娜增邊哭邊說道：「父親啊！如此無情鞭打我之人，哪裏會是真正婆羅門，分明是食肉鬼。跟他前去，他定會將我殺死。父親怎會把我們交與眼前這魔鬼？」兒子查瓦江忍悲含痛說：「他痛打我倆倒非大痛苦，最讓人痛心者乃是母親採集野果歸來後見不到我們，母親那時之揪心痛苦又該向誰訴說？真希望父親能好好安慰母親，並代我們給母親頂禮，勸解她萬勿傷心。我們與父母將來怕是再難相逢了。」查瓦江又告訴智娜增道：「父親已送別我倆，我們就跟著這位婆羅門走吧。」兒子又對婆羅門說道：「我倆年歲尚小，又不懂得事理，如果對你及家人有所觸犯，請你一定要原諒、寬恕我們。」

送走兒女，普度王子不覺心生悲憫，同時心裏也焦灼不安。他想到：兩個孩子均為赤腳，而毫無慚愧心之婆羅門一路之上又必鞭打他們。待他們以後充當奴僕時，生存境遇只會愈發痛苦不堪。他們如若饑渴難耐，恐連一乞討飲食之地都沒有。我佈施之心雖很強烈，但兩小兒確實是在遭受痛苦。

就在王子如是思維之時，妻子瑪直也遭遇一系列不吉祥之徵兆。於是她不再採摘野果、野菜就向家中飛奔，但沿途卻碰到許多兇猛、恐怖之野獸擋住去路，使之無法及時回家。終於到家後，兒女以前常常出來迎接她的地方，孩子們經常嬉耍之地都不見兩小孩蹤影。瑪直不安地想到：孩子們是否在玩耍時已熟睡？還是在森林中迷失方向？或者嫌我歸來太晚而心生怨恨？要嘛就是在躲避我？他們會不會已被淹死？就算被其他猛獸吞食，也該有鳥鳴以示端倪，為何現在卻音信皆無？我憂心如焚，這可如何是好？想到這，瑪直頓感天旋地轉，整個森林也好像在發生震顫。瑪直感覺惡兆連連，於是更加焦慮不安。她又如是思維到：但願夫君與兒女均健康平安、一切吉祥如意。

瑪直將採摘的野菜、果子放於一處，就問普度孩子們到底在哪裏？王子暗想：妻子對孩子如此疼愛，如我直接挑明，她斷不會接受。於是王子就沈默不語。

瑪直未見小孩，問普度，普度又不說話，瑪直預感到定有不測之事發生。於是她邊哭邊說：「不見我們兒女，你又默不作聲，這真令我傷心難過。」言畢即昏厥倒地。

普度將她放於草墊之上，不斷用涼水澆灑她的身體，不多久，瑪直才甦醒過來。

王子這才說道：「我怕你承受不了，故未向你明說。今日從遠道來一婆羅門向我討要孩子，我已把兒女全部佈施與他，望你了知後萬勿痛苦，亦無需傷心。如有人索取，我連自身生命也在所不惜。希望你能隨喜我之佈施。」

瑪直聽罷稍感寬慰，她對丈夫說：「我原本擔心孩子已死，聽到他倆尚存活於世，我方感安慰。」言訖，瑪直就將孩子過去常玩之玩具抱於懷裏。此時又望見與兒女經常嬉耍之小動物，情不自禁就邊看邊哭起來。她又看見地上凌亂腳印，立刻猜想這定是婆羅門以兇暴方式將兒女拖走所致，一想到這裏，便又忍不住再三哀歎一番。

王子勸解道：「我們佈施一雙兒女非為獲取輪迴安樂與世間名聲，純粹只為獲得無上圓滿佛果。」聽完王子此番真心表白，瑪直方感心又重回平靜，她之心態漸漸清淨、穩固起來。為讓王子生歡喜心，瑪直便說道：「你這種佈施實屬稀有難得，將來如你要佈施我，我也會心甘情願。」

此時，整個山河大地開始震動，諸天人觀察大地震動因緣時，方才了知此乃普度王子佈施兒女所致。

帝釋天為深入觀察普度後面之佈施行為能否持久、穩固，就於第二天幻化成婆羅門之形象向普度索要妻子。普度歡喜佈施，帝釋天則現出身相，並未領走瑪直，且安慰他倆道：「無需擔心，兩小孩已平安回到你父王那裏。」

原來當婆羅門把兩個小孩帶到西步瓦國後，國中人民親眼目睹普度王子行常人難行之佈施義舉，均對普度王子生起信心。國王則立刻買下兩個孫兒，又令普度王子火速回宮，並讓其登上王位。普度王子這下乃得以行廣大佈施利益眾生，人們均稱讚他為「大施主」。婆羅門則因賣掉兩個孩子而大發橫財，以致他朋友紛紛趨炎附勢道：「你真有福分，你已依賴上普度王子。」婆羅門卻厚顏無恥地說道：「普度王子並未賜予我任何福分，我廣積財富，是我自己成為殊勝婆羅門高貴種姓供田的緣故。」如此忘恩負義之徒就是後來的提婆達多。

福力王有大福德

以前有一明力國王，其王妃名隱姆。王妃先產一莊嚴之子名色力，後又連續生下三個小孩：精進、裁縫、智慧。不久，王妃又有身孕，懷孕當天，在其所住宮殿附近突然降下各種黃金雨，王妃頭頂、以珍寶所飾之天人華蓋自然出現，眾人都感稀有難得。明力國王便向相師詢問原因，相師答言：「大國王，這種瑞兆乃表明王妃胎中有一勝妙孩童，以此因緣，他福德力將會非常廣大。」

此時隱姆心中想到：我欲坐於獅子座上，頭頂有白色寶傘，寶珠作柄之拂塵亦自然出現，且有人為我執持。若能實現此等景觀，該為何等善事！想到這，隱姆便將想法說與國王聽。結果王派人按其意願一一實現，如此一來，隱姆心中自然不復再生此類念頭。

有時隱姆心中又暗自夢想：自己應坐於金銀寶座上，且親手以財寶佈施、周濟天下窮人。有時隱姆又想到：我應將所有關進監獄之人盡皆釋放。隱姆有時還想逛逛花園。她甚至想到：以我諦實語之力，願我能坐在天人獅子座上對眾人宣說佛法，天人要是再能幫我廣宣佛法該有多好！這個念頭剛一出生，天人立刻幫她滿願：她端坐獅子寶座上，寶座自然騰空而起至七人高之虛空安立。此時大地震動，又現出各種珍寶所成之天人華蓋。很多人都目睹了王妃福德力，便用香、花以作供養，到她面前恭敬合掌。王妃亦前所未有地作偈慶賀：「積福得安樂，故人當造福，精勤常積累，對福生信解。」

作偈完畢，虛空中傳出「善哉！善哉！」等善妙音聲，又自然傳出天人樂器美妙之音，且降下天衣雨。明力王等眾人皆欣喜若狂，天人又將自己身上天衣、飾物取下，用以裝飾寶座。眾人親睹之後，都讚歎隱姆福德之力。

九月過後，一日陽光普照大地，王妃產下一相貌端嚴太子。此刻，大地震動六次，天降七種寶雨於王妃所居宮室附近，王宮其他地方也降下妙衣雨，明力王治下國土遍灑悅意花雨。所有草木均開花結果，和風細雨適時出現。待太子降生後，四大天王將天人獅子寶座送來供養，帝釋天也用綢緞包裹寶傘、珍寶手柄拂塵立於太子面前。三十三天天人則以天衣製成之華蓋供養，還有些以珍寶供養。亦有天人供養天衣、鮮花、香水、花鬘，虛空中陣陣傳出天人種種美妙樂音。

如此廣大之城市中，沙礫石子自然消失；彩旗鬘、飛幡、勝幢相繼樹立；遍地灑滿檀香水；眾人手中多捧香爐；百花齊放，所有這一切均使明力王治下國土如同天人花園。

森林中又自然出現一百頭大象；一百匹母馬亦同時生出馬駒；所有糧食不經耕種即自然成熟；寶座下出現五種珍寶寶藏，人們無論如何取用也享之不盡。

所有在場眾生的心境此時全部處於慈悲狀態中。而隱姆所生之孩童，從小就具大神變，且能回憶前世。他常常眼望四周，高聲念誦其母所作之偈：「積福得安樂，故人當造福，精勤常積累，對福生信解。」諸天天人為慶賀此王子降生的福德，也紛紛造偈讚歎。國王、大臣、百姓皆謂生下一如此具福德之人實為稀有，明力王歡喜莫名，立刻開始廣行佈施以為慶賀，結果國王財富反而因之迅速增加。

為新生王子行賀誕儀式時，明力國王正式為王子取名福力，並將福力太子交與八位姨母餵養。福力在眾人精心呵護下，就如水中蓮花一般飛快生長。稍稍長大後，福力即開始學習文字語言，並很快精通。又學習太子所應掌握之五明學問，亦輕鬆駕馭、無所不精。不惟智慧超眾，王子天生就具清淨信心、善良心地；恒願自利利他；深具廣大悲心；又尤喜行持善法，慈愛關照一切眾生；還性喜佈施，願將自己一切身、命、財物盡皆佈施與眾生，真可謂毫無貪心與吝嗇心。特別是當其目睹貧窮之沙門、婆羅門等眾生時，就連自身血肉也願捨棄供眾。

有時面對乞討者，福力王子就以悲心觀想他們，同時心中祈願：若虛空中能降下財物該有多好。結果因其福德之力，所願財物自然降下。大眾咸感神妙莫測，百思不解其中密意。一時間，福力王子多次憑依此種方式圓滿眾生願望。以此緣故，王子美名傳遍龍宮、人間、乃至梵天世界。

一日，福力王子與四位兄長一同前往一處園林遊玩，途中突遇餓鬼，此種餓鬼嘴小如針尖，肚大如高山，整個身軀猶如白骨骷髏一樣陰森恐怖，且周身大火熾燃。數量約有數千之多，全在福力王前合掌、哀求，他們圍繞著王子久久不散。不過除福力王子外，其餘四位兄長及眾人均未看見這些餓鬼。眾餓鬼對福力王子祈求道：「童子福力太子，以你福德之力與巨大名聲，兼以對眾生悲憫不盡，望你能賜予我等一些食物以解燃眉之急。我等皆因吝嗇心而轉生餓鬼世界，數百年中不曾聽聞淨水之名，更談何食物。」

福力王子聞畢生悲，便立即開始眼觀虛空，同時在心中觀想、祈請，結果各種天人飲食立刻就從虛空中降下。但餓鬼因業力所感，根本見不到任何飲食，於是他們便埋怨道：

「你為何不滿足我等心願？」福力王子誠懇答言：「我確已將天人飲食賜予你們，你們為何不吃不喝？」餓鬼以痛苦、慚愧之心答道：「我們由於業障所覆，故而見不到任何飲食。」福力王子以悲憫心觀想眼前這些餓鬼後說：「若我有福德力，則願以此真實力讓此等餓鬼見到食物，並能享用天人飲食。」話音剛落，以此諦實力加持，所有在場餓鬼均見到各種飲食，並盡情享用一番。原先細若針尖之嘴唇、喉嚨此刻也能吞食天人飲食，因可自由進食，這些飽受饑渴折磨之餓鬼便放開肚皮猛吃喝起來，以致最終紛紛撐爆自己肚子。不過因他們死時皆對福力王子生起歡喜心之故，死後就相繼轉生到兜率天成為天人。成為天界善趣眾生後，他們都不忘福力王子佈施恩德，經常感恩憶念道：「多虧王子使我等轉生天界，我們從內心感激不盡。從今往後，我們也欲依你福德力廣行佈施，積累福德資糧。」王子連稱「善哉」，隨後便跟隨其他王子同往園中賞玩。

眾王子落座園中後，就「世間最好之物是什麼」為題展開激烈爭論。大王子色力首先發言：「美色乃為世間最好之物，此不需觀察即可明瞭，綜覽世間人對美色如癡如狂之重視程度就可見美色實為世人最愛。從未見過美色之人一望美人即刻就生歡喜心；平日愁眉苦臉之人眼見美色也會心開意解；曾有諸仙人說過，如能獲得美色，也即獲取世間一半財富。你們應詳加觀察，凡遇長相美妙端嚴之人，無論何等身份人眾，見之無不像遇佛法一般恭敬有加。」

精進王子則反駁道：「美色豈值得讚歎，精進方為世間最可珍貴之物。有人雖有美色，如不精進，則今生來世一切事都不能成辦，以美色為世間最好之物只是愚癡之見。若能具足精進，則今生不論從事農、商業，或當僕人、作大官皆可順意圓滿。此外，如欲精通論典，或修禪定之人要得今生禪定等成就，又或者欲求來世安樂、圓滿受用及最終解脫之果位，皆離不開精進。精進乃一切功德源泉，有精進方能遣除一切危害，有精進才可成就一切事業。」

裁縫聽罷笑而答言：「你們所談觀點及理由，我皆覺得有許多不合理之處。如果不會裁剪只知精進，則任何果位都難獲得，也絕無可能做成任一事情。只有懂得如何剪縫，才能獲取一定成果。因此，我以為裁縫才是世上最好之物，儘管其職位卑賤、種姓低劣，國王亦因離之不得而恭敬讚賞。一人如懂裁縫技藝，人、天都會尊重、高看。」

智慧則面露自得笑容答道：「美色、精進、裁縫皆不足取，這幾種特徵、技能焉能與智慧比肩？擁有智慧便能得到美色、精進、裁縫所可能帶來之所有財富，眾人一切安樂及所有善妙境界依憑智慧即可全部具足。」

聽到幾位兄長所言，福力王子最後議論道：「若無智慧，美色、精進、裁縫皆不足喜，因而智慧得到人們賞識也在情理之中。但假如沒有福德，智慧又從何而來？最值得人喜愛、最重要者，看來非福德莫屬。所謂福德，眾人皆愛，依之而能令人得滿足、內心歡喜、願望實現，福德功德我如何宣說也言之不盡。為令諸位兄長易於理解，我今簡述一番福德功德威力。

依靠福德能獲美色；福德可使人具足清淨戒律；有福德之人能得吉利，且隨意受用財富，還可獲取智慧。」

兄弟之間各執己見、爭論不休，誰也不肯承認、接受別種觀點。最後，福力王子說道：「我們不如隱名埋姓前往別處，觀察、瞭解另一地方之人對我們兄弟的恭敬、讚歎程度大小差別，以此判斷孰為人間最勝之物。」

兄弟幾個同意採納福力王子建議，未經父王開許，他們很快就穿過眾多國家地區到達一陌生國土。於其國臣民中，五王子隱匿身份、安住下來。

美色王子恃其長相殊勝，眾人見他皆生歡喜心，而憑此維持生活；精進王子看見水流湍急河水中常有檀香木飄來，別人望而生畏，而他獨能以無畏心精進撈取，憑此亦可安穩過活；裁縫則靠其手藝維生，日子倒也消停；智慧有次碰到兩商主為利益而發生衝突，便賴其智慧為之調解。糾紛化解後，二人各贈以財物鳴謝，智慧王子即如此憑其聰慧維持生活。

至於福力王子，則依然靠其殊勝福德力廣濟眾生。一日，王子為檢驗其福德力大小便前往一貧窮人家，剛跨入家門，其家當天就湧出眾多財富，金銀珠寶隨處充滿，此貧家之人自是興奮難言。福力王之所以能令此貧窮人家廣聚財寶、皆因其具足不可思議福德力所致。福力王命其隨意享用家中財富，這一赤貧人家俄頃就變得富貴滿堂。家人認定福力王子有大福德，理應恭敬供養，隨即就時常恭請承侍。當地人聞聽後皆議論紛紛：「某某家原先一貧如洗，自從來一聞所未聞之孩童後，即刻就發家致富。」消息傳開後，眾人皆對王子之福德欣羨、愛慕不已，一時大街小巷全在讚歎福力王子之功德。整個國家亦因王子福德力之故，而呈現樹木開花結果、穀稼豐收、風調雨順、大地現出吉祥之事等種種瑞兆。多有眾生前來觀瞻小王子，有人心下思量欲得珍寶，有人欲要奴僕，凡此種種，只要作意觀想，王子即能依其福德力令希求財物眾生滿足願望、立即獲取。此種景象真乃稀有無比，故而眾人都對福力王子恭敬不已，王子也即以四攝法廣泛攝受此等眾生。

後來，某地國王因手下欲將毒物攙進藥中而大發雷霆，他嚴厲懲罰了作惡之人：砍斷那人四肢。受罰之人唇焦舌乾、身體血流如注，望見福力王子就淒聲哀嚎：「大哥救救我！」王子頓生悲憫，立刻刺出自身鮮血餵飽其人，待其稍稍好轉，又砍斷自身手腳補其所缺。王子眼望虛空，對一切眾生皆生起慈悲心，並說諦實語道：「從出生到現在，我實在憶不起自己幹過何等罪惡之事。以此話語真實力，願眼前之人能手腳恢復、恰如從前。並能因我福德力加持之故，使這人歡喜雀躍，願他所得安樂善根，皆迴向無上菩提。」

言畢，此人四肢立刻完好如初，同時大地亦開始震動，帝釋天宮殿也震顫不已。帝釋天便化現成一婆羅門形象來到福力王子前說道：「你為何要砍斷自己手足？」王子當時並未認出眼前之婆羅門便為帝釋天，就將事情經過原原本本全部告之，並說：「好朋友，別人傷心難過時我痛哭，別人幸福自在時我安樂。眼見有人受苦受折磨，我甘願為他獻出一切，承受所有本該屬於他之痛苦。看到此人手腳被砍斷，我便發願要代他受此罪報。後我又宣說諦實語，即成現狀。」

帝釋天深感此事稀有難得，便對福力王子說：「你捨棄自己手腳，有無生後悔心？」「我無任何後悔心！」福力王子堅定答道。「我不相信。」帝釋天所化之婆羅門面呈懷疑之色。王子愈加誠懇、坦白地說：「我可以諦實力作證。」說罷即以慈悲心觀想眾生，又發願道：「如我被砍斷手腳時未生後悔心，則願我手腳又恢復如前。」

福力太子剛說完，手、腳果然恢復如初。此時天降花雨，並傳出美妙樂音。

帝釋天立即對其生信，且說道：「你如此精勤行佈施，到底所求為何？」福力王子回答說：「我只求所有眾生都能因擺脫輪迴大海而獲無上佛果，此為我惟一所求。」帝釋天感溉不已，連稱「善哉」後就返回天界。

童子福力回到自己住地，此時因當地國王雖已死去，但其生前卻未曾育有兒子，故而舉國上下都在議論並尋找王位繼承人。王妃與眾大臣一起聚會並憂心仲仲商議道：「我們當為誰舉行加冕大典？」有些大臣建議說:「誰福德大，誰就應被舉為國王。」此種建議很快得到眾人認同，於是大家便著手準備按這條標準廣泛搜尋。

福力王子則被自己前世當國王之業風催動，一日便與幾位兄長前往花園遊玩。步入花園後，福力便現出種種吉祥之兆：天降清淨之水於其頂上；五彩繽紛之禽鳥右旋飛繞其身；男童、女孩均稱呼他為「國王」。王子此時心生快樂，並且汗毛直豎、全身毛孔頓然張開，而遍地石子瓦礫也盡皆消失。福力身體變得輕鬆暢達，心情悠閒自在，且時時聽到悅耳之音。王子本來就善觀各種相兆，此時一見此等現象便心領神會：看來我不久之後就會當上國王。

兄弟幾人於花園中依次享受各種美妙風景，後見一無憂樹，枝繁葉茂、花朵盛開，福力王子便於樹下安然而眠。其他兄長眼見風光如此秀麗，便一心專注於賞玩，於是就撇下小弟，前往別處轉悠。福力王子則因其福德力所致，感召大龍王從龍宮中供養他一朵天人大蓮花。此蓮花豔麗無比、美妙非凡、具足千葉，且從龍宮水底徑直竄出水面、直向上長。龍王們悄悄將王子放於蓮花之上，又以加持力令王子暫時難以醒來。時近下午時分，其他樹葉影子均開始偏向東方，惟獨無憂樹葉陰影一直未放棄王子，始終沒有轉向、挪動。整個花園中所有樹木花草宛若以恭敬心頂禮無憂樹，彎腰曲背亦與人同。野獸、飛鳥則發出聲聲吉祥鳴音，且以寂靜、調柔之行為圍繞無憂樹。福力王子則於睡眠中感得一夢：夢中，他坐於不淨糞上，且身染不淨穢物；還用舌頭舔舐虛空；又端坐蓮花之上；並爬上山頂；後受眾人頂禮。

此時尋找新國王之人經過到處奔波後，漸漸向花園聚攏，他們看見福力王子天人般福報景象，皆生極大稀有心，且讚歎道：「此人真有大福報。」於是便將此訊息於尋覓國王之眾人中傳開。福力王子醒來後，因他自己精於解夢，便開始自我觀察、分析、並得出結論：我坐於不淨糞上，乃表明我定會獲得大國王王位；不淨穢物沾染身體，乃表明我得王位後定會有大財富纏身；舌舔虛空並坐於蓮花上，實乃說明我必將坐於高廣之獅子座上；爬山表示我乃為眾人最高領袖；而受眾人頂禮，則象徵我接受國人恭敬禮拜。整個夢境應如是分析。福力王子最終得出結論：看來我不久即將登上王位。

尋找國王之眾人互相告知花園中所見，於是所有重要人物即刻便集中起來。他們將國王加冕大典上所需用具準備齊全後便往花園進發，待親眼目睹福力王子似天人般莊嚴財富後，大眾皆感稀有難得，他們均看見福力王子以金剛跏趺坐坐於天人大蓮花寶座上。

此時以福力王子大福德力之加持，四大天王供養王子獅子寶座；帝釋天則供養白色寶傘、寶柄拂塵；三十三天天人則以天人種種天衣所成華蓋而為裝飾；諸天天人從天宮中降下花雨；四天王天天人降下珍寶花雨，且彈撥天人樂器、撒下天人天衣；國王王宮附近、森林、花園等處之不清淨飛沙走石全部消失，寶幢、飛幡紛紛樹立，中間加以彩旗鬘；諸天人手捧香爐為大眾供香，其間又撒下與天界無別之鮮花；諸天子受帝釋天命令，幫助福力王子，便為其幻化出一勝妙宮殿，均由四寶組成……尋訪國王之人無有絲毫懷疑、顧慮，立即讓王子坐於獅子寶座上，為其舉行盛大加冕典禮。儀式完畢，福力王子周身放光，光芒隱沒太陽光輝，周遍一由旬距離。從此以後，福力王子更名為光明國王，亦有人仍稱呼其為福力王。福力王攜帶人天財富回到王宮中去，帝釋天等諸天人也跟隨承侍。

福力王正式成為國王後，便以佛法治理國家，於是全國

上下財富圓滿，人民安樂無比，莊稼豐收，人丁興旺，爭鬥、辯論盡皆熄滅，糾紛、爭執全部消失，強盜、疾病、饑荒一去不復返，稻穀、甘蔗發芽、生長，人們具足犛牛、犀牛等牲畜。福力王如母對兒一般，如理如法治理國家。在其治下，花果繁茂，天降花雨，五穀豐收。

諸位兄長聽到此事後均感稀有，他們瞭解後說道：「福力王的發願力及福德力已超勝我們，看來我們已徹底失敗，因他已憑自己福德力成為國王。在其未提及我等之前，我們應主動找到他，好讓他生歡喜心。」諸王子便一同前往王宮，且異口同聲對福力王說道：「願你獲取勝利，長久住世。」幾人一邊說一邊就坐在福力王身旁，然後又接著說道：「善哉，大國王。你所發誓言堅定穩固，你之福德、誓願已擊敗我們，因憑你福德力，你已穩獲大國王之位。」

福力王聞聽之後，恭敬有禮地從獅子寶座上起身，以尊敬、彬彬有禮之行為讓幾位兄長坐於寶座上。待他們坐定之後，福力王自己則又坐於獅子寶座上，並向幾位哥哥講述了全部經過，令眾兄長歡喜不盡，同時還賜予他們大財富，使其皆心滿意足。

其後，為使兄長與眾人都能憑藉方便法而積累福德，福力王一日告訴眾人道：「非福德能致地獄痛苦，非福德能致餓鬼痛苦，非福德能致畜牲痛苦，非福德恒受僕役痛苦。」他隨後又向眾人廣宣了非福德所能導致的具體危害：「非福德能致人啞；聾；面目醜陋；身相粗糙；缺乏光彩；眼根等六根不具；體多病患，難以治癒；相貌不端嚴；手指被砍斷；聲音難聽；身心愚笨；執持邪見；心不快樂；意識顛倒；瘋狂錯亂；貧窮困苦；常受人造謠、誹謗、歧視、污蔑；種姓低劣；遭人嫉恨；樹敵太多；無情法亦成怨敵；餓鬼、大腹鬼、羅剎恒欲加害；良藥反成毒餌；與親友不合；恒時感受各種痛苦；語言貧乏無力；財富被國王享用、被大火焚燒、被盜賊偷搶；雖欲求財而當雇工、做生意，但反而耗盡資財；做任何事情都不能順利、成功；長久感受畏懼；所轉生之地多為朽木、荊棘覆蓋；世間所有不悅意之事、無利之事、墮入惡道之事，都乃非福德所引發。」言畢，福力王又作一偈讚歎福德功德：「福德令人得護佑，福德令人得精進，福德能救寒熱苦，福德引來雨水和。福德正如如意牛，亦如獲得如意寶，福德功同如意樹，一切所欲皆成辦。化緣因之而圓滿，福德令人悅意生，福德喜成吉祥事，福德穩固好心情。福德孕育善種姓，福德能致美名聲，福德令人得廣聞，福德使人多財富。福德增進人聞思，福德滅除種種病，福德摧毀死閻魔，死主聞之生恐懼。」福力王最後又總結道：「福德不僅能具足無畏，而且無量天人也皆賜予有福德之人天界安樂。三十三天、離爭天、兜率天、他化自在天等諸天天人，皆會賜予吉祥有福德之人。有福德之人甚至能夠統治天人，天人亦會讚歎任意一位有福德之人，並幫助圓滿其一切所欲、所需，連無情法也會處其手下聽命。」

福力王將有關今生來世福德所能帶給眾生的利益如是廣宣後，這些人自此之後就開始廣積福德。

福力王為令眾生對福德徹底生信，就眼觀虛空、發心說道：「願我王宮內外能到處降下各種珍寶、妙衣。」隨其話音落地，虛空中頓時降下天人天衣與悅意花雨，隨即又降下天人珍寶，沒多久，整個王宮內外便已遍滿珍寶。眼見福力王不可思議福德力，多有眾人立即對福德重視起來，他們開始滔滔不絕地讚頌起福德功德。

利紅國王聽到此事後，對福力王信心倍增。為承侍福力王，便即刻率領四種部隊共同前往福力王治下國家。剛一見面就說道：「你為真正具大福德者，我甘願效力於鞍前馬後。」利紅國王說完後就自願於福力王手下聽差。福力王則賜予其及其眷屬大獎勵與種種珍寶，使他們人人皆得到滿足。福力王又趁此機會，對利紅國王及眷屬廣宣佛法，使其都能行持十善法，然後才送其返回。

此時明力國王也對兒子之行持有所耳聞，他先派使者前去送信，然後便親率手下臣民與眷屬浩浩蕩蕩向福力王國中進發。一見兒子容顏，對小兒疼愛無比之國王馬上淚流滿面。他顫顫巍巍從大象上下來，與前來迎接之福力王緊緊擁抱、長久不放開。父子相見未過多久，明力王就對兒子說道:「我兒福力，你應了知:現如今我已是風燭殘年，年邁體衰、不堪重任，國王職位理應交予你繼承。」明力王邊說邊卸下頭上王冠、頭飾、臂飾，將之統統交到福力王手中。不惟明力國王主動讓位，未用多少時日，整個瞻部洲國土漸漸全部由福力王統轄。

福力王遂用金銀財寶滿足瞻部洲所有眾生願望，然後再引導他們行持十善法。以此緣故瞻部洲再無任何窮苦者，人人快樂幸福，各個擁有勢力。眾人全都諸根具足、無殘無缺，又享有豐饒財富、受用圓滿，金銀珠寶充斥倉庫。不僅個人安樂若此，莊稼亦喜獲豐收。同時，爭鬥、強盜、災荒全都遠離，瓦礫石塊盡皆消失，鮮花、水果四季常具，風調雨順、欣欣向榮。眾人具足犀牛、犛牛等牲畜，且安樂增上、福德廣大、性喜佈施。除此之外，人民尚能自覺守持八關齋戒等戒律條目。

以此廣積福德因緣，瞻部洲眾生死亡後即刻全部轉生天界，其中大多數轉生在四天王天中。福力王令無數眾生獲取了今生、來世之安樂利益，於其死後，數千眾生、眷屬與他一同轉生兜率天中。

無等大師釋迦牟尼佛那時即以福力王形象如是應化世間。當時之父母即現今淨飯王、摩耶夫人；當時之色力王子即為現今之阿難比丘；當時之精進王子即為現今之卓新傑比丘；當時之裁縫即為現今之芒嘎巴比丘；當時之智慧王子即為現今之舍利子比丘；當時之帝釋天即為現今之羅睺羅比丘；當時被砍斷手腳之人即為現今之郭芒牙那比丘。因此可以說，整個世間中，以福德力能利益一切眾生，福德具無與倫比之功德利益。

勝者王求福德

在場比丘聽完佛陀所述福力王殊勝福德後，紛紛請問釋迦牟尼佛：「福力王以何因緣能成國王？且又具如此廣大之福報，可滿一切眾生所願？」

釋迦牟尼佛於是開始為眾人細說原委：「久遠之前有一如來正等覺、號尊勝如來者出世說法、廣利眾生，此如來於事業圓滿後達到涅槃，眾人為紀念如來便為其造一遺塔，塔成之後又行盛大開光典禮。當此之時，數十萬人眾聚集一處舉行儀式，中有一比丘便趁此機會於每日午後為大眾宣講佛法。

離王宮不遠處住有一賭徒，名為勝者。其妻名勝姆，其子名勝他，一家三口因賭徒嗜賭如命而艱辛度日。勝者日日在外狂賭，賭至最後，所有家當僅剩兩件衣服、一把傘、一雙鞋及五枚貝殼，除此之外，所有家當已被他輸得一乾二淨。勝者面對家徒四壁，痛苦哀號道：『嗚呼！不積福德以致淪落受苦真乃人間可歎可憐之事。』他邊說邊長歎不止。

儘管未從賭場撈著任何利益，賭博成性之勝者依然穿上僅有的鞋履，隨身攜帶此身僅剩之貝殼、傘，又一次前往賭場進行最後一次賭博。途中經過那位比丘講經說法處時，勝者耳旁亦偶爾飄來數句比丘言詞。不料勝者無意聽到後倒生起些微歡喜心，受好奇心驅使，賭徒勝者欲聽個究竟。於是他便脫鞋坐於地上，又將傘放下，以恭敬心認真聞法。

當時說法上師亦宣說此偈：『積福得安樂，故人當造福，精勤常積累，對福生信解。』賭徒聞聽之後心中想到：看來惟有造福之人方能真享安樂，而我之所以如此痛苦，皆因從未積福之故。不過欲造福德，我又從何做起？想到這裏，勝者便上上下下將自己打量一番，除卻兩件衣衫、一把傘、一雙鞋、五枚貝殼之外，此身已一無所有。勝者轉念想到：如將貝殼、衣服供養上師，我自己定會餓死；若不供養，我又會因不積福德而死於困厄，更何況來世還要遭受更大苦痛。不如乾脆先造福德，而後即便餓死也不足為惜。如此一來，儘管餓死但卻可積累福德；如無福德，來生痛苦不知又要如何承受？還是供養上師為妙。賭徒終於下定決心要將衣服、貝殼等物悉數供養。

正前思後想之際，說法比丘又宣說一偈：『造福勿遲延，否則成罪業，速速廣行善，斷除造惡心。』勝者聽罷又想到：上師已說行善萬勿拖延，務必儘快做到，我又在這裏躊躇猶豫做甚？我應立即供養！想及此，正當上師於獅子寶座上說法之時，他便將傘供上，又把一雙鞋放於上師腳旁，五枚貝殼也放在上師足上，還將一件衣服也脫下擱在上師腳上。如此做時，勝者內心對上師生起極大信心，以至全身汗毛豎立。

賭徒又在上師足下以恭敬心猛厲發願道：『以我今天供養、發心之功德力，願我自此以後永離貧窮之苦，生生世世擁有大福報，且能成為人天尊主；願我一切所欲所求皆能從虛空中降下；願我將來轉世降生時能出現種種瑞相，並出現五種寶藏，使大地遍滿珍寶。』

此時，說法上師也同時為勝者念誦偈頌以為迴向。然後，所有在場眷屬依次離開，儀式即告結束。

賭徒勝者穿著唯一的衣衫，心中觀想著法佈施之功德，以歡喜心返回家中。妻兒看見後不覺內心暗暗叫苦：瞧他如今除一件衣服外已赤條條無任何寸物隨身，想必今日又已輸光所有。如此看來，我們娘倆日後也難保己身，說不定哪天就會被他抵押與別人。

勝者已約略揣摩出妻兒心思，於是頓感羞慚難當。為訴說貧窮過去，他便口占一偈：『貧苦極難忍，巨苦即貧窮，貧窮如死亡，我死亦不窮。』勝者一邊說一邊長長歎息，隨後便沈默不語。

勝姆則到院中水井旁汲水，水桶置於井中後卻無論如何也提不上來，似有千斤之重。勝姆喚來丈夫相助，依然提不動水桶。再喊來兒子，三人齊心協力後總算將水桶拉離井面。待將水桶放於地上後才發現，桶中竟有一銅質大鍋，裏面盛滿金銀。勝者立刻明白此乃自己剛剛供養之果報馬上就出現了，於是喜不自勝地說道：『奇哉斷惡業，行善即良田，我今播種子，現今果成熟。』

妻子不明所以，便問丈夫此說為何。賭徒便向其詳敘供養、發願經過，一家人深感福德果報現前、造福德能致安樂果報等事稀有難得。此事一傳十、十傳百，迅速流傳開來，最後亦傳至王宮裏，眾人也感稀有難聞。

賭徒勝者突然發財後，更以猛厲信心供養三寶。他每日都要於如來遺塔前做廣大供養，並常於比丘前聽法聞受。不僅日日將上妙飲食供養比丘僧眾，同時每遇可憐之沙門、婆羅門、貧窮者、病人及其他乞討者，都用財物隨意滿足他們所願，又用裝滿財寶之殿堂供養十方比丘僧眾，凡此種種，皆使其名聲傳揚整個世界。

當地國王沒有生育太子即已離世，王公大臣此時皆已知曉賭徒勝者擁有巨大福德，於是便推舉他繼承王位。此後，勝者之『賭徒』名號無人再叫，眾人尊稱他為勝者國王。

勝者國王對福德有大信心，故常行佈施以積累福德，還恒時守持清淨戒律，並令王妃、大臣、國中所有民眾都積福累德。以此緣故，後當勝者國王去世時，便即刻轉生為他化自在天天子。此時從天空中降下天人珍寶、妙衣雨，他化自在天天人也感稀有。

賭徒勝者以對說法上師供養鞋、傘等物之功德，今生即得以獲五種寶藏、王位。隨後又以此果報，三十六次作他化自在天天王、三十六次作樂化天天王、三十六次為三十三天天主、三十六次為離爭天天王、三十六次作四大天王天主，並數百次成為轉輪王，勝伏四方、威鎮天下，且具足七輪寶及種種受用、財富、妙欲、美色，擁有一千太子，盡享種種威力，統治整個瞻部洲。國土之中無有任何刀兵劫與危害，以如理如法之方式令眾人安居樂業。」

釋迦牟尼佛最後作偈總結道：「世間估主因，乃為此福德，利眾諸佛說，此世之福德。若聞廣神變，稀有此事等，智者高尚士，誰不起信心。故欲自利者，或欲廣行者，當念佛教法，恭敬微妙法。」

吉祥部國王佈施身體

無等大師釋迦牟尼佛曾有一世轉生為此瞻部洲吉祥部國王，生下來時就能回憶前世，且相貌莊嚴。吉祥部國王以佛法治理國家，因此之故，國土中樹木繁茂、穀稼成熟、雨水調和。

國王有一王妃名勝光，美麗賢淑，且對國王歡喜非常、執著深重，吉祥部王也對勝光恩寵有加。當時，整個瞻部洲眾生都無需向國王交納賦稅，吉祥部令其皆得以安居樂業。國王又喜行佈施，只要能令眾生歡喜，他連自身血肉亦可佈施盡淨。吉祥部國王一貫以珍寶、臥具、用珍寶嚴飾之美女等物、人，各按眾生所需佈施與他們，分別滿足其種種願望。憑此廣大佈施，國王令整個瞻部洲眾人財富圓滿、生活富裕。

國王手下有一萬兩千大臣，中有一大智慧大臣，對國王尤為尊敬。國中臣民普遍對國王恭敬、愛戴，每每見王而心不生厭。因吉祥部普令人民行持十善法之故，眾人死後多轉生欲界六天。眾多天人均明瞭此乃國王讓其行善所致，故而天王也讚歎不已，天人聞聽後更對吉祥部國王生起信心。

此時，勝光王妃又感得一夢，她於夢中取出眼睛後又恢復如初。勝光大惑不解，於是便向國王討教。吉祥部心中明白此乃有人欲索要王妃之象徵，但為安撫王妃故不肯明說。儘管內心早已洞徹無遺，他只告訴妻子「諸法如夢如幻，有何可執著之處」之類語句。

第二日晚，大智慧大臣也做得一夢：國王整個王宮已被摧毀，一切建築物均被人席捲而去。不過，後又恢復如初。大智慧醒來後，深感此夢可能代表有人將要索要國王身體，於是就找相師解夢。相師答以「所言正是，確有其事。」大智慧心感不安，決定將此事暫隱心中。

第三日晚，一萬兩千大臣同時夢見一隻鵜鷹將國王王冠奪走，而後又將之送回。又夢見所有瞻部洲人民均將眼睛取出，然後又恢復如初。做如是等五種夢後，眾人皆擔心國王會遭受危害，便找來相師占卜。相師再次答言：「所言正是，確有其事。」

如此一來，眾人皆為國王處境擔憂不已，大家議論紛紛、痛苦不堪。而吉祥部國王得知此事後卻高興難抑地想到：現今有人欲要我身體，這實在是千載難逢、善妙殊勝。當此之時，北方有五百仙人彙聚一處，有一仙人遠遠望

見勝光王妃正前往花園中賞玩，便因自己前世曾與勝光有過夫妻之實而頓生貪戀心。他回住地後，恰遇自己一位婆羅門弟子前來上交學費，便趁機對弟子說道：「我所需要者乃為勝光王妃，你不必向我繳納學費，只把王妃替我要來即可。」婆羅門弟子聞聽後內心矛盾不已：一方面擔心自己無法要到王妃，一方面又害怕自己違逆仙人心願。而仙人則鼓動慫恿道：「你前去索要不會有任何困難，因國王甘願佈施一切，故你直接前去就可為我要來王妃。」婆羅門弟子躊躇不滿地想：我若不去，仙人定會以惡咒咒罵我，還是謹遵師命吧。想到這，婆羅門弟子便起身前往吉祥部國王那裏。

見到國王後，婆羅門弟子因恐懼、慚愧而不敢說話。國王以柔和語氣問他：「婆羅門，你欲何求？不妨直接說出，我定會滿你所願。」婆羅門弟子這才敢將前後經過一一道來，並為仙人索求王妃。國王因對勝光也寵愛非常，當下內心多少感到有些不安。他內心思索：王妃離開我後，未必能夠生存，這輪迴世界真乃痛苦之源。吉祥部便沈默不語，但轉念又想到：如我難捨妻子兒女，則無上菩提又從何而得？想到這裏，國王便以斷除愛別離苦之決絕態度走下法座。

勝光本如天女一般美麗，如果離開丈夫就會淚水沾滿雙襟，並從而感受人生之極大痛苦。但吉祥部此刻依然抓住妻子左手，又用自身右手

以金瓶之水洗滌婆羅門弟子之手，然後就將王妃交於婆羅門手上，並莊嚴發願道：「以此佈施功德願我能得無上菩提之果。」當時大地六次震動，並現出種種稀有瑞相。

婆羅門弟子將王妃帶給仙人，而王妃離開國王就如魚離開水一樣痛苦難耐。她日夜思念丈夫，備受煎熬到無法忍受之時便開始絕食。此時，大地又開始震動。諸天人了知此乃為吉祥部國王威力所致，於是便紛紛讚歎。

此時帝釋天則與四位天子一起降臨到離國王不遠處之一城市裏。於其附近森林中，帝釋天化現成一婆羅門，下半身被全部砍斷，渾身鮮血淋漓。

四天子化現成四位婆羅門子，將被切斷一半身體之婆羅門放於擔架上，一路哭叫向吉祥部國王處進發。沿途上，有眾多老鷹、烏鴉前後跟隨。一行人抵達城中後，臣民皆感稀有罕見，大家議論紛紛道：「此人下身已斷，為何還能活至現在？恐怕此人非人，只一食肉鬼而已。」眾人大多見而逃竄，具有英雄大無畏氣魄之人則說：「此乃食肉鬼以人之形象出現，最好向他詢問詢問，如能答話，倒也稀有難得。」

有人便問道：「你是人是鬼？又是誰砍斷你身軀？你又從何而來？」

以婆羅門形象出現之帝釋天則哀痛難耐地呻吟說：「希瓦巴國人勿恐懼，我是婆羅門非羅剎，只因前世惡業感召，才成如今淒慘模樣。」

眾人將之抬到王宮門口，多有好奇之人緊緊跟隨。而龍、天、夜叉等眾生眼見他被帶到王宮門前，紛紛哀歎道：

「看來國王要遭遇不幸事了。」他們不覺在擔心中傷心痛哭。此時，瞻部洲已全部沈入黑暗當中，流星墜地等種種惡兆頻頻出現，眾人目睹後皆恐懼落淚勝光王妃自從離開國王後一直絕食，且身陷痛苦之中。仙人與之相處一段時日後，漸漸也對國王及王妃生出信心。他眼見王妃痛苦若此，便安慰她道：「你既如此痛苦，我還是將你交還國王為好。」仙人也目睹了各種惡兆，就又對王妃說：「整個瞻部洲已陷於黑暗之中，這表明將有眾多大士於不遠之將來會離開人間。」

吉祥部王已從王宮看見這位半身婆羅門，待二人相見後，婆羅門便開始向國王索要下半截身體。大智慧大臣向國王進諫道：「國王，此人非人，定為食肉鬼，否則何以一半身已斷，居然還能存活下來，並開口講話？」婆羅門則辯解說：「我非食肉鬼，實為婆羅門。我生活貧窮至極，本想將妻兒老小留在家中，自己前來向國王討要財物。誰料來到你吉祥部國王城門口，太陽已落山，因城門緊閉，我無法進入，只得到一破屋棲身。哪裡想到半夜三更鑽進來一隻猛虎，用利鋸般鋒利牙齒，將我下半身齊齊咬斷。我雖承受極難忍之猛厲痛苦，但因前世罪惡業力感召，始終無法痛快死去。正當劇痛之時，忽所虛空中有天女聲音告訴我說：『你可速去吉祥部國王那裏討要身體，他肯定會將身體佈施。』我自然希望能存活下去，故而向你討要。但我一半身體已去，又如何能爬到你面前？正受痛苦煎逼之時，在太陽剛落山之際，這四位親人正巧來到我面前。他們見到我之悲慘境遇後便放聲痛哭，我即將天女言詞告訴他們，他們就將我放於擔架之上，一路辛苦來到你這裏。」婆羅門一邊流淚一邊苦苦哀求。

吉祥部立即施與他無畏安慰，告訴他說可將身體完全佈施，隨即就命人拿來鋒利鐵鋸。帝釋天馬上加持此人，使其立刻將鋸子拿來。國王則對大臣們要求道：「趁此婆羅門未死之前，務必迅速鋸斷我下身。」聞聽此言，眾人齊聲哀號。大智慧大臣邊哭邊勸解國王萬勿如此行事。吉祥部則果敢說道：「你不可對我獲取無上菩提製造違緣。」大智慧聽罷即刻昏倒於地。

吉祥部國王立即招來兩位木匠，吩咐他們說：「你們二位為助我圓滿佈施波羅蜜多，請將我身體鋸斷以滿此婆羅門心願。」但兩位木匠無論如何也不敢下手，帝釋天就再次加持他們放膽去做。

國王以歡喜心願意佈施身體，當其從獅子寶座上下來欲行佈施時，整個瞻部洲寶傘、勝幢、飛幡紛紛彎腰鞠躬，宛如向王宮表示敬意一般。眾人痛哭流涕，國王為獲無上圓滿佛果，就一頭倚靠一人，同時伸出兩腳、身體仰臥，開始發無上菩提心。此時，大地震動，王妃及臣民均捶胸頓足、哀號不已。他們紛紛祈請國王不要如此佈施，但吉祥部國王更加堅定地說道：「一切可愛之物均會分離，你們因此更要謹慎行持善法。」國王說罷就令兩個木匠快快動手。

大智慧大臣此時已清醒過來，他勸阻兩位木匠道：「如此大慈大悲之尊主，你們如果殺死他，則所有天龍斷不會饒恕你們，絕不可能再讓你們生存於世。你們這些愚癡之輩，大悲尊主以往像對待兒子一般善待你們，難道你倆皆已忘記？」大智慧大臣邊說邊按住二人所用鐵鋸。

吉祥部國王正色對大臣說道：「大智慧，你無需如此痛苦，原本一切可愛之物都會分散。別人欲索要我身體時，你不可製造違緣。過去亦曾有人討要我身體，天女也為我佈施造過違緣，因她們為我得無上菩提製造障礙之故，她們也因此而有非福德之過。如其當時未為我設置違緣，則我很快就能獲取菩提果位。在此地，我亦曾將自己身體佈施與饑餓母虎，以此緣故，我可提前四十劫成就佛果。我原本應在彌勒菩薩後面成佛，就因此佈施果報，我將在他前面成就佛果。過去我為西瓦巴國王時，曾將自己青蓮花般雙目佈施與一老年婆羅門；為月光國王時，又將自己頭顱佈施與凶目婆羅門；當西吾國王時，為救護鴿鷹爪下鴿子，曾割下全身身肉佈施與牠。此外，在此地，為獲無上菩提，我上千次佈施自己手、腳、妻、兒。如是做時，任誰也未曾給我佈施造過違緣，故而你也萬勿造諸違緣。」

大智慧大臣聽後，對國王如此之菩薩行生起大信心，他邊想邊說：「大法王要捨棄我們了。」

剛才受帝釋天加持之木匠，此時便開始用利鋸割鋸吉祥部身體，鋸至肚臍部位時，國王開始大出血，一時血流如注。大智慧大臣見此慘不忍睹之象，立即昏厥於地，眾天人也放聲痛哭，凡見此種悲慘景象者無不失聲痛哭。帝釋天目睹這些眾生對國王身體擔憂、痛哭，就暗自思索：「我如再讓如是受人愛戴之大尊主受苦，恐非應當，我應保其性命，使其存活不死。」

兩木匠在鋸國王身體時，吉祥部感到劇烈疼痛。但他一邊受苦，一邊對前來乞討之婆羅門生大悲心。他心中想到：我儘管已了知輪迴過患，但以精進心佈施我身體一部分時都如此痛苦，那些身陷地獄、身心全部要蒙受劇烈苦痛煎熬之眾生，又該如何承受地獄折磨？我現發心：願以我受之苦斷除一切眾生之痛！如是想後，鋸斷身體之痛當下就消失無遺。國王疑惑不解地想到：為何我現在感受不到痛苦？他們是否已停止割鋸？國王於是起身看其割鋸，同時心生不悅，身體當時就顫動起來。

婆羅門看見後就問國王道：「你為何如可憐之病者一樣渾身顫抖？整個大地之上，你本能佈施一切，如今是否有後悔之意？你不該後悔，否則你之佈施大願豈不成大妄語？」

吉祥部國王坦然答道：「我根本不是因後悔佈施自己身體而發抖，我只是擔心這鋸子不能割斷我身體，如此就無法圓滿我佈施決心，也不能滿足你願，想及此我才發抖不已。我豈是不願讓其鋸斷我身體？」聽罷國王所說，婆羅門深感稀有，便不再多言。

兩位木匠手拿利鋸繼續割截國王身體，最後活活將吉祥部下半身攔腰截斷。當國王半截身體落地之時，所鋸斷肉身在地上依然顫動不已。國王根本不顧自己身軀被割截之痛，他急忙命令這兩位木匠速將自己下半身接於婆羅門身上。兩人按國王意願飛快將其肉身與婆羅門身體接合，剛一接觸，國王下半身立即就與婆羅門上半身融為一體，且看不出絲毫傷口痕跡，兩人膚色也完全一致，真可謂融合無間。

為令國王生歡喜心，婆羅門即刻就從擔架上走下，隨意行、住、坐、臥一番。吉祥部見到後深感欣慰，為自己終能滿足乞討者之願望而備受鼓舞。他內心覺得自己所受之巨痛終於沒有白費，故而內心歡喜不已。吉祥部心中想到：我所受痛苦總算換來大利益，我如今可謂心滿意足矣。他如是思維，同時又發願道：「我之佈施身體，已使婆羅門從生命危險恐怖狀態中獲得救助。以此善根，願我能獲無上菩提，並使眼前婆羅門解脫輪迴痛苦，度化他、且令其獲歡樂涅槃。」當吉祥部所承受之猛厲痛苦與內心大願交會碰撞時，國王自然而然閉上眼睛陷入昏厥之中。

帝釋天馬上以自己加持力使國王恢復體力，同時又給國王敷上藥物。此時，大千世界發出六次震動，並出巨大音響，恐怖之烏雲也佈滿虛空。加之流星墜地、天人擂鼓，整個世間頓陷黑暗之中。接下來，天人又撒下鮮花、妙衣並彈撥樂器，整個虛空一片喧嚷之聲，瞻部洲眾人暫時皆處於迷惘狀態。這時，大城市中成千上萬眾生也看見了國王所佈施之軀體，他們異口同聲感歎道：「我等人天之主已被殘害，這真令人大感悲憫。」有人因之而倒地昏厥，有人因之而痛哭不已。

這時，帝釋天與四位天子均以原來面目顯現，帝釋天對國王說道：「我是帝釋天，非為婆羅門。大國王，你之精進佈施實在令人感慨不已。你不貪戀自身一切，為悲憫所有眾生而甘願捨棄肉身、喜行佈施。遇到如是猛厲痛苦，以大悲心仍不退轉佈施，真乃稀有難得。我今問你，你如此苦行，到底希求什麼？」國王則回答說：「帝釋天，我佈施只為能獲無上圓滿菩提，度化陷於輪迴中之眾生。」帝釋天又問道：「你捨棄自己身體，現如今已變成如其他眾生一般模樣，你有無生後悔心？」國王坦誠答道：「絕無後悔心。」帝釋天有些不相信：「你自己說絕無後悔心，又以何為憑？」吉祥部乃從容、平靜說道：「你可把我被切斷之身軀放置一邊。」帝釋天依言做後，吉祥部則對一切眾生觀想慈悲心，同時說道：「我為獲無上菩提才以大悲心捨棄身體，我如是做時無有畏懼、後悔、吝嗇心。若我當時確無後悔心，則憑此真實力之加持，願我身體恢復如前、諸根具足。」隨著吉祥部話音落地，殘缺軀體即刻完好如初。

諸天天人與在場眾生目睹之後皆感歎不已，大家全感稀有難見，因而紛紛以歡喜心讚歎賀喜。帝釋天此時也對吉祥部讚不絕口，因感動而致流淚不止，如雨滴灑落一樣。帝釋天漸愧說道：「我給大菩薩增添了諸多痛苦、煩惱，請國王原諒、寬恕我。待你將來一旦成就佛果，請務必垂念我。」國王聽罷謙虛說道：「我對你何來抱怨之心？若我成佛，定會垂念、關照你。」

自此以後，大國王以發無上菩提心之加持力，令天降珍寶雨、妙衣、財富，天人光輝照耀整個世界。住於山上之仙人看到此等奇觀後，深感奇怪，於內心苦苦思量到底是何原因令世間現出此等瑞相。此仙人信奉一天神，天神即向他講述了整個經過。仙人聽後對國王之菩薩行立刻生起信心，他渾身汗毛直豎，認定國王乃為一真正大菩薩，於是便帶著五百仙人與勝光王妃一起趕到吉祥部面前。來到現場後，他與帝釋天等眾生一起祝願吉祥部國王超勝一切、恒久住世，同時又將勝光王妃還與國王，並真誠祈請道：「國王以後萬勿再將王妃送與他人。」如是祈請後，吉祥部國王點頭默許。

帝釋天命令天人陳設獅子寶座，並向他們解釋說：「我欲為國王行加冕大典。」天人就幻化出以種種珍寶所成之獅子寶座。此時，帝釋天親手扶起國王，讓國王端坐獅子寶座之上。成千上萬天人即刻手拿樂器，為吉祥部國王行盛大加冕儀式。當此之時，大地震動，天降花雨。儀式完畢後，諸天人各自返回天界，仙人讚歎完國王後也回到自己住處。廣大民眾均從內心禮敬吉祥部國王，國王也因勢利導，長期以佛法治理國家。他以財富滿足瞻部洲貧窮者、低劣者生活所需，令其行持十善法，使其死後均得以轉生欲界六天。後來，國王本人與萬千眾生則於死後轉生兜率天中。

無等大師釋迦牟尼佛為吉祥部國王時，其王妃勝光即為現今之耶輸陀羅；大智慧大臣即為現今之舍利子比丘；帝釋天即為現今之色藏國王；當時之三十三天天人即為現今與色藏國王同得聖果之八萬天子；當時大城市中諸人即為現今與色藏國王一起，在芒嘎達城親往釋迦牟尼佛前聞法之施主與婆羅門；當時之仙人即為現今目犍連比丘；當時替仙人索要王妃之婆羅門子即為現今之釋迦女沙措瑪；當時之兩位木匠即為現今之提婆達多與郭嘎樂嘎。以如是因緣，釋迦牟尼佛成就佛果時，此等眾生皆成為世尊之眷屬。

金色國王佈施口糧

久遠以前，人壽八萬四千歲時，無等大師釋迦牟尼佛那時轉生為金色國王，相好莊嚴，權勢顯赫，財富圓滿。國王恒以佈施滿眾生所願，且免除國人賦稅。

當時有一婆羅門名黑西巴，通過看相占卜得知國家未來運勢，便預測說：「我國未來十二年中將不降滴雨，因而會有大饑荒流行。」國王聞聽後內心頓感不安，他如是思維：

如果真是這樣，富人當然可安穩度過饑荒，而窮人又如何過活？想到這，金色國王便心生一計，他命令國中所有民眾均需將財富堆積一處，同時又命精於算術之人仔細演算如此多之財物，如舉國上下之人平均分配，則十二年中人人可各得多少。這些人先統計出全國人口，然後再計算平均分配量。國王如是安排國人平安度過十一年大旱歲月，所有臣民中無一人餓死。

即將度完十二年艱苦歲月，已熬至十一年又十一個月時，國中開始出現餓畀現象，因整個國家已將所有食物吃光盡淨，唯金色國王手中尚剩一小斗糧食。

此時，一已修持四十劫菩薩行之人來此娑婆世界。他目睹於一森林中，兒子正對母親做不淨行。看到此種景象，他非常悲哀地感歎道：「嗚呼！娑婆世界眾生真是煩惱深重，兒子住於母胎長達九月，又吮吸母乳方得以長大，而現今還要做此不淨行。以貪心行此非法行，我怎能為如此眾生行持菩薩道？看來我還是自己先行解脫為妙。」想到這裏，此人不覺退失了菩提。他來到一樹下後，靜觀自己五蘊之生滅法，並最終獲緣覺果位。此時，這位緣覺心中又想到：我雖為眾生行眾多苦行，但從未利益過眾生。現今，我如對哪位眾生生起悲心，我就到其面前化緣討飯。想完後，緣覺便開始以天眼觀照整個世界，他發現全世界食物均已被消耗乾淨，只有金色國王還留有一小斗糧食。緣覺心中暗想：看來我應對他生起悲心，向他討飯。

思慮及此，緣覺便展現神變，似天鵝一般飛於空中，並降落於金色國王王宮頂層。金色國王正與五千大臣聚集於頂層，緣覺見之便說道：「我為化緣而來此處。」金色國王聞後不覺心生痛苦，他想到：我雖擁有整個世界，但卻連一前來化緣之緣覺都無力供養。金色國王越想越覺悲傷，不過他還是喚來管理財物者對其說：「如王宮裏尚有飲食，請一定拿來供養這位緣覺。」管理財物者為難地說道：「大國王，你應了知，除你有一小斗口糧以外，國庫已空無一物。」

國王聽後暗自思付：如我享用此口糧，則我今天應能存活下來；如我捨棄，那我必死無疑。但國王轉念又想到：我即便吞下此一小斗糧食，日後終免除不了一死，不如將此糧食供養眼前這位緣覺，以此所種殊勝福田，方能讓此口糧發揮價值與意義。

國王隨後就集中起所有眷屬說道：「嗚呼！此乃為我金色國王最後一次行佈施，你們均應隨喜。我以此供養緣覺善根迴向整個世間，願所有眾生都能斷盡貧苦。」說完就將自己口糧倒入緣覺右手所拿之缽中。緣覺拿到糧食後即刻飛走，國王一直合掌眼望虛空，直到緣覺飛逝不見，國王才命令眾眷屬各自散開：「無需餓死在此處，各自歸家吧。」眾眷屬皆滿懷深情說道：「大國王，你興盛之時，大家皆歡聚於此。現在國運衰敗，我們怎忍心拋下你。」金色國王聽後深受感動，但他還是一邊流淚、一邊再三要求他們各自散去。眾人則一直在他腳下恭敬頂禮道：「我們此次恐為最後一次面見國王，祈請國王一定寬恕我們以前違背你教言之罪。」

緣覺回去後享用國王所佈施之口糧，剎那間，東南西北烏雲密布、冷風四起，大風席捲走大地之上一切不淨之物，隨後又天降食物，諸如大米、麵粉、餅子、肉，以及蘿蔔等疏菜，尚有芝麻油、糧食等。金色國王喜不自勝，喚來所有眷屬後說道：「真是罕見稀有！諸位請看，僅供養一小斗糧食現在就現出如此多之苗芽，佈施所得之真正花、果未來定會繁盛無比。」

後從第二天至第七天，虛空中又降下財物、糧食雨與稀粥；隨後七天，又降下酥油；後面七天，則降下芝麻油；又七天，連降綢緞、布匹；接下來的七天中，降下食物；隨後又連降七日金、銀、水晶、藍寶石、紅珍珠、石精寶、冰珠石等種種珍寶。一切眾生貧窮困苦如是依金色國王佈施之力而得以全部滅盡。

久遠之前，瞻部洲人壽無量歲時，有一國王名為長淨，統治八萬四千小國，擁有八萬王妃、數萬大臣。

長淨國王於頭頂生出一肉蛋，此肉蛋內外透明、光滑輕軟，國王毫無病痛之感。隨後肉蛋逐漸增大，長至瓜般大小時自然裂開，從中現出一小孩。此孩童相貌莊嚴，頭髮呈現藍色。相師觀其相後認為此小孩相貌稀有，實乃具功德之相，並授記他將來定能成為統治四大部洲之轉輪王。小孩後被取名為頂生，當其降生之時，許多王妃乳房皆自然流出乳汁，她們都說道：「讓孩子吮吸我之乳汁。」於是，此小孩又被叫做自乳。自乳生下來便享受國王自家財富，同時亦盡情參與孩童嬉戲，如是歡快度過如六個帝釋天壽命一般之時日。

待王子長大後，因其精通各種學問，父王長淨便任命自乳為一小國國王。自乳於其國中，執政如六個帝釋天壽命一般之時日。長淨國王後即將去世之時，曾說過欲令自乳住持王位，並想為其行加冕大典。眾小國王都祈禱自乳能當大國王，而他卻說：「父王現已去世，我去哪裏都了無實義。如我確有成為國王之福德、威力，則願四大天王與帝釋天皆至我面前祈禱並為我行加冕典禮。」剛剛說完此話，四大天王即刻親自現身於他面前，手執寶瓶，把香水灑在他頭頂，以此方式為其行加冕儀式。帝釋天也為他所戴王冠做種種頭飾，並讚歎其所具之稀有功德。在人間眾生尚未將寶座、頭飾準備齊全之前，天人已為自乳做好一切裝飾。其他小國也紛紛祈禱自乳能到國土中部承襲王位，自乳則說道：「如我有當國王之福報，則願中部地區、地上一切所有均能來到我面前，若我逐地而居恐不應當。」如此說完後，中部國土上之王宮、花園、水池等等一切所需全部自然出現在他身邊，此地也當即成為首都。金輪寶等七輪寶也隨即顯現，自乳終於成為統領四大部洲之轉輪王。

此後，他又育有一千勇敢、相好、能摧毀敵國之太子。

他本人也依佛法如理如法治理國家。

當時，在廣嚴城附近一森林中，具有神通之五百仙人正在坐禪，很多馬雞卻在四周喧嚷，嘈雜聲響使五百仙人難以入定。五百仙人中有一人名為醜面，按捺不住心頭怒火厲聲咒罵牠們：「你們這些馬雞真應該翅膀全部脫落。」結果以其咒罵之力，馬雞翅膀果真脫落下來，再也不能飛翔，只能靠雙足行走。

國王有次出遊時看見這些不能飛行之馬雞，便詢問左右大臣此中緣由。大臣皆說此乃仙人咒語所致，國王聽到後內心不悅，於是對手下說道：「不許這些對眾生無慈悲心之仙人住於我所統治之地。」按其吩咐，手下便將仙人全部趕走。眾仙人皆知國王實乃統領四大部洲之主，就想前往須彌山中層居住，後終於完全心願到達那裏安住下來。

自乳國王因關心民生疾苦，常常私訪國中各地。他先對工巧技藝行業做詳細觀察瞭解，以此之故，民眾皆稱其為力生王。國王又到外面廣泛視察，看到有人辛勤挖地、耕種，便向左右大臣問道：「這些人在做何事？」下屬答言：「眾生都需依賴飲食而存活，這些人即以耕地維生。」國王聞言不覺發願道：「如我真正擁有國王所應具之福德，則願這些勞苦眾生停止一切辛苦勞作，自然具足百味甘美飲食，願他們所欲均能得到滿足，不受任何饑渴之苦。」說完這番話，種種飲食立刻自然出現。國王又問：「此是誰的福德所致？」在場眾人全都說：「這是國王福德與眾生福德共同感得。」

國王隨後又下去視察，看見有人正在紡線，有人正在織布，便問左右：「這些人在做何事？」左右答言：「這些人雖已有飲食，但尚缺衣服。」國王聞言便發願道：「如我真正擁有國王所應具之福德，則願這些眾生毋需紡織，能自然具足一切布匹衣物。」發願完畢，從樹木中便自然結出種種布匹、衣物，人們無論怎樣享用都受用無盡。國王又問：

「此是誰的福德所致？」在場眾人全都說：「這是國王福德與眾生福德共同感得。」

國王不久之後又看見製作樂器之人，他問左右大臣道：

「這些人在做何事？」大臣回答說：「眾生雖有飲食、衣物，但為歡慶及恒享歡樂故，這些人正準備製造樂器。」國王聽後自然又發願道：「如我真正擁有國王所應具之福德，則願這些眾生停止造作，能自然具足種種樂器。」如是發願已，所有樂器自然完備，大家可直接享用，眾人聽到悅意樂音後皆生歡喜心。

後來，依靠國王福德力，虛空中又降下七寶雨，珍寶遍滿整個大地。國王又問：「此是誰的福德所致？」眾人依然回答道：「此是國王福德與眾生福德共同感得。」國王則說：「如此福報顯現實乃眾生福德所致，則願珍寶普降所有地方；如此福報只為我功德所致，則願珍寶降於王宮附近，王宮以外不要降下任何銀幣、珍寶。」隨其話落，各種珍寶果然只降在王宮附近，王宮以外不降任何珍寶財富。國王便又問道：「此次是誰的福德所致？」眾人心服口服答道：

「確乃國王福德所致。」國王惋惜說道：「你們所言謬矣！如你們最初就能知道此乃我之福德所致，則我可令整個瞻部洲廣降珍寶。現在緣起已被破壞，故而珍寶只能落於王宮附近。不過，如你們願意享用，那就在王宮附近隨意取寶吧。」

國王隨後又以妙欲令整個瞻部洲眾生盡享歡樂，並於數萬年中為眾人宣說利樂之道。如是又過相當於六個帝釋天壽命之時日，國王有次問住天夜叉：「世間是否還有我未統治之眾生？」住天夜叉聞言請求道：「你應前往東勝身洲，那裏眾生財富豐饒，國王理應前去。」國王聽罷也想立即前往，於是頃刻之間就做好動身準備。他依金輪寶之力飛上虛空，並攜帶各種輪寶以及八千餘萬眷屬、一千太子，一起騰空向東勝身洲飛行而去。

東勝身洲眾生歡喜迎接，自乳國王便於那裏也做起國王，且受到國人普遍恭敬。自乳於其處呆了有六個帝釋天壽命之久後，住天夜叉又請求說：「國王應到西牛貨洲。」於是自乳國王便又前往西牛貨洲，並住了六個帝釋天壽命之久。後又受住天夜叉請求，國王又來到北俱盧洲。到達此洲後，無需耕種之莊稼、白色香稻、如意寶樹等皆自然湧現。國王為眾生指點此等瑞相，並於此處也做國王，安住有六個帝釋天壽命之久。

住天夜叉又請求道：「國王應再前往三十三天。」自乳國王便應允下來。前去三十三天之路途中，首先要經過山王外之七座寶山鐵圍山等，國王便與眷屬於鐵圍山上安住下來，共用一切快樂。如是度過六個帝釋天壽命之時日後，國王與眷屬又前往七金山（擔木山、持軸山、持雙山、善見山、馬耳山、持邊山、象鼻山）等處，於每一山上都與眷屬安住六個帝釋天壽命之時日，然後又從持雙山上開始騰空飛去。

騰空之際，國王之駿馬、大象從天空中往下拉屎，糞尿落於被驅逐之五百仙人身上。仙人開始時不明此中原委，後方才得知此乃國王駿馬、大象所為。仙人便議論紛紛道：「此鬥狠國王到這裏欲為何事？」仙人中一醜面仙人則以嗔恨心念起惡咒並結手印，還往手掌中倒水，灑向國王與其眷屬身上，使得國王與眷屬無法前行，只能停滯於虛空。當時因國王擁有大臣寶，大臣寶見狀便告訴仙人道：

「你們理應放棄此種嗔恨心，因你等所為實際上無法傷害任何人。此國王非為一般平庸之徒，他乃自乳大國王，不似你們所能加害之馬雞。」自乳國王此時也問諸人道：「誰阻擋我之隊伍？」大臣寶答言：「此乃仙人所為。」國王便接著問大臣寶：「諸仙人於所有事物中最喜愛何物？」大臣寶告訴國王：「他們最執著者乃自身髮髻。」國王隨即發願道：「願此等仙人髮髻統統毀壞掉，願他們均能速到我眼前。」國王剛剛說完，所有仙人髮髻便盡皆滅盡。他們雖手拿弓箭，但其神通卻全部失壞，只能乖乖來到國王面前。玉女寶則趁機進言道：「大國王，這些仙人均在苦行修法，應釋放他們，不要如此行事。」國王聽其所言，便將仙人全部釋放。眾仙人自此之後便重新開始精進如法修行，後又具足全部五種神通。

國王與大隊人馬繼續前進，終至須彌山山頂上。此時住於水面上之大龍又擋住他們去路，國王問眾人：「又是誰擋住我們隊伍？」眾人回答說：「是大海中之大龍。」國王正色說道：「若如此，我定要與這些旁生宣戰，願此大龍能如僕人一般統統到我面前來。」國王說完後，大龍自然而然便來到國王面前。

大龍後又跑至持盆者面前，持盆者問道：「慌慌張張跑來做甚？」龍王答道：「人間國王來了。」持盆者便攔住國王去路，自乳國王又如前一般發願，持盆者又逃至持鬘者面前。持鬘者問他：「你急急忙忙跑來做甚？」持盆者答言：

「人間國王來了。」持鬘者便擋住國王。國王又如前一般發願，持鬘者便跑到常醉羅剎那裏。常醉羅剎問他何故來此，持鬘者答道：「人間國王來了。」常醉羅剎便擋住國王去路。國王再次如前發願，常醉羅剎就又跑到四大天王跟前。四大天王問其到此為何，常醉羅剎答以「人間國王來了」。四大天王知道自乳國王福德廣大，根本無法阻攔，便不再阻止國王前行。這樣，國王便與眷屬直接到達三十三天，並向三十三天天人廣宣道：「人間國王來了。」

自乳國王站在須彌山山頂上，眼望一片綠油油園林問住天夜叉道：「此乃何物？」住天夜叉回答說：「此為大香樹林，是諸天天人在夏季四月中盡享妙欲、感受一切歡樂之地。國王不妨前往一遊。」（大香樹，三十三天善見城外東北隅，有諸天會聚之如意樹，稱為畢集穿地之樹，根深五十由旬，樹高一百由旬，枝葉旁蔽五十由旬，廣袤一百五十由旬，周四百五十由旬，花瓣盛開逆風香溢五十由旬。）國王便對眾眷屬說：「此綠色園林正是大香樹林，你們也應前去安享五種妙欲。」

這時，山頂上又聚集起似白雲一般之物，自乳國王便問住天夜叉：「此又是何物？」住天夜叉說道：「此乃為諸天天人坐禪靜慮之善法堂，此地環境美妙，國王理應前往賞玩。」自乳國王同樣向眷屬如實介紹，眾眷屬均歡喜前往。

國王隨後又向天人城市進發，端妍天城長二千五百由旬，周圍一萬由旬，外有七層黃金園林圍繞，內含天人種種善妙之物。眾天人、天女皆於此城中享受五種妙欲，各個歡喜悅意。當國王與眷屬抵達城邊時，諸天人因深感恐懼而迅速關上城門，並用鐵杵將大門頂住。自乳國王則張弓搭箭，同時又吹響海螺，結果天人宮殿六十二扇大門自然打開。

帝釋天與眾眷屬不覺心中想到：這人為人間自乳大國王，極富威力、福德，無人可擋。眾人便欲用各種物品迎接，在種種供品佇列中，國王一人進入帝釋天王宮。天人們為天王、眾大臣準備好坐墊，然後又為自乳國王備好。自乳國王馬上心中暗想：這最低之坐墊定是為我安排。想到這裏，他便發願：「我若能與帝釋天平起平坐才為善妙。」隨其心願，帝釋天立刻就分一半座位給他，於是國王便與帝釋天平等坐於一個坐墊上以示二人地位平齊。此時，眾人看到人間國王與帝釋天王無論相貌美醜、功德大小、說話方式均無有差別，只不過帝釋天王眼不眨、行走稍快一點而已，其餘皆無任何差異。自乳國王如是與帝釋天同等享用天人五種妙欲，歷經為三十六個帝釋天全部壽命總和之久。

當三十六位帝釋天中最後一位執政時，非天向天人發起攻擊。天人宮殿外五層護牆均已被非天軍隊層層攻破，諸夜叉急忙請示帝釋天，帝釋天立即率天人部隊與非天展開決戰。怎奈帝釋天無法打贏非天，最後只得倉皇跑回宮殿、緊閉天宮大門。

自乳國王則自告奮勇對帝釋天說：「你安住這裏，我去迎戰。」說罷，便率領八十萬眷屬騰身虛空，手執弓箭、口吹海螺。非天聽到聲音後互相詢問道：「執弓箭、吹海螺者是誰？」眾非天中有答話者說道：「此是自乳國王與其部隊所出音聲。」非天聞言頓感恐懼，同時也深感稀有，他們又與天人繼續作戰起來。

平日交戰時，雙方皆是面對面對打，而自乳國王此時則騰身虛空、立於非天之上。非天不覺納悶問道：「在我們上面之虛空中統領浩浩蕩蕩隊伍者是誰？」有非天答說：「他乃人間國王自乳王。」非天無奈想到：在我們上面、坐於馬車上之軍隊，具相當威望與福德，看來我們根本無法贏得勝利。想到這，所有非天都異常害怕，於是就紛紛往回逃竄而去。

眼見非天已遭受失敗，自乳王便問眾人：「是誰奪得勝利？」大臣們全都回答說：「毫無疑問，肯定是國王得勝。」自乳國王聞言就沾沾自喜地心生一念：看來三十三天天人皆無法與我相比。他隨即又想到：我已成四大部洲轉輪王，帝釋天亦分一半座位與我，我之威力已超勝一切人。如此看來，我不應再與帝釋天同坐，我應趕走帝釋天，成為人、天唯一枯主。剛生起此等心念，國王便自毀了己身所有的福報。以此緣故，自乳傾刻就墮落到瞻部洲、以前所住之舊王宮門口。

墜地的同時，自乳患上嚴重疾病，已近臨死關頭。國中大臣、醫士、咒士便全部來到他面前問道：「如果國王不久即告圓寂，眾人問何事發生在國王身上，我等該如何作答？」自乳國王氣息微弱地回答說：「他們若如此詢問，你們即可如是回答自乳國王原本具足七輪寶，統領四大洲，圓滿擁有人間一切財富。後至三十三天，更是享盡五種妙欲。但他自己不知饜足，最終才落此地步。」國王隨後又宣說一偈：「雖降銀幣雨，貪者無滿足，智者於妙欲，知苦多無益。天人之妙欲，亦不生歡喜，如來正等覺，聲聞喜滅貪。雖具如雪山，高大之金山，仍然不滿足，智者知此理。明此苦因後，誰樂世妙欲，世財為苦根，為斷當精進。」國王又廣行上供下施，隨即又作一偈：「痛苦短命在來世，故應積福廣行善，求福之人多佈施，今生來世享安樂。」

聽聞自乳國王即將入滅消息，成千上萬眾生相繼趕來看望。國王為他們宣說貪欲過患與在家之種種過失，並譴責貪著世間法之各種過錯。許多臣民聞言後即遠離自己家庭，與眾多仙人一道前往清淨山林中出家，並精進修持四梵住。遠離貪心後，此等眾生皆得以轉生梵天天界。

自乳國王從孩童長至到達三十三天期間，經歷過一百一十四位帝釋天統治之時日。帝釋天壽命應如此計算：以人間一百年為三十三天一日，若三十三天一月有三十天，一年有十二月，則一個帝釋天壽命等於三十三天天人一千年壽命；以人間壽命推演，則一個帝釋天壽命等於人間三千六百萬年；一百一十四位帝釋天壽命即相當於人間四十一億零四百萬年，自乳國王即於此時日內恒享人、天妙欲。

有律藏言，自乳國王經歷過八十四位帝釋天統治時日，此乃文字錯誤，並不可取。有些記載和其他歷史記載與本傳記也不盡相同，此中原因在於本傳乃結合廣與略兩種文本之故。

如上所述，自乳國王在天界經歷過三十六位帝釋天之統治，其中第一個分與國王一半坐墊之帝釋天，即為後來之迦葉比丘；國王欲趕走之帝釋天即為後來之迦葉如來。因他當時乃為一了不起之具威德大善知識，而自乳國王那時卻對他心生惡念，以此之故，自乳國王福德即刻滅盡，立墮瞻部洲中，且患上嚴重疾病；當時之自乳國王即為後來之釋迦牟尼佛。

至於自乳國王為何能在天界享受妙欲，此中緣由如下所述：

拘留孫佛出世時，有次到王宮花園賞玩。當時有一賣糧食之商人望見佛陀相好莊嚴、令人視而不厭，便用手抓起豌豆，以供養心向佛陀身上撒去。其中有四粒豆落入佛陀所捧缽中，一粒落在缽邊沿上，還有一粒落在佛陀頭上。以此因緣（四粒落入缽中），此人（即後來之自乳國王）得以在四大部洲享受安樂；又因一顆落在佛陀頭頂，此人便得以升至天界享受妙欲。

而自乳國王令天降七日金銀珍寶雨之因緣則為：久遠之前，有一威嚴如來出世，當時一商主之子正行婚嫁。當地有一規矩：女人嫁與男人時，應攜帶娘家所送嫁妝，而此女人家中所給嫁妝乃是由四寶做成之花。商主之子攜妻子及四寶花前往自己家中，上路之時，正好碰到威嚴如來出遊。他看見如來相好莊嚴後頓生信心，立刻就從乘騎上下來，將四寶花供養佛陀。威嚴如來則馬上顯示神變，將這朵四寶花變為如車輪一般大之鮮花，且始終跟隨如來行、住而不離去。商主之子信心大生，就將剛才所行供養功德普作迴向。以此異熟果報成熟，此人先變成善見國王，所居王宮純由金子製成，與兜率天宮毫無二致。後又轉生為自乳國王，並依此因緣而令天降七日金銀珍寶雨。

釋迦牟尼佛曾對勝光說過：「你應了知，在此世間，五種妙欲皆得滿足後死去之人實屬罕見，不能滿足而死之人則為數眾多。」

釋迦牟尼佛藉由當時之經歷、故事，向眾人說明福德之力、業力感召、貪執妙欲之過患等等不可思議之理。因此若想自己得樂者，就必須全力斷惡行善，而且絕對不能對貪欲起貪執。應減少妙欲追求，儘量不生貪心。

《父子賢慧經》中所記載之勝譽王故事，與此處自乳王故事大致相同。此經中所述聖天國王之記載，也與本記載大致上相同。另外，釋迦牟尼佛前世時轉生為善見轉輪王、善財童子、知時婆羅門、革夏王子、三概惡王、大天國王、輪福王等人時，也是依靠大勢力、大佈施利益眾生，這些行持均在律藏典籍《律本事》第四十三回中有詳細介紹。

西吾國王捨身護鴿

釋迦牟尼佛曾有一世轉生為頗具威力之西吾國王。當時帝釋天即將面臨死墮之苦，已現出種種死相。他悲傷地說道：「世間佛法已經隱沒，菩薩也不再住世。我如下墮，又將皈依誰？」痛苦、焦灼之際，一天人名布修嘎瑪者聞言答道：「人間有位西吾國王，一直心地穩固、精進不懈地行持菩薩道，不久之後，他定會成佛。若你前往皈依，你所有之一切恐怖障礙均能遣除。」帝釋天頗感懷疑地問道：「他是否是真正大菩薩？我倆還是親自看過之後再下結論。你不如變成一隻鴿子，我則變為一隻鷂鷹。你前往西吾國王那裏尋求庇護，因我在後面一直猛追不捨。此人是否已真正證悟出真諦，那時自可見出分曉。」

布修嘎瑪為難地說道：「大天王，對如此之大菩薩，我們只能恭敬供養，又豈能損害？做這等為其帶來麻煩、傷害之事，實不應當。」帝釋天則勸解他說：「我們又不是心存不良欲加害於他，此種觀察就如冶煉黃金一樣。如欲了知菩薩本來實相，就理應對其試探、檢驗。」

布修嘎瑪只得答應變成鴿子，帝釋天則立即變成鷂鷹，一直緊盯鴿子不放，試圖將之捕於爪下。就在鷂鷹即將逼近鴿子之時，鴿子慌不擇路，鑽到西吾國王腋下，懇請救其一命。

此時鷂鷹也飛到國王跟前說道：「這隻鴿子本是我囊中之物，我現已饑餓難耐，請速將鴿子交出。」國王則以悲憫心說道：「凡皈依我之眾生，我發願定不捨棄他們。因此，我絕不會將這隻鴿子交給你。」鷂鷹冷笑道：「你自謂救護一切眾生，但卻連食物都不肯送還我，難道我不包括在一切眾生之列？」國王誠懇解釋說：「我送你其他肉食用，不知你能否滿意？」鷂鷹繼續刁難說：「那也可以，只不過我一定要吃新宰殺動物之肉。」

國王聞言心中暗暗思索：殺一眾生以佈施與牠，如此死一個、養一個，此種行為怎麼應當？除我之軀體以外，凡有生命者無一不熱愛自己肉身。想到這裏，國王拿起鋒利刀子就割下自己大腿肌肉，欲以此方式拯救鴿子性命。鷂鷹則緊追不捨地說：「若你真欲救其性命，那就必須給我等同於此鴿重量之身肉，因此需將你所割下之肉過秤稱重。」

國王即刻取來桿秤，將鴿子與自己大腿肉稱量比較，結果發現自己大腿身肉根本不夠份量（因此鴿子重量太重）。國王於是又割取自己肋下肌肉與其他部位肉塊過秤稱量，結果還是難抵鴿子重量。西吾國王最後站起身來欲將自身全部壓在秤上，但因身肉已大半割捨，故而無法起身，並且終因體力難支、流血過多而致倒地昏厥。

過了很久，國王終於甦醒，他仍自我譴責道：「我之肉身從無始以來直至現今，都只能在三界輪迴中感受諸多痛苦，根本無法成為獲取福德之因。現在實在應該抓住機會、精進佈施而不應懈怠。」於是便以頑強毅力爬上桿秤，且以歡喜心由衷說道：「如今，我佈施大願已圓滿實現，真乃善妙無比。」

此時，大地震動六次，色界天人來至西吾國王面前虛空中。他們看見大菩薩不顧惜生命、以身體厲行苦行後，皆感動落淚，淚水似傾盆一般從天而降。天人又降下花雨以為供養，帝釋天也現出原形。他問國王道：「你為何要如此行事？你所求又為何？你有無生後悔心？」

西吾國王之回答與前文吉祥部國王等人行佈施時，面對同樣問題所做之回答沒有兩樣。最後以其未生後悔心之諦實力，國王身體又恢復如初。

釋迦牟尼佛又曾有一世轉生為另一西吾國王，經常佈施自身所擁有之一切給所有眾生，以滿其所願，特別對病苦者，更是關愛有加。

此時有一已遭眾多醫生捨棄之可憐病人來到國王面前，請求西吾王道：「祈請國王慈悲助我治癒我所患疾病。」國王趕忙喚來眾多醫生為其診治，但醫生們在做過檢查後均說：「此人之病已很難用藥物治療，如果有一人從降臨人間開始，一生都未曾對眾生生過嗔恨心，則用此人之鮮血和以青粿湯，連續給病人服用六月，方能使疾病痊癒。」

國王於是四處打探，但均未搜尋到如此之人。國王不覺心生一念：不知我自己是否從未生起過嗔恨心？不如先去問問姨母。國王便先向姨母打聽：「我以前是否對眾生生過嗔心？」姨母回答說：「孩子，從你到我懷中之後，我自己都未曾生過任何嗔恨心，又何況是你。」國王又跑到母親那裏詢問：「我以前是否對眾生生過嗔心？」母親回答他：「從你降生到現在，我都未曾對眾生生過嗔恨心，更何況是你。」

國王聽後非常高興，心想這下我可以放心佈施。於是他便對醫生說：「你們可速速抽去我血，以給那名病人治病。」眾醫生均不敢答應，國王便決定自己動手。他日日從血管中自抽鮮血，並將之裝入器皿中，與青粿湯混和後餵與那位病者。

所有與國王關係親密之眷屬知道此事後均哀傷痛哭，而有些民眾則議論紛紛道：「國王為一人就捨棄如此多之眾生，恐非如理。」他們甚至還因此而譏笑國王。

等病者完全康復之後，國王身體已成千瘡百孔，並徹底喪失所有體力。後來承天人加持，國王體力才漸漸恢復，大致上可以生存下去。待那人病好後，國王又將五座大城市交予他管理。

眾人聽說後均感稀有，他們紛紛問此人道：「聞聽西吾王對你有大恩惠，此事當真？」

誰料那人卻翻臉不認人地說道：「國王從未施恩與我，他之醜惡鮮血倒在地上、送與別人又有何稀奇？」結果剛剛如是說完，這人之家居房舍立刻燃起大火，一切財物盡皆焚毀無餘。

王子施藥

釋迦牟尼佛曾有一世成為西吾揚之國王太子，當時他腿部肌肉已變形萎縮，醫生診斷後就對國王說道：「如能找到共命鳥，取其身肉與酥油等營養食物混和在一起則可治癒此病。」國王於是積累起酥油等其他營養物，但十二年中都未曾逮著共命鳥。醫生便向一捕鳥人詢問，捕鳥人回答說：「要抓共命鳥可拿一鏡子、一隻馬雞前往大海邊設好羅網。先令馬雞在鏡子裏顯現，馬雞一看到自己鏡中影像就會自然鳴叫。牠一叫，共命鳥就會聞聲而來，此時即可趁機將其捕獲。」捕鳥人如是將抓捕共命鳥之方法傳授與國王。

國王馬上派人如此行事，終於捕獲到一隻共命鳥。那時，我們所處之世界剛成形不久，各種動物、畜牲都能講人語，共命鳥就用人言對抓捕牠之眾人說道：「你們何故要抓我？」這些人便將前後經過講與共命鳥聽。共命鳥就說道：

「你們若將我釋放，我即可送與你們與我身肉功效相同之妙藥。」國王手下疑惑問道：「與你身肉功效相同之妙藥到底為何？」共命鳥說：「我沐浴過後之水就具足我身肉全部力量，這樣既不用殺我，又可得到如珍寶一般之妙藥。」

國王手下非常懼怕國王，他們不敢放走共命鳥，就將之帶往國王那裏，並將大致經過稟報給西吾揚知道。國王親問共命鳥有無此事，共命鳥回答說：「國王，我沐浴過後之水確實具有與我身肉同等之功效。」國王聽了便專門為牠安排七個水器，等洗完之後，共命鳥突然飛到屋頂之上，以遠離一切恐怖之心態說道：「最初是我有些犯傻，不明不白做此類事情，如今該輪到國王了。你們未捆綁我，現在事情又已圓滿，我也該趁機離去。」說完共命鳥就遠走高飛矣。

此時，在一雪山山腳下住有五百緣覺，中有一人腳部亦患有萎縮症。眾緣覺便對此人說：「尊者，你應前往城中依醫生教導治病。」此緣覺卻說：「所謂死亡，人人皆不欲擁有，也不希求，但怎奈卻無一人可免。如此看來，決定到來之死亡必會帶走我之軀體與生命，我再治療又有何意義？」眾緣覺紛紛勸解道：「死亡本質確實如是，但具清淨戒律之人存活於此世間，生存時日愈久，就愈能多多積累福德。而福德愈多，於善趣中所享快樂也愈發廣大。」經眾人再三勸解後，緣覺終於起身前往城中走去。

到了西吾揚所居王宮附近，緣覺問一醫生：「治療此病有何妙藥？」醫生答道：「大尊者，你所患疾病與國王太子所患之病沒有區別。國王十二年中所積精華妙藥已被儲藏起來，若你能索要到此藥，則你所得疾患定可立即痊癒。」

每當有乞討者來至國王王宮門外時，都會拉響鈴鐺以為招呼。於是緣覺來到王宮門口時，也拉動鈴鐺以示有人前來。王子聽到後就對父母說：「門外似來一乞討者，不妨看

看他到底需要何物。」父母則對王子說：「我們歷盡辛苦才於十二年中湊足治病所需藥物，你先喝下治病，然後我們再看看來者到底欲求何物。」王子也感到此藥稀有難得，能覓來實屬幸運，因而很想儘快喝下，但又對門外之乞討者牽腸掛肚、放心不下，因此不欲先喝。他對父

母說：「你們還是先將乞討者叫進來，否則我也無法安心吃藥。」

國王於是派人將乞討者領進王宮，王子就問他：「尊者，你欲求何物？」緣覺便將前後經過完全告之。王子聽罷就痛快答話：「聖者，此藥還是你用吧，我若用之也無多大意義。」說完就將妙藥供養給緣覺，將此珍貴藥物一滴不剩全部以歡喜心倒入緣覺所捧缽中。結果，以王子利益一切眾生之殊勝發心，再加上緣覺聖者清淨戒律具足之誓願，緣起聚合之後，以二人不可思議之發願力故，兩人身體全部好轉康復。

此處所敘之記載，與獅子國王之欲益太子故事大致相同，稍有一些出入。

大象捨身救人

久遠之前，在印度鹿野苑有一梵施國王，此國王以大慈悲心治理國政，但卻橫遭五百大臣詆毀。國王不僅不因此生嗔心，反而對他們生起悲心。他心想：若我執政有不合理之處，不如乾脆將這五百人請出國門，讓他們另覓聖主。於是國王沒有加害他們，只把他們全部驅逐出境。

這五百人來到某一荒涼沙漠島上，眾人無水解渴，個個口乾舌燥、痛苦萬分，都失聲痛哭起來。

無等大師釋迦牟尼佛當時轉生為一隻大象，就生活於此沙漠地帶。牠聽到哭聲後，急忙用鼻子捲起泉水帶來給這些人解渴，又讓五百人騎於自己身上到一深山裏猛喝一頓，還引領他們自由自在吞食水果。最後大象告訴眾人道：「此山後面有一山，在其山腳下有一隻大象屍體。你們要走過此荒島必得準備充足的水果，否則肯定無法通過。故而你們可用此大象內臟、腸子等物以為食糧，同時還可將水果裝進已被掏空之大象身軀，以備穿行荒島之需。」

大象說完即向山頂爬去，並發願道：「我已將此等可憐眾生從危險境地中救出，為徹底拯救他們，我願捨棄自身生命。願我成佛後，也能將他們從輪迴荒野中救度出來。」大象邊發願邊爬到山頂，然後縱身一躍、跳下懸崖。

眾大臣按大象吩咐來至山腳下，果然發現一具大象屍體。眾人悲傷不已地說道：「昨日賜我們以水果、甘泉、並進而賦予我們生命之大象，正是這隻死象。此象對我們恩德極大，我們如何能觸摸其身體？一旦摸到，恐我們雙手都會爛掉。」五百大臣於是皆不敢用手去碰。

淨居天天人看到後便告訴眾大臣說：「此大尊者乃為你們而捨棄生命，你們理應按其所說行事，如此才會使他願望得以滿足。」大臣們聽到後就忍悲含淚取出大象內臟、腸子等物，並裝進水果、草葉等，然後對大象屍體恭敬供養。

五百人後憑此大象屍體安然走過荒野之時，一起發願道：「願這隻大象成佛時，我們也能從輪迴曠野中得到解脫。」眾人一邊發願，一邊離開此地。

另外，久遠之前，釋迦牟尼佛曾有一世於印度鹿野苑為蓮花國王，他對一切眾生均如母對獨子般慈悲愛憐，且經常廣行種種佈施。當時因風雨不調，國中民眾普得浮腫怪病。蓮花王對疾苦眾生頗生悲憫，立即召集所有醫生為國人診治，但歷經多時仍不見民眾疫情有所緩解。眾醫者均道只有若和達魚肉方能治此病，除此之外，別無任何良策。

國王即刻遣人多方尋找，但幾經周折也無任何收穫。後來有一次國王外出，病人團團將國王圍攏，且哀求道：「萬望國王救我等性命，令我等擺脫疾病折磨。」國王聞言悲心頓起，且因難過、愧疚而流下傷心淚水。他心裏想到：我不能解除眾生痛苦，要此國王頭銜又有何用？思慮及此，便將自己所有財富全部佈施一空，又將王位讓與大太子，同時在親友及眾人前猛厲懺悔。國王還對王公大臣多加讚歎以令其生歡喜心，且不斷安慰可憐病者。自己又親守八關齋戒，並於王宮頂層以香、花供養十方諸佛。最後，蓮花王面向東方發願道：「我親眼目睹身染疾患眾生慘不忍睹之可憐情狀後，願以捨棄我自己生命之真實力，入於多西大河中，變為若和達魚。」說完就從王宮直接跳入多西大河中。

國王入水後立即死亡，並馬上轉生成若和達魚。諸天天人隨即四處宣佈：「多西大河裏有若和達魚，牠之身肉實為長期罹患浮腫病病人之真正甘露。」聽到消息後，人們爭先恐後手執利刃前往河中割取若和達魚肉。已變成魚之國王，對食己身肉之眾生滿含慈悲，他邊流淚邊充滿信心地想到：如我血肉能對眾生有利，此則為我最大獲益。國王如是於十二年中以自身血肉滿足眾生治病之需，並以此而令自己安處無上菩提之道，且毫無退轉。

待眾生疾患全部醫好後，若和達魚開口說道：「噫！你們理應諦聽：我本是蓮花國王，我為你們才捨棄自己生命變成若和達魚身，你們均應對我之行持起歡喜之意。一旦我獲無上圓滿菩提果位，我必使你們都從輪迴疾病中解脫，且安置你等於最究竟圓滿涅槃。」聽到國王滿腔赤忱話語，新國王、王公大臣與民眾皆以鮮花等各種供品進行供養，且共同發願道：「廣行令人難以置信行持之國王，待你成佛時，願我等皆能成為你聲聞弟子。」

梵施國王捨棄口糧

久遠之前，釋迦牟尼佛曾有一世於印度鹿野苑為梵施國王。當時他以佛法如理如法治理國家，並令國民富裕、安樂，且遠離病苦、災荒、戰爭。國王喜行善法，又具大慈悲心，並常行佈施。

後來整個國家遭遇百年不遇之災荒，眾人飽受饑荒之苦，以致全國上下宛如一餓鬼世界。民眾此時都來祈求國王，國王便將國庫所有財富集中起來，又命精於算術之人仔細算計、籌劃，最後國人平均每天每人可分得一口糧食，國王則可享用兩口。

但當時有一婆羅門卻被漏算掉，於是國王就將自己口糧勻出一口分與他，如此一來，梵施王也與普通民眾相同，每天只食用一口糧食以維持生計。

帝釋天了知此事後深感懷疑，為觀察國王行為真偽，便以婆羅門形象來此國土。正當梵施王將欲午餐時，婆羅門便向其討要所餘之一口糧食。梵施王毫不吝惜，他寧可捨棄生命，也要將自己口糧佈施與婆羅門。結果連續六天，國王都未曾進食。但他看到其餘眾生都有口糧可賴以維生，便一直充滿歡喜。

帝釋天親眼目睹了梵施王所行之常人難行、難信之事，便現出原形對國王說道：「你真乃眾生無畏估主，你如此苦行令我歡喜莫名。從今日始，你可派人廣宣，令整個國土全部做好播種準備，我即在七日內降下能生長糧食之雨水，你之國民皆可因之而耕種、犁地。」

大眾得知後，都按其所說做好一切準備，其後果然天降雨水，饑荒也即告消除。最後糧食喜獲豐收，人們安居樂業。另外，久遠之前，釋迦牟尼佛曾有一世成為具寂國王，恒以大悲心佈施一切自己所有之財物。他甚至建有一專供佈施使用之場所，將飲食、衣物、珍寶等盡皆佈施與眾生，王妃、太子、民眾皆得以滿足心願。

儘管以福德如是滿眾人所願，但悲心切切之國王仍然想到：我以廣大福德能滿臣民所願，不過卻未能滿足動物、畜牲之願望。不如將自己所有財富全都佈施與包括旁生在內之一切眾生。國王如是下定決心，並最終想到：我亦應將自己身體佈施與廣大眾生。

具寂國王隨後就前往蒼蠅、蚊子聚集之地，以自身鮮血餵飽此類眾生。帝釋天得知這樁事後，為觀察真偽，就變身為黑老鷹欲啖國王眼睛。國王了知黑老鷹目的後無畏地說道：「若你需要，可隨意挖去。」

帝釋天為再試國王佈施誠意，就又變身為一婆羅門前來索要國王眼目，國王痛快答應道：「我身體上下可全部佈施與你。」帝釋天聞言即現出身相，且感歎敬佩不已。

又久遠之前，釋迦牟尼佛曾有一世轉生為青蓮王宮所在城中、如天女一般最美麗之女子，此顏貌端妍之美女恒喜利益眾生、饒益有情。

此地後逢大旱，滴雨未降。正當眾生遭受毒日炙烤時，美女恰逢一極度瘦弱女人，她因饑渴至極而正欲啖食其子。美女見之如剜身肉，她對女人說：「大姐，做此種世間最惡毒之事實不應該。」女人已大略了知美女心態。就為其概述自己所陷困境，然後無奈說道：「我現在只能以自己孩子為食。」美女對其處境深感悲憫，竭力為其講述不應食親身骨肉之原因。怎奈女人答以「不吃實在不行，因我確已饑餓難忍」，美女便自我尋思：如我回家為其取食，在我未返回前，恐其因太過饑餓已將其子食畢。我若將孩子帶離，母親恐亦會餓死，這可如何是好？美女左右思量，最後定下決心：眼見眾生可憐如此，我必須用自身血肉以為佈施。

此時女人則對美女說道：「你居留於此，叫我如何敢食自己孩子？你還是儘早離開吧。」美女聽罷，堅定、果敢地對女人說：「如你有刀，則馬上用刀割取我身肉即是。」說完，美女就拿過利刃自己割下兩隻如金瓶般乳房。割掉之後，她幾近昏死過去。

美女隨後跌跌撞撞向自己家摸索而去，丈夫見她所穿戴之華麗衣服、珍珠飾物均已被鮮血浸透，便立即從坐墊上起身追問原委。妻子向丈夫講述了自割乳房之前後經過，並再三說道：「此女人真值得人憐憫，她已接近餓死邊緣，你尚應該佈施與她一些飲食。」丈夫即按其吩咐如是照做。

對此等稀有難聞之事，眾人紛紛議論道：「美女之佈施行為，若無大悲心之人士斷不可能行持。」丈夫就以諦實力發願道：「若確實無人能行此難行之事，則願她身體恢復如初。」言畢，美女身體即刻完好如前。

帝釋天知道此事後心想：美女能捨棄自身一切，如此行持定會永留芳名於人間。我不如將其帶往天界，做我妻子。如是思維後，帝釋天就幻化成一婆羅門降臨人間，並偽裝成一名乞討者來至美女家門前。美女見之後說道：「你可隨意取用你所需要之飲食。」婆羅門並未索要食物，他只對美女說：「你因佈施乳房已令自己美名傳遍整個世界，如此行事，莫非希求轉生天王所居之天界？」美女則回答說：「我只希求無上菩提。若我所言真實不虛，則願以我話語真實力立刻使我轉為男身。」隨其結束發願，美女立刻變為美男，帝釋天只得失落而返。

此男子之相貌仍為男人中莊嚴偉岸者，眾人皆稱呼其為俊男。而當地國王又無太子，眾大臣協商過後便公推俊男為太子，他們一致說道：「俊男具足國王所需一切莊嚴之相，他乃繼承王位最合適人選。」

眾人後來待因緣成熟便為其行加冕大典，推舉俊男當上國王。國王也如理如法以佛法治理國家，令眾生都能安居樂業、國土風調雨順、國家繁榮昌盛。

國王後於獅子寶座上莊嚴說道：「我以佈施異熟果報成熟而令大家如是幸福安樂，不過此乃為佈施果報之花朵呈現，未來佈施果報之最終實現，則定會令我等皆得成佛。為此，大眾都應精進守持戒律、廣做佈施。」國王以如是開示令臣民皆行持十善道。

此外，久遠之前，釋迦牟尼佛曾有一世成為一商人之子，名為月光。月光財富多如多聞天子一般，且素來喜行佈施。月光又於眾多善知識前聽聞詩學等很多論典，並全部精通，因此而得以令自己智者美名傳遍整個世間。

月光上師有眷屬五百人，一日對月光說道：「看你悲心如此強烈，恐怕有人索要你性命，你也會歡喜奉獻。」月光則回答說：「乞討者對佈施者恩德方為廣大，因此若有眾生需要我生命，我為何不能慈愛此等眾生？為何要吝嗇而不施與他？」

眾人又問月光：「你行佈施是否為得到天王或轉輪王果位？」月光坦言道：「我對所有輪迴中之不穩固、有漏安樂皆不欲取，我只為度化眾生而希求無上菩提。」眾人聞言，嘖嘖讚歎一番後相繼離開。

後有一次，月光大尊者為滿足所有乞討者願望，便手執利刃思量：我應用自身血肉滿足旁生所願。想畢即手持鋼刀、蜂蜜、酥油等物，在親友未發覺時，趁晚間悄悄來至屍陀林。月光首先觀察屍體，如此觀修後，他已滅盡對自己肉身之貪愛。隨後就開始以刀割取自己身肉，與蜂蜜、酥油混和後餵給寄居於屍陀林中諸眾生。螞蟻及許多禽鳥開始挖食他眼睛時紛紛問他：「我們吃你眼睛之時，你有無痛苦？」月光回答說：「若我眼睛對誰都無甚利益，此才為最可痛惜之事。如其牠眾生能通過我之佈施而得到利益，我才會生歡喜心。」螞蟻、禽鳥等便滿其心願，將之身肉啃囓一空。

第二日親友尋其蹤跡來至屍陀林，看到此種景象後，便問尚存活、但已奄奄一息之月光：「你何以致此？」月光便向其講述了此中經過。眾人聽後皆感痛心，月光父親及一些親友當場昏厥過去。

月光後來圓寂之時，親友均痛哭哀悼。他們將月光屍骨以火焚燒，完畢返家時，天人開始放出樂曲，並撒下鮮花。

釋迦牟尼佛又曾有一世變為一婆羅門，等婆羅門死後又轉生為美目帝釋天。當時整個瞻部洲出現疾疫，人們身上長出種種瘡傷，任誰也無法治癒。眾人因無估主而痛苦萬分，就紛紛祈禱天神、龍王。

帝釋天了知此種情況後生起悲心，便變成一帝巴動物來至人間，到處宣揚一句話：「所有病者若食帝巴肉，則可解除自己一切痛苦。」人們於是蜂擁前來割取帝巴肉，而帝巴身軀卻無增無減。

後來，瞻部洲眾生所患疾病全部得以痊癒，大家在盡享安樂時集中在帝巴身邊。眾人感恩說道：「你遣除我們疾病痛苦，我們該如何供養？」帝巴馬上顯露出自己帝釋天真實身相，然後告訴眾人說：「我根本無需你等承侍，我只希望諸位能斷除殺生等十不善業，以此作為對我之最大供養。」眾人全部按其吩咐行事。

結果，所有食帝巴肉之眾生無一墮落惡趣，且全部轉生三十三天，並在三乘佛法中得以成熟善根。佛經說，菩薩在獲得法身時，能以種種方式幻化出各種身相利益眾生，他們已無任何分別執著。同樣，菩薩法身亦無遷變、生滅。

另外，釋迦牟尼佛曾有一世化現為勝利王子，他對射箭等技藝非常精通。國王去世後，他繼承王位，更加勤行佈施，讓人民普行十善。此等行持令眾生死後多得以轉生善趣天界，以至於天人越來越多。眾人皆知此乃為國王令臣民行持十善道所感得。帝釋天為驗別真偽，便以幻化身相向其索要血肉，而他則把自身血肉盡皆佈施。後帝釋天搜集醫藥為國王治療，國王身體便又恢復如初。

極難行之種種佈施

釋迦牟尼佛曾有一世為商主，因廣做佈施而致美名遠揚。當時商主夫妻日日都要供養一緣覺，魔王波旬得知後便在供食必經路上幻化出一可怕地獄，中有七人深之大火坑。商主妻子一日正準備為緣覺送飯，途中遇到大火坑因心生恐懼而折返回家。商主則不安想到：萬不可中斷對緣覺供養，不將飯食送去太不合理。於是就親捧食物前往緣覺住處。

魔王波旬見到後就幻化成天神相對其勸阻道：「你之佈施純屬浪費資財，若還要一意孤行，則必於墮此地獄中。」魔王即以此等恐嚇言詞妄圖令商主退失佈施心。誰料商主卻說道：「你所言聽起來似好心好意，但我絕不會從佈施道上退轉回來。」言罷即毫不遲疑越過火海。

結果，剛剛還烈焰熊熊之火海，傾刻就變成一令人賞心悅目之花園，魔王波旬只得愧疚滿面地迅速離去。

釋迦牟尼佛以前也曾有一世為大勢力國王，將眾多衣物、飲食、珍寶，以及珍寶嚴飾之兒女等等一切人、財、物皆隨意佈施給眾人享用。提婆達多當時為帝釋天，一次化現為一婆羅門形象，欲給國王佈施製造違緣。他前往國王面前索求國王身體，國王立刻就滿其願望，割下自己身肉佈施與他。國王後又以發心清淨力令身體徹底恢復，而帝釋天則因為佈施製造違緣之惡心，即刻滅盡自己所有福德，且直墮無間地獄。

釋迦牟尼佛以前成為威嚴商主時，對貧窮者等可憐眾生非常關心，常將自己所有之一切悉數佈施。無論如何佈施，都未曾有過擔心自己財物用盡之虞。帝釋天為探試其心真偽，便施用幻化方便將商主財物盡皆隱藏起來，只在威嚴眼光所及之處置一繩子與一把鐮刀。商主頓失財產，只剩繩子與鐮刀隨身，於是他每天便以割草、賣草之錢財仍想盡辦法滿足眾生所願。

帝釋天眼見此人已淪落至如此貧窮地步，但還能以不怯懦之心繼續厲行佈施，於是就現出身相對威嚴說道：「大施主，你對佈施如此有信心，能繼續以無有貪心之心志廣行佈施。這樣行持下去，將來定會發財致富。」

商主則淡然回答說：「我即便一貧如洗，也不會做惡劣之事。若我心中依然存有吝嗇之心，則願我永遠貧賤、無有財物。我每見乞討眾生那難忍痛苦，心中就會悲憫不已，因此只要我手中尚有一絲財物，我便不敢對其言說自己一無所有。」

帝釋天勸解他說：「在你自己財富未圓滿之前，給別人佈施實非正確。你應放棄佈施，積極積聚錢財，待有一定財產後再行佈施也不為遲。」

商主聽後反駁道：「即就是我自己欲得利益，也應捨棄財物而行佈施。因財物根本無法令人得至善趣，而佈施則能令人獲取善趣安樂。如我不關心別人疾苦，我自己亦難享受快樂。」

商主隨後一直心念堅定、不輟佈施，帝釋天了知其願力後高興說道：「你之財物實已被我隱藏，我今後定會常常幫你，使你財產永不耗盡。」帝釋天說完，就一邊懺悔一邊隱身而去。

又釋迦牟尼佛曾有一世變為一婦女，名為能仁，在寶髻佛出世時就殷勤供燈許多盞。後於寶髻佛前，能仁親獲其授記：「待你成佛時，眾人也會供燈與你。」能仁以此供燈善行為主，在眾多佛陀出世時都以如是供養培植善根，這些行持在《百頌本師傳》等史書中都有記載。

有佛經記載，釋迦牟尼佛在因地時，曾於無數如來前以無量無邊供品供養、承侍過。

又釋迦牟尼佛以前為獨西施主時，兩千仙人遭遇饑荒，獨西於十二年中以飲食供養這兩千仙人。

又釋迦牟尼佛曾有一世為送喜施主，當時有一千緣覺轉生於世，送喜就在十二年中對其普行供養。

又釋迦牟尼佛成為獅天國王時，曾於一萬年中給八十萬婆羅門供養坐墊；又於金器中供養能治病之食物。

另外，釋迦牟尼佛在成為郭嘎拉國王之前，曾變為一雇工，以清淨心供養四比丘食團。後為國王時，能回憶起這些前世經歷，他曾親口說過：「此果報乃為我佈施妙藥發揮功能所致。」並且還宣說了佈施之幾大功德。

這些內容在《三十四本生傳》中均有記載。（《三十四本生傳》為古印度佛學家馬鳴所著，講述釋迦牟尼佛宿世行傳。）又有佛經中說，釋迦牟尼佛為善財童子時，為貪戀人非人大美女而猛下功夫，親往人非人國王處將其接回，後又於十二年中連續上供下施。

眾多佛經中都宣說，釋迦牟尼佛在因地時廣行無量無邊佈施，這裏只摘錄其中一部分以略示世尊難捨能捨、難行能行之大無畏勇氣與決心。

有佛經中曾記載，釋迦牟尼佛親口說過：「我行菩薩行時，對自身軀體尚無有貪心，更何況其他財物。對世間任何財富，我都無有我所執。每當見到種種財寶，我都會想：此乃我與眾生共同擁有之財富，若我對財富擁有享用權利，眾生同樣亦有享用權利。我雖獲得佛陀如海一般功德，但我從不以為此乃為我單獨所有，一切眾生都可盡情受用此等功德，焉能謂我一人可盡占天下眾生共有之福德？因此即便我擁有佛陀如海之功德，我亦不會有任何貪執，不會生起貪戀及受納之心。我只不過對寂滅、空性法門有一定信心，但也從未認為這些法實有不滅，從未認為這些法有實相存在。」

另外，釋迦牟尼佛曾有一世為喜多拉嘎國王，統領八萬四千小國。當時整個瞻部洲十二年中未曾降下滴雨，饑荒流行，大多數人都已饑餓而死。國王便一邊發願，一邊從懸崖上跳入河中。入水之後，國王即刻就化身為一體長五百由旬之大魚，且用人言向眾人宣講道：「若大眾饑渴難耐，則可盡情割取我身肉以維生。」眾人按其所言紛紛前來割肉吞食，連續十二年中都享用無盡。喜多拉嘎國王即如是以自身血肉滿眾生所願，且使所有吞食自己之眾生死後皆得以轉生善趣。

釋迦牟尼佛以前為睜眼國王時，統領八萬四千小國。他將國庫財富全部佈施，又要求所有屬下小國亦應如是廣行佈施。當時有一小國國王不聽勸導，睜眼國王手下大臣便欲出兵征服以示威脅。小國國王恐懼異常，絞盡腦汁後終於心生一計。

他派一盲人前往睜眼國王處索要眼睛，國王聞言立即以歡喜心將一隻眼睛挖出交予此位盲人婆羅門，並以說諦實語之力，使婆羅門能親見色法。婆羅門感激不盡地連聲說道：

「我能有一隻眼已足夠矣，我不再需要其他任何東西。」而國王卻以無窮悲意憐憫說道：「我可將雙目全部給你。」說完即取出另一隻眼交與婆羅門，並再次以說諦實語之力，令婆羅門兩眼皆復明如常人。

帝釋天此時為察看睜眼國王佈施真偽，便前來詢問國王究竟。國王在回答帝釋天疑問時，最終因所說諦實語之力而得以徹底恢復眼目。

國王又賜予婆羅門眾多財物，讓其攜帶歸國。待小國國君拉達兒問婆羅門情況時，婆羅門便將實情如實稟告。拉達兒聞聽之後又羞又惱，當下就氣絕身亡。

釋迦牟尼佛以前為福力王時，曾親自看護病人，並為其開藥、診治，令眾病者全部得以解除病痛折磨。帝釋天後以盲人形象前來索要國王眼睛，國王便將兩隻眼睛全部奉獻與他。後又憑所說諦實語之力，而令雙眼再度恢復如初。

月兔由來

釋迦牟尼佛曾有一世於寂靜地變為一隻山兔，並且教有幾名弟子：水獺、狼、猴子等。山兔恒以慈悲關照其他眾生，令大家都能和睦安住於此地。天人不久也聽聞山兔與眾生快樂生活之美名。

於每月十五日，山兔師徒都要守持八關齋戒。一次師徒商議說；「如有意外客人突然到來，我們可用各自所有之食物招待，以維持來者生命。」山兔則在一旁心中暗想：牠們都有各種方法招待來客，我卻無有什麼特殊之物。若用牙齒咬碎之草芽佈施也不合理，不如乾脆用我身體當成食物。如是思維之時，天人已將山兔想法了知無遺，於是便將山兔此種品性到處宣揚開來。

帝釋天知道後，就以婆羅門形象現身此地，他裝作饑餓且又迷失方向之人來到山兔面前。當時天氣炎熱，婆羅門就以非常痛苦之樣貌一路哭泣不已。

山兔見之後為安慰婆羅門，便立即邀請他來此寂靜地做客。水獺於第一日中盡東道之誼，牠從水中捕到七條魚屍用以宴賓；狼則在第二日用雪蛙屍體，再加一罐別人丟棄之酸奶款待來客；第三日，猴子就採摘芒果樹上已成熟之果實以作招待。而山兔根本不欲以其他眾生血肉佈施與婆羅門，牠便準備用自身骨肉奉獻與他。

帝釋天立即幻化出一火坑，山兔無有絲毫猶豫就舉身跳入，其喜悅神態真如天鵝入於蓮花海嬉戲一般。帝釋天則讚歎不已地現出天身，又急忙用手撈出山兔身體，並將之於三十三天天人面前展示一番，所有天人皆讚不絕口。

從此之後，三十三天尊勝宮、善法堂，及月輪之上便都開始留有山兔畫像，直至今日，包括月兔在內之影像依然留存於世。

沒有皮膚仍要利眾

釋迦牟尼佛曾有一世為一根達動物。此時有一獵人受別人派遣要剝取根達金色皮膚，當獵人因連日奔波而至饑渴困頓、幾近半死不活之時，根達適時出現並救其一命。牠給獵人帶來清水與水果，但獵人吃下、恢復體力後反心生煩悶。根達問他：「你為何面露不喜之色？」獵人為難、痛苦地說：「我來此目的就為取你皮膚。」誰料根達卻高興地說：

「你可隨意剝下我皮膚帶走。」獵人就將根達皮膚完全剝光後離去。

後來蒼蠅、蚊子又開始啃咬根達之肉，根達依然歡喜佈施，並令所有食己身肉之眾生全部轉生善趣天界。

釋迦牟尼佛曾經變為一隻烏龜，後遇一大商船在海中沈沒，五百商人全部落水。烏龜便以巨殼托起五百人遊至岸邊，並因心力交瘁而致在岸上沈沈睡去。

此時有八萬嘎達嘎蟲子開始蠶食烏龜身肉，等烏龜醒來後，發現這些蟲子均已趴在自己身上。烏龜此時稍一打滾即可將蟲子全部抖落，但牠深恐自己翻身後會壓死牠們，於是便端端直直趴在原處一動不動、任其咬囓。同時又在心裏發願：願以此佈施而得無上菩提。烏龜就在這種無上大願中安樂死去。

釋迦牟尼佛曾在地洞裏變為一隻雪蛙，極富大慈大悲心。一次，有一獵人將牠皮膚剝光後扔掉，雪蛙痛苦難耐，便前往河邊清涼之地。

當時有八萬螞蟻爬上雪蛙身體啃食其肉，雪蛙本可以輕鬆跑開，但轉念一想，若自己跑離就會毀滅眾生，故而也就穩穩立於原處，讓螞蟻盡情吞食。同時又在心中發下堅定大願，願以此行持而力求無上菩提。

經中所說無量佈施之舉

釋迦牟尼佛曾有一世變為贊巴嘎大龍，深具信心、善心，每月初八、十四兩天都會守持清淨長淨戒（八關齋戒）。牠自己身體非常龐大，就以此龐大身軀來到人間以利眾生享用。當時人間正流行饑荒，牧童等眾人看到這條巨龍後就開始割食其肉，而贊巴嘎則心甘情願依此種方式讓眾生得以滿足。

釋迦牟尼佛成為善義王子時，國中有一大臣名羅睺羅，挑起叛變、發動軍隊向王子進攻。善義於是自己撤離王宮，與父母等人逃亡在外。路上，一家人漸漸將口糧用盡，善義就將自己身體佈施與父母食用，使其從危險曠野中得以解脫。此等記載於《報恩經》中。

又釋迦牟尼佛曾為花朵王子，相好莊嚴、財富廣積。當時國人普遍得一浮腫怪病，他便將自己骨髓抽取出來用以治療。佛經中說，世尊在因地時曾將眼目、鮮血、身肉一次次

佈施與眾生，其為獲無上菩提而行之佈施真可謂無量無邊。若大海水可衡量，山王微塵亦可窮盡，而世尊僅在因地時佈施眼睛等物之數量就已無法數清。

《岡波請問經》中云：釋迦牟尼佛以前在因地時曾變為一人，有次在曠野中被一猛獸吞食。他在臨死時這樣想到：這些猛獸已食無量眾生軀體，但仍不知饜足，實為可憐可悲！他當時就發願道：「願我死後能轉生為具龐大身軀之旁生，使猛獸食我肉後都能得到滿足。」以此願力，於其死後確實轉生為一龐然大物，並以自身血肉而令所有兇猛動物均得滿足。

釋迦牟尼佛如是以成千上萬種身體利益無量無數眾生，使其願望得以滿足。世尊為菩薩時，以血肉滿足饑渴眾生所願，千百萬年中也宣說

不盡此等記載。因此，諸多佛經中所講述的佛陀在因地廣行佈施之善舉，如若廣宣，無論如何也宣說不盡，故而此處只能略述大概。

人藥王子

久遠之前，有一自在部國王，統領八萬四千小國。當時瞻部洲疾病流行，而王妃恰巧在此時懷孕。但讓眾人深感驚奇的是，王妃從懷孕這日起，凡身體任何部位所觸碰之眾生，無論患有何種疾病都能得以治癒。

九月懷胎，一朝分娩。王子降生後，剛來至人間就響亮說道：「我能治癒一切病患。」此時整個瞻部洲龍、天均說道：「此王子乃為人中最好之妙藥。」此話傳出後，眾人皆稱其為人藥王子。

多有臣民將病人帶至王子前求其診治，王子只需用手等身體任何部位與病者接觸，即可治癒患者一切疾患。以此種方式，瞻部洲所有病人均得以康復痊癒。

人藥王子住世一千年後去世，在其逝世之後，眾病人都痛苦說道：「以後又將賴誰醫治我等疾病？」眾人後在將王子遺體焚燒時發現，焚燒所剩之骨灰若敷於身體病變部位，亦能治癒一切病痛，人們隨後就廣泛稱誦人藥王子之骨灰也能治癒疾病。眾人在用完王子骨灰後又發現，焚燒王子遺體之地，其上所有灰塵亦可醫治眾生頑疾。

當時之人藥王子即現今之釋迦牟尼佛。其他本生傳中記載有被稱為眾生藥之王子，其記載也與本記載大致相同。眾生藥王子沐浴過後之洗澡水，或吹過其身之風，只要能與病者相觸摸，都可治癒一切人眾所患惡疾；甚或眾生藥王子居住地之淨水，亦能令患者完全康復。

時至今日，人們如若聽聞他們名聲，依然可憑此根治眾多疑難雜症。

代人受刑

久遠之前，有一商主名為善得。他有次前往海中取寶，歸來路上，未至家門時就遇到眾多乞丐向其討要如意寶珠。善得從海中取來之珍寶，個個都價值連城，但他從未對之生貪，反而將成千上萬寶珠全部佈施。佈施一空之後，善得只得再次前往大海中取寶。這次他取到比上次增上一倍之如意寶珠，待其返回後才發覺，實際離家已逾八十餘年。

善得當時看見一些劊子手正欲處死一人，慈悲本性使善得決定要將此人拯救下來。他先贈與每個行刑者價值連城之無上珍寶，然後告訴他們說：「我欲到國王那裏請示，在我未回來前，請千萬不要殺死他。」

善得飛快趕到國王面前，對國王真情祈請道：「我願送與國王大量珍寶，以求能買下此人性命。」國王卻冷酷答言：「這人嚴重違犯國家律法，堅決不能將之釋放，亦不能讓你贖去。若你真欲買下他性命，則必須將你全部財產盡皆上繳給我，而且你自己還要代那人伏法受死，這樣方可謂公平合理，我也才有可能將他釋放。」

善得聽罷不覺高興想到：我現在終於能救他一命，我願足矣！於是他便把所有家當、連帶從大海中撈取之所有珍寶，一個不剩全部獻給國王，並在國王前說道：「請大國王釋放此人，我已把我所有之一切財富全數堆積於此。」

國王接納後告訴劊子手說：「你們可將善得抓捕殺死。」劊子手立即逮住善得，正欲用兵器砍斷他頭顱時，所有劊子手之雙手卻突然僵硬起來。眾人頓感驚訝不已，就將此事向國王稟告，於是國王決定親自執行死刑。而當他手執利刃正欲揮刀砍向善得時，國王雙手瞬間就掉落於地，此殘忍國王自身最後亦在慘烈痛苦中死去。這位愚笨而兇暴之國王即現今之提婆達多。

此外，釋迦牟尼佛曾有一世成為具神通之外道仙人。某次夜半三更時刻，有五百商人在曠野中因迷失方向而致恐懼、痛苦不已。為給這些哀哭不停之眾生指路，仙人便將自己雙手用油浸透，再以布包裹後點燃，以此身肉燃燒之光亮為眾商人點亮前程。最後因仙人清淨善心與希求菩提善法之真實力感召，當下天即大亮，仙人雙手也完好如初。五百商人因感稀有而生起信心，為報答仙人恩德，從此之後就開始行持善法。

獸王善行

釋迦牟尼佛曾有一世為獸中之王，當時國王率軍隊將眾野獸團團圍住以圖剿殺，野獸們見狀蜂擁至大河邊欲求解脫困縛，但因數量太多、嘈雜混亂而致眾野獸皆困滯於河中不得逃脫。獸王便對子民們說道：「你們可全部踩著我脊背過河。」說完便趴在深水處以脊背當作橋樑。

眾野獸就用蹄子踩在「肉橋」之上，一一向河對岸奔去。而獸王軀體則被踩得遍體鱗傷，但他一直精進忍耐、苦苦支撐。最後還剩下一隻小野獸尚未過河，此時獸王全身骨架幾欲散裂，難忍巨痛陣陣襲來。但牠仍下定決心要使這隻小獸擺脫困境，同時亦在心裏發願道：願我得佛果時，這些眾生都能從輪迴大海中獲得解脫。剛剛發願完，獸王就因身體衰竭撒手西去。

當時之眾野獸即是後來拘屍那城（古印度一城名，為釋迦牟尼佛圓寂之地）城中居民；當時之小野獸即是後來普行外道之極賢者。

久遠之前，於印度鹿野苑，梵施國王如理如法治理國家。當時他有一得力駿馬不幸死亡，鄰國聽到消息後便派人前來傳口信道：「你要嘛每年向我國繳納賦稅，要嘛就別跨出城門一步。否則，我們定會用繩子捆住你脖頸，將你逮住。」梵施國王根本不為所動，他既不交稅，更是隨意進出城門，且到其他地方另覓駿馬，最終又獲取一匹寶馬。

春暖花開之際，梵施王前往森林中遊玩，並一路逛過許多城市。鄰國聽到後迅速集結起四種軍隊向梵施王治下國土大舉進發，梵施王則騎跨駿馬與之奮勇作戰。敵國軍隊將長矛刺入駿馬體內，並將內臟也刺穿拽出。駿馬此刻感受到難言巨痛，如撕心裂肺般遍佈全身。但牠仍咬牙強忍，並且心中暗想：絕對不能將國王捨棄在這恐怖戰場，定要把國王救回城中。

離戰場不遠有一五彩花園，駿馬就足踏花苗之上回至王宮。剛順利抵達宮中，駿馬便倒地而亡。梵施王感慨不已地說道：「我此次能撿回一命全賴駿馬拼死相救，我原本就想把一半國王財產分與牠，怎奈牠現在已無法享用，何況牠要這財產也無法派上用場，不如乾脆替牠廣行佈施以積功累德。」

當時之駿馬即為現今之釋迦牟尼佛。

久遠之前，在一大雪山腳下住有五百頭大象，釋迦牟尼佛那時即為象王。象王膚色美麗，相貌端正、莊嚴。一次，五名獵人欲獵殺大象，眾象處境十分危險，牠們若要逃亡，也只能從一狹窄羊腸小道上穿行而過。獵人則在此必經之路上，用一個晚上的時間挖好－深坑以備陷殺大象之用。隨後，五獵人就開始在遠方以種種手段恐嚇象群，妄圖使牠們慌慌張張跑向已設好之陷阱，如此便可一網打盡。

眾大象到達大坑旁邊時均遠巡不前，象王便跳入坑中、擋住坑口，用自己身軀作為眾象過坑之橋樑。其他大象於是紛紛從象王身體上踩過，等眾象均已安全過坑後，象王才站起身來跑離此地。

諸天人見聞之後就作偈讚歎道：「惡人挖坑欲捕象，具智象王不畏懼，以身作橋度眾象，惡人詭計不得逞。」

釋迦牟尼佛曾有一世為馬王，名雲行，住於魔女羅剎國，當時有五百商人無法脫離險惡環境，多虧馬王引路，方才得以順利抵達瞻部洲。

釋迦牟尼佛曾有一世為獅子王，名具髻。當時有五百商人突遇毒蛇纏繞，獅子王就不顧性命將他們全部救出。

商主善舉

釋迦牟尼佛曾為一商主，名財馬車商主。他有次生悲心而與五名商人同入大海取寶。途中不幸遭遇狂風惡浪，船隻受損嚴重。正當商人們恐懼萬分時，商主安慰眾人道：「無需擔心，如船隻毀壞，你們均可拉緊我，我定能讓你們擺脫海中險難。」言罷就將所採取之寶珠夾於腋下。

後當輪船傾覆之時，商主讓所有人均抓住他身體，然後以一人之力牽動眾人向岸上游去。體力耗盡之時，財馬車終將五人全部安全送至岸邊，但自己卻因勞累過度而死去。

眾人將其屍體抬至乾爽的地方，又取出其腋下所藏之寶以供大眾享用。從此之後，所有人生活皆得以擺脫困苦，並能安享美滿幸福生活。

釋迦牟尼佛曾為一普救商主，當時國中乾旱地方有五百名商人，還有臨時來此國家之五名可憐商人。為救護他們，普救便祈禱天尊，且說諦實語。大梵天聞畢就降下雨水，眾人在此乾旱荒野中得到滋潤後，全部順利擺脫困境。

凡此種種事跡無法言盡。釋迦牟尼佛在行菩薩道時，為安慰、救護此等可憐眾生而行之善舉，實乃無量無邊，這裏所敘僅是眾多佛經中一部分而已。

以上圓滿宣說了釋迦牟尼佛廣行佈施之種種記載。

四、持戒品

大悲心太子勇批重檐

無量劫前有一現喜劫，當時有一世界名極樂世界，有一如來名為如山王如來者出世說法。此時有一轉輪王名為善嚴，擁有一千太子。整個世界人壽長達七億年。

國王、一千太子、眾王妃都經常對如山王如來作種種財物供養，且常常聞受佛法，並皆發無上菩提心。最後，所有人眾均獲安忍境界。

恰在此時，有一說法上師名為法幢大師者，誠心讚歎發菩提心與出家功德。善嚴國王早已對世間安樂及國王權勢不再貪執、愛戀，一聽大師如此講法，就更欲在佛前出家，並最終親得如山王如來開許。

國王隨即問眾太子道：「你們當中有誰願當國王，並令眾生皆行持善法？」太子們則異口同聲答道：「我等皆欲出家，不願以在家身份做此類事情。請父王勿捨棄我們，孩兒亦想出家求道。」國王不安答道：「若你們都出家學法，四大部洲眾生則無依估矣。你們中有誰能不顧自己利益、對眾生具堅定悲心，這種人真應當主持王政，並引導眾生行持善法以自利利眾。」

一千太子中有一大悲心太子，聞聽父王教言後就誠摯說道：「出家功德佛陀雖廣宣，若無依估眾生亦可憐，為利眾生吾願持王位，終生守居士八關齋戒。」大家聽後均讚以「善哉」感歎，並舉其主持國政。善嚴則與其他九百九十九位太子一起出家，精進修持後終獲五神通、總持、法智等功德。大悲心國王則於每月三十日為大眾宣說佛法奧義，並令四大部洲眾生皆行善法。當時有九億兩千萬眾生發下無上菩提心，並全部在如山王如來前出家，且獲不退果位。

當時之善嚴國王即為後來之商主天子；說法上師則為文殊師利菩薩；一千太子即是賢劫千佛；大悲心太子即是釋迦牟尼佛。

福光王子出家

無數劫之前，義成慧如來出世說法，當時人壽為一億年。具光國王即於彼時統治六千萬由旬內之國土，國王所居宮殿純以七寶製成，名為寶光王宮。人人皆謂國王財富圓滿，而國王所生太子福光更是相好莊嚴，福光降生時出現一千七寶寶藏，王宮內也現出七人身量之七寶，且整個瞻部洲人眾皆生歡喜心，就連身陷牢獄之人亦得到赦免釋放。

王子長大後精通一切世間技巧與文藝，淨居天天人也於夜晚時分以偈頌形式為其宣說應不放逸、無常、以及妙欲過失、希求菩提心功德等佛法。他將天人所有話語都牢記心間，在十年中去掉昏沈、悼舉、嬉笑、希求財物等過失、習氣，一直專心思索佛法意義。每當看到輪迴眾生無有悲心之舉動，王子便覺其可憐並沈默不語，進而更是苦苦思考此類問題真義。

父王為令太子無憂歡樂、盡享今生，便在某地特意造出一勝喜城市，城中南北縱貫有七百餘條道路，各個暢通無阻。且又遍佈七寶鈴鐺、黃金瓔珞、珍珠及珍寶華蓋，整個城市完全用此類奇珍異寶而為嚴飾。國王又栽種一千棵寶樹，樹與樹間皆以六根珍寶線相連，中間多羅樹交雜林立千萬株。具光國王還為太子安排歌女、舞女各五百名，要求她們務必能常常令太子生歡喜心。為使太子感覺人間妙欲實為勝妙，國王又在各個交通路口精心陳設、擺置乘騎、妙衣、飲食等物，希冀太子能隨意享用無盡財富。勝喜城中由珍寶所成之宮殿長達一由旬左右，一百座牌坊嚴飾之宮殿內，太子享有千萬寶床。宮殿所在地尚建有花園，花園中遍植鬱鬱鮮花；八百棵寶樹臨風而立；寶梯通達各處；一百零八個獅子口噴泉恒常湧流香潔之水；鮮花常開不敗；萬千疏鬱綠樹以珍寶線相連，微風拂過，悅耳音聲不絕於耳；整個花園上方全為珍寶網覆蓋以擋微塵……。

宮殿中寶座成千上萬，每一寶座上皆蒙秀美綢緞；王子寶座則由七寶製成，有七人身量般廣大，上鋪各種柔軟布匹與華麗坐墊；寶座前置有檀香、沈香等各種香，嫋嫋清香不絕襲來；每日早晚各三次，都有專人遍撒鮮花；宮殿內外黃金旗幟隨處招展；珍珠、珍寶光芒自然明亮；寶樹上數百飛幡迎風舞動；花園中之眾多如意寶天然放光，光明照徹整個世間；飛鳥鳴禽怡然自樂，八哥、鸚鵡、長頸鶴、孔雀、當歌、妙音、共命鳥等等，皆出天籟之音。整座花園與天人花園無有二致，且具足百味甘美飲食。

當時園中多有十六至二十歲少年，齊集王子身邊尋歡作樂；擅長工巧、文藝之年青人也全部彙聚此處；太子父母愛子心切，又為福光覓來兩千萬美女，親友也送來兩千萬美女，城中諸人亦送來兩千萬，尚有其他國王贈與太子美女兩千萬。所有美女均靚麗端妍，且全部年滿十六周歲，兼以精通歌舞及種種令男人銷魂之術。她們各個滿面笑容，嫻熟掌握有關引發貪欲之各種技藝。無論身行何處，全身香氣都會如青蓮花般四溢瀰漫。

就在這等溫柔鄉中，福光太子依然不為眼前美色、歌舞所動，他根本不貪執此類妙欲，且堅定認為所有這些全是毀壞善法之因。他想到：我無需享用這些美女，正如一人如若遭遇劊子手，逃命尚且不及，就算碰到稀有、難得宴會又怎會妄生歡喜？福光太子即如是對美女等各種妙欲均無有任何稀奇、貪愛心。他在十年時間中都恒常思維道：我何時方能從此種與自己不相應之環境中獲得解脫？什麼時候才能以不放逸之行為精進行持善法？除此之外，他從未執著所謂鶯歌燕舞、佳麗如雲。

眾美女後將太子行徑統統上告至具光國王處，她們委屈說道：「你家太子從不享用我們，因他根本就不喜歡我們。」國王急忙與八萬國王一同前往太子住處，剛見王子，具光就淚流滿面。他跪於太子面前，隨後又起身哀告道：「我甚是為你的行為擔憂，不知你何故不喜歡我們為你所做之事？是否有人對你做了令人不悅之事？若有此事，你不妨直接道來，我定會嚴懲他們。我為你營造天堂般之環境，能擁有這喜樂園林，還有何等不滿足之心願？你快快說來！如帝釋天一般之財富，如天女一般之美女，你樣樣具足，你實在應該開開心心、痛痛快快快與她們共度美好時光。」父王以偈頌方式如是勸說兒子。

深深明瞭貪執世間過失、已對妙欲徹底生厭之太子聞言說道：「有眾生正心甘情願墮入輪迴網，而孩兒則堅定希求解脫，請父王認真聽我表白心志：我並非讓人得罪，亦無有人對我做令人不悅意之事，只是我自己對世間妙欲已無任何興趣而已。」王子隨即又以偈頌方式將女人過失、諸天人對他所傳教言、自己喜歡寂靜地之理由，一一向父王娓娓道來。

王子長久呆坐宮殿，同時心生厭煩。他與眾多美女只是行、住、坐在一起，從未與她們共陷昏沈、睡眠。福光晚上獨自坐於房頂上，夜半時分，他看見淨居天天人皆在虛空中任意遊走，又聽到他們讚歎佛法僧功德，其所宣說令太子渾身汗毛直立、熱淚盈眶。他不覺雙手合十問天人道：「你們在讚頌誰之功德？你們在空中如此行事，讓我聽到你們話語後心生安樂。」諸天人則對他回答說：「我們正在講述、讚歎義成慧如來與跟他同時禪定之比丘功德。」福光太子又問：「此如來是何形象？又應以何種方式見他？」諸天人便詳細向其介紹了如來之相好莊嚴與諸種殊勝功德，王子聽到他們對佛法僧之讚歎後非常歡喜，內心從此就此專注於佛陀、佛陀眷屬與佛法，同時又再次思維貪欲過患。他心中由衷想到：在欲界中被煩惱纏縛而放蕩不羈之眾生，始終也無法得到真正快樂。他們不僅得不到恒久樂趣，更不用說無上圓滿佛果。我一定要見到如來！但若從正門出入，恐眾多親友都會製造違緣，不如從屋頂上直接跳下乾脆痛快。

想到這，王子就面向如來方向縱身躍下，同時祈請道：

「請義成慧如來以一切智智了知我心態，並多加垂念。」結果義成慧如來即刻便伸出右手，並且手放光芒，馬上就在萬丈光芒中觸摸到王子。光中隨即化出千萬朵蓮花，如車輪般大小。蓮花又發無量光芒接觸王子軀體，當蓮花光漸至王子身邊時，王子便端坐蓮花之上，一邊飄向如來，一邊向佛陀合掌，且連說三遍「頂禮如來」。光芒隨後漸漸縮小，王子則已來到如來面前。

福光千百次向義成慧如來頂禮，並以偈頌誠摯祈請如來。如來已了知福光清淨心地，就為他宣說了廣大清淨之苦行，使他當下獲得解脫功德與五神通。福光得到神變後，一會兒飛上虛空向如來撒花，一會兒又安坐下來讚歎如來功德：「具足相好無垢月，金色如來前頂禮，三界無等汝離垢，遍知如來前頂禮」。

福光是夜即住於義成慧如來處，結果第二日天亮後，具光國王聽到一片美女哀哭之聲。國王連忙趕來詢問，這些人全說王子已無影無蹤。國王聞聽後，先是哭泣不止，隨後便倒地昏厥。醒來之後就開始百般在城中尋找。城中天神告訴他說：「福光太子已前往東方拜見、供養義成慧如來。」

國王、王妃率成千上萬無量眾生立即趕往東方，到義成慧如來面前後，眾人皆頂禮、讚歎如來，並在佛前為獲無上菩提而莊重發願。如來當下即了知國王清淨心地，便為其宣說了菩提中永不退轉法門。福光王子則趁此機會在如來前請求道：「請如來及眷屬到我所住城市中應供。」如來聽罷默許。

王子又對父母、美女說：「請你們歡歡喜喜儘快回國，馬上著手裝飾勝喜城以供養如來。」人們聽到後均非常高興。

王子將勝喜城裝飾好後便開始供養如來，他備有五百種甘美飲食與佳餚珍饈，盡心盡意供養如來與比丘僧眾，並為眾比丘在七寶宮殿中廣陳寶座、珍珠華蓋、瓔珞。宮殿左右各有花樹，此時也與白蓮花水池一道廣為裝飾，皆披以無量無邊種種華麗布匹。王子每日都以布匹、妙衣等物對眾比丘行盛大供養，必令僧眾各個滿足、適意。

福光就這樣於三千萬年中不顧自己睡眠、克服本身昏沈，精進供養如來及其眷屬，除供養佛陀外，他沒有其他念頭。如此長之時日內，福光不生貪心與損害心，也從無產生過分別念。他連自己身命與王位都不顧惜，更何談貪執其餘財物。他以此種方式承侍如來，從如來處所聞受之教言，全部過目不忘，過耳即存，無需第二次再向世尊討教。

在整個供養佛陀過程中，福光王子從未沐浴或洗過澡，也未生半點疲勞厭煩之心。除卻進食與大小便外，王子自始至終都未曾安坐片刻。

後當義成慧如來顯示涅槃時，王子將佛陀遺體用紅檀香木荼毗，並在百千年中用佛陀舍利做成遺塔，且以整個贍部洲鮮花、妙香、樂器與花鬘供養如來遺塔。後又造成八億四千萬座佛塔，並以七寶所成之瓔珞、珍寶華蓋而為裝飾。王子還在每座佛塔前供養七寶傘、千萬擊鈸樂器與千萬燈盞、六億四千萬盞香油燈，再加塗香、粉香種種供品，又沿佛塔四周廣植花樹，如是虔敬供養一千萬年。

王子供養圓滿後決定捨俗出家，他披上三法衣後便只靠化緣維持生活。整日端坐從不睡覺，亦不隨昏沈、睡眠而轉。以如此之知足少欲態度，福光於四千萬年中堅持做法佈施。他連「善哉」等讚歎語都不對別人希求，更不用說博取別種名聲利益。無論向別人宣說佛法或自己聞法，從來也無厭倦之態。諸天天人亦對他恭敬承侍，而王妃、眷屬、親友、城中諸人皆緊隨其後出家求法。對此等追隨王子出家之人，淨居天天人都佩服讚歎道：「我們供養這些人與對三寶供養承侍並無差別。」天人邊說邊對其謙恭侍奉。

義成慧如來涅槃後，福光比丘守持、弘揚如來教法長達六千四百萬年。

佛陀即以此種方式於無量無邊如來前廣行供養。福光王子即是後來之釋迦牟尼佛；其父具光國王便是後來之阿彌陀佛；城中天神即是後來之不動佛。佛經中說，恰如福光王子一般，諸菩薩在希求無上菩提道時，以清淨心泯滅一切可愛、不可愛外境，一直以不放逸心厲行善法。

和氣四瑞

久遠之前有一地方名為嘎西，其地長有茂密森林。森林中棲息著一隻羊角鳥、一隻山兔、一隻猴子，還有一頭大象，四動物和睦相處，遠離一切爭論，歡樂、祥和安穩度日。一日，四動物商議道：「我們應恭敬最年長者。」於是經相互協商後，大家一致同意以烈卓達樹作為參照，比較相互之間長幼順序。羊角鳥建議說；「你們均應談談各自小時候所見樹之身量。」

大象首先發言道：「我們年幼時見到此樹，它有與我現在身體同等之高度。」

猴子緊接著發言：「當我小時候與猴群看見這棵樹時，它有予我現在身體同等之高度。」

聽罷二位所言，大家一致公認道：「象與猴子比較，當屬猴子年歲較長。」

山兔則接過話說：「我小時候，這棵樹尚只有兩片嫩葉。我還舔過這兩片葉子上的露水。」

於是大家又評議說：「與前二位比較，你山兔應算年齡較老。」

羊角鳥最後說：「無論怎樣，這棵樹你們幼時都見過。而我以前只吃過這棵樹之種子，在此地撒下不淨糞後，牠才能破土而出並日益長大。」

其餘三位夥伴則一致說道：「我們當中屬你年歲最長，大家理應對你恭敬承侍。」言罷，猴子首先對山兔、羊角鳥禮敬一番，山兔則對羊角鳥恭敬頂禮，而大象則對其餘同伴皆恭敬承侍。自此之後，四動物間無論日常起居或行走外出均按長幼順序次第相諧。有時行進到山勢較陡地方，大象身上蹲立猴子，猴子肩扛山兔，山兔頭頂站立羊角鳥，煞是老幼有序。

四動物共同發願行持善法，羊角鳥告訴諸位道：「我們應即刻斷除殺生。」大家聽後便都問牠：「如何斷除？」羊角鳥向牠們解釋說：「我們即便只吃水果、野草，也有殺生與不殺生兩種可能。從今往後，我們只應以不殺生方式進食。另外，在我們享用一切物品時，應力行不予取，堅決不拿非我們所有之物。並且在平日生活中，還要戒除邪淫、妄語、飲酒諸過，就連有些含有能令人眩暈、陶醉之物的樹葉、水果，也不應飲食。」

四夥伴於是開始持守五戒，並一直堅持不懈。羊角鳥後來又鼓勵同伴們說：「我們不但要自己守持，還應動員其他眾生嚴守五戒。」接下來，山兔便開始勸所有山兔，猴子就開始勸所有猴子，大象則對同類及老虎、獅子等猛獸苦苦相勸，希望牠們均能守護五戒。此時羊角鳥則對牠們說：「所有你們無法調伏之無腳、四足、飛禽等等，均交與我來對付，我會想方設法令牠們皆守五戒。」

幾位好夥伴從此開始想盡各種辦法力圖令旁生也能行持五戒，在牠們帶動、勸請下，動物們都能漸漸做到互不損害、如理如法在森林中平和度日，以其厲行善法之因，天人也降下和合雨水。後來，整個大地之上，莊稼豐熟、植物茂密、鮮艷之花滿目盛開，整個國家喜獲豐收、財富圓滿。

人們均親眼目睹上述國泰民安景象，國王則理所當然地認為此乃自己如理如法治理國家所感得，而王妃、眾太子、大臣、城中諸人則以為此乃他們各自威力所感得。國王後來了知此種情況後，心中明白人人都自負地認定自己實為令國土風調雨順、國民平安吉祥出力最大者，於是他便想到看相者那裏問個究竟。但看相人卻無法看出此中奧妙。

離鹿野苑不遠處有一園林，有一受人人恭敬之仙人就居住於此。國王就又親往具五神通之仙人處問訊：「目前在我治下國土中，眾生互不損惱、和睦相處、如理如法安居樂業，天人也降下雨水，以至於林木茂盛、莊稼豐饒。我當然認為此乃我如理如法住持國政所感得之果報，而王妃、城中諸人等又各自以為此乃他們威力所感。請問到底是誰引來如此祥瑞景致？」

仙人最終一語道破天機：「這並非依靠國王、王妃或太子等人之能力就能感得，實是你國中四動物威力所致。」國王不覺心生好奇：「我倒要看看牠們有何神通異能。」仙人則回答說：「無甚奇異之處可供你觀瞻，牠們只是嚴守五戒而已。若你能如此行持，也會給你及國家帶來無窮利益。所謂五戒者，是指戒殺生等……。」仙人接著便向國王宣說了五戒教義。

國王聞畢就發願道：「我一定持守禁行五戒。」不惟國王如是行持，從王妃到眾太子及城中諸人，人人都開始以五戒規範個人行為。

聞聽梵施國王與眷屬相繼守持五戒，鄰國也將此消息輾轉相告，以至瞻部洲許多眾生都漸漸以五戒作為日常行持。這些五戒行者死後均得以轉生三十三天，而帝釋天則對天人眷屬宣說原因道：「受人恭敬、於森林中苦行之羊角鳥，率先行持梵淨行後，引導世間很多眾生都守持戒律。以此緣故，才多有人眾死後轉生善趣天界。」

釋迦牟尼佛在因地時就曾為那只羊角鳥；而山兔則為後來之舍利子比丘；猴子為後來之目犍連比丘；大象則為後來之阿難比丘。釋迦牟尼佛在因地變為旁生時，亦能讓自他守持戒律。變成人、天等眾生後，此類行為更是不勝枚舉。

另外，釋迦牟尼佛為帝釋天時，當時有大批非天軍隊正與天人激烈交戰。天人無法取勝，只得敗退而回。在撤退路上，天人遇一鐵柱樹，樹上有大鵬鳥剛孵出之幼雛。慌亂之中，天人所騎馬車上之轅木撞著鐵柱樹，結果險些撞落大鵬鳥幼子。帝釋天對駕車者瑪得樂說道：「你駕車時萬勿觸碰大鵬鳥幼雛。」瑪得樂辯解說：「我實在無計可施，因後有非天軍隊窮追不捨。」帝釋天正色說道：「我們即便死去也不足為惜，但此乃可憐、弱小幼鳥，一定不能被我們殺害。」

帝釋天隨即命令瑪得樂馬上返回，結果馬車又折返回去。而非天卻因恐懼、害怕，頓時四散逃亡。

婆羅門子智慧抉擇

釋迦牟尼佛曾有一世為一婆羅門兒子，當時有一大臣博學廣聞，智識淵博，婆羅門子便在大臣處聽聞吠陀教授，隨後就精通一切以吠陀為主之學問技藝，並因此而深獲上師特別關愛。

一次，大臣為觀察眾弟子心性差異，便告訴他們說：

「我現在已陷經濟困窘狀態，貧窮無財、一無所有。」眾弟子皆對上師恭敬愛戴，於是他們便開始化緣，並以化緣所得飲食供養上師。誰料上師卻說道：「我不需你們辛苦化緣，如欲真正幫我，則可為我募集一些錢財。」弟子們為難應對：

「我們現在無此福報，只能以化緣行乞。供養我們之人實乃微少，若欲在婆羅門中招集財富，我等既無辦法也無能力。」

上師則進一步「啟發」道：「發財一般需通過學問才能得致，怎奈我現已人老力衰，無有辦法再行此舉。」弟子們堅定說道：「如有我們可為你盡力之處，請儘管吩咐。為報答傳法之恩，我們會為你竭盡心力做一切事。」上師這時就故意說出所有想法：「一般心志脆弱、不堅強之人怕難以成辦，但你們還是應當想方設法助我廣集錢財。古人云：『窮婆羅門可偷盜，無財無富即貧窮，無人知曉窺見時，即可竊取他人財。婆羅門依此積財，偷來錢物歸自己，若能親奪眾人財，此乃對師大護持。』」眾弟子聽到後不經思索，即刻應承下來。

而此婆羅門子則素來稟性善良，他聽到上師所說話後即認為其並不合理，故而一直未肯抬頭。上師看見後，覺得此人可能尚具一定智慧，便欲親自對其試探一番：此人是不敢偷竊，還是對我漠不關心？或者覺我所言不如法而不願聽從？我應再三觀察。上師一邊想一邊就對此婆羅門子說道：

「其餘婆羅門弟子聽說我貧窮後皆不忍心坐視不管，他們各自都欲發揮自己所能，助我一臂之力。而你卻低頭不語，不知你是對我不關心，還是不敢偷盜？你為何沈默不言？」

此婆羅門子誠懇說道：「我實非不關心上師，也絕非對上師貧窮困苦置之不理，我只是覺得上師所說並不合理，你說可於誰都無法看見之時、之處造惡業，實在絕不可能。對非天、天人、佛陀而言，有何可逃脫他們眼目觀照之事？認為自己造惡別人不知，真乃愚癡之見。你自己就已了知自己為非作歹，這怎能說無人知道？此乃自己親知、親做之鐵定事實。如此看來，這樣行事焉能無有過失？所以我對如此行事毫無興趣，亦不敢恭維上師所定計謀。」

上師聽到後非常高興地說：」你為真正明瞭如何取捨我所言涵意之人，絕不肯為財富而喪失自己智慧，真乃了不起之大智大勇。若一人以無慚無愧心違法行事而得天王果位，還不如自己親捧破舊器皿前往敵人門口討食過活。」

婆羅門子聞言後開始讚歎上師妙計，並高興說道：「所言正是！所言正是！」

不為美色逾越法規

釋迦牟尼佛曾有一世為西吾地方國王，他對一切眾生均如父親待子一般饒益、關懷。國王手下一位大臣育有一美似天女般女兒，凡有貪心之人一見到她，立刻就會陶醉在她美色誘惑之下，故而此美女也被眾人喚作陶醉姆。

陶醉姆父親一日對國王說道：「如國王下屬中有人欲奉獻玉女寶，不知國王是否願意接受？請國王對此問題再三思維一番。」國王立刻明白大臣此話涵意，為探知臣子女兒能否充任王妃，便派出一些婆羅門先行觀察、瞭解有關情況。

當婆羅門來至陶醉姆家中、陶醉姆開始招待他們飲食時，這些婆羅門一見美女如花美貌，立即被其吸引，他們目光專注於她，以致廢食忘飲。大臣看見後便將女兒藏匿起來，自己親自端飲食給婆羅門。

眾婆羅門離開美女家門後，均再三感歎此番豔遇。他們一致認為陶醉姆實在太過靚麗，簡直如幻化一般令人難以置信。他們心中思維道：此女人真乃名不虛傳，即便仙人見之也會受其引誘。國王若遇之，亦必沈醉情欲之中而無法自拔。如此發展下去，國王恐連佛法及世間重要事務都會統統放棄。如是思維後，他們在向國王彙報時就說：「此女人雖外表看來閉月羞花，但內裏實具惡相。故國王連見她都不應該，更遑論娶其作王妃。」

聞聽手下如此言論，國王也對陶醉姆從此再無希求心。而大臣在得知國王不欲納自己女兒為妃子之心態後，便將女兒嫁與另外一大臣。

國王後到王宮外睡蓮花園賞玩，陶醉姆得知後心想：就是這位國王說我具足醜相而捨棄我，不納受我為王妃，對此我一直耿耿於懷，想不到他今日倒送上門來。想到這，陶醉姆便巧施脂粉，後直上屋頂端視國王。

國王不經意間抬眼望見後，立刻目不轉睛盯住美女。他心下暗想：此女人是天女還是非天女？為何長相如此令人銷魂？國王雖欲不知足地一直觀看下去，怎奈馬車卻不得不駛過此地。回到王宮後，國王內心一直感到不快樂，日夜都將陶醉姆容顏翻來覆去浮現於腦海回味。後來他問駕車者：

「屋頂上女人到底是誰？」駕車人答言：「此乃大臣阿布巴嘎妻子，名陶醉姆。」國王於是當即知道此女人正是原先有人欲送與自己當王妃者，不過現已成為別人之妻。他心中甚是失望。失落之餘不免想到：所謂陶醉姆看來真可謂名實相符。從此之後，國王貪戀心愈發增加，心中一直強烈貪執、

繫掛陶醉姆，就如不自由之人一般被情欲捆縛。由於心不安樂，天長日久，國王臉色日益委靡不振，形容漸漸枯槁、憔悴。而陶醉姆丈夫乃為一非常精通看相之人，他一望便知國王實是因為貪執自己妻子才日漸消瘦。他原本對國王就十分敬佩、關心，此時便將國王請到一寂靜地告訴國王說：「臣下今晨供養天神時，一夜叉告訴我道：『國王愛戀陶醉姆，難道你竟無耳聞？』夜叉說完即隱身不見。既然如此，國王為何不向我挑明，我非常願意將陶醉姆供養與你，請國王務必笑納。」

聞聽此言，國王頓時因羞愧難當而低頭不語。雖然心中一直對陶醉

姆貪戀不捨，但大臣這番話卻令國王深深反省，他馬上警戒自己萬不可因執著美色而輕捨人間法度，這實是國王歷來學習善法所引發，使他懸崖勒馬，不再逾越世間善法軌道。他隨即對大臣說道：「此事極不應當，如此行事定會毀壞福德。我必定會死，而因果報應卻如影隨形，你亦會因離開妻子而感受痛苦，故我不欲做此等事情。無論今生來世，這種作為都只會令自他受損。此乃愚者行為，智者實不應效法。」

而大臣則勸解國王說：「這樣行事怎能算是違背正法？這一點請國王毋需顧慮。若你能納受我妻子，這是對我佈施提供幫助，是培植我福德之善因；如不接受，則是對我佈施製造違緣，亦在增長臣下非福德之過。況且沒有任何人會對此事造謠，國王也絕不會因為此事而落惡名，因除你我兩人外，實無第三者知曉，別人如何會譏諷嘲笑？」

國王則堅持說道：「你雖對我關心異常，但也不能如此做事。即便無人知曉，不過只要是在作惡為非，那就好似讓我吃下毒藥一般，我心定不快樂。何況天尊及一些瑜伽士又怎能視而不見？再者說來，讓你捨棄妻子也會令你痛苦不堪。」

大臣還在繼續勸說國王：「你是君主，我為臣子，這個女人你當然有權享用，這樣做並不違背世人教條與規範。對我而言，此女人可謂珍貴、可愛，但若我捨棄珍貴東西，將來則可憑此佈施功德盡享更大快樂，亦必因之而得珍貴無比之來世善果。所以祈請國王一定接受陶醉姆。」

國王依舊拒絕道：「希望你不要這樣講話，即使我能獲得如是利益，但如對佈施者本人造成損害，則我寧可自身被武器砍殺或跳入火坑也不願享受此種所謂最大快樂。」

大臣還是不放棄地努力向國王奉獻妻子：「如果國王不願接受陶醉姆，我就令其去當妓女，這樣人人都可盡情佔有她。故而國王還是接受為妙。」

國王不覺詫異說道：「你這大臣是否有些瘋顛？她從未做過壞事，以及對不起你的虧心事，你為何定要用我來懲罰她？如你定要這樣做，則人人都會呵責你，你也會將自己今生來世之善根全部毀壞無疑。因此請勿如此行事，不要勉強自己去行善舉，你應喜歡公正合理之事。」

大臣還未死心，他又對國王說：「如果國王心生歡樂，我心也會跟著快樂起來。不管有無違犯法規，也不管眾人呵斥與否，我皆能忍受。除你以外，國中再無比你更重要之人，因此請一定要答應我的請求，以令我福德不斷增加，再次請國王接納。」

國王耐心對大臣解釋道：「既然你對我如此關心，我更不能捨棄你不顧。不管別人譏諷與否，也不管今生來世果報的人，世間、天人都會遠離、拋棄他。因此即使性命遭遇危難，亦不應喜行非法，並因此犯下大過失。此等過失均毫無利益，且讓人顧慮重重。此外，智者如做引起別人呵責或引發他人痛苦之事，則自己亦難獲取安樂。因此，我才不欲損害任何人，只如理如法規範自己行為。」

大臣還不放棄向國王敬奉妻子念頭，他持續不撓地說：

「為國王利益，屬下本該為你竭誠奉獻，這又有何非法之處？我們本地臣民又怎會對你產生非法議論？臣下還是衷心希望你能接受陶醉姆。」

國王仍繼續對他曉之以理：「如你真想合法行事，我們兩人不如找西吾地方精通世間法規之人評判評判，詢問一下他們對此事之看法、態度。」

大臣連忙說：「諸位長輩都恭敬你，因你廣聞、具智，精通一切大小事務，無人能比。」

國王緊隨其話頭答道：「你既如此承認，我更不會欺騙你。國王一般都會對有理、無理之世間事瞭若指掌，對臣民來說，國王十分關注民生疾苦，知疼知暖，又如何能欺惑民眾？既如此，臣民也理應隨國王教言努力去做，正如牛群本該隨牛王足跡一樣，臣民亦該如是隨順國王。再說如我自己不能管束、調伏自己，又怎能管理國中百姓？因此我關心民眾、遵守法規、維護自己清淨名聲，絕不縱容自己的貪戀心。」

大臣聽到國王如是所言後，深感國王毅力頑強、立場堅定，於是便在國王前頂禮道：「能在你這樣的國王治下當民眾真乃大福報。你守護法度、不喜世間貪愛。如你一般之國王，連在森林中苦行之仙人都難以相提並論。看來國王名聲確實真實不虛、擲地有聲，理應值得讚歎。」

世尊在因地時，如是感受痛苦，但也不入違規劣道，始終住於清淨戒律道中。

飲酒過失

釋迦牟尼佛以前為帝釋天時，雖具天人圓滿安樂，但因為大悲心非常猛烈，故而利益世間之心行從未間斷，他常常光臨人間，並以天眼遍觀人間疾苦。

有次他照見紮沃國王因沈迷飲酒而致上行下效，國中臣民全都喜歡飲酒，且從不知嗜酒過失。大尊者當然明白喝酒有極大過患，他於是在心中思慮：有何妙計可救度國王？應先幫國王改掉惡行，再勸導其眷屬仿效。帝釋天就變幻成一身呈金色、相好莊嚴之人，頭髮稍顯粗硬，並自然形成右旋髮髻。他身著樹皮與安滋那野獸獸皮所製衣物，如同梵天一樣威嚴。

當他左手拿著容量不大不小、內盛滿酒之酒瓶出現時，國王紮沃正與眷屬邊痛飲邊聊天。他們面前所擺各種酒類包括米酒、果酒、蜜糖酒、葡萄酒等，正酒酣暢談之時，忽見一人出現在面前虛空中，眾人皆感稀有，便紛紛恭敬合掌。

帝釋天此時則用像雷聲一般清晰、威嚴的聲音說道：

「你們有誰願買我手中以鮮花裝飾瓶頸之器皿？」國王深覺罕見難聞，就恭敬合掌說道：「具足整個世間如日、月般美妙身軀的你，到底是誰？世人都欲了知你身份，你真應該告訴我們你是誰？我猜想你肯定具有稀有功德。」

帝釋天所幻化之人回答說：「我是誰，你將來定會了知。只是如果諸位不怕毀壞今生來世功德利益的話，則可隨意買走我所捧之瓶。」國王頓覺稀奇：「我從未見過你這種賣東西的方式，依世間慣例，賣東西者歷來只讚歎自己物品的好處，從不講述過失，你倒不說妄語，直言你攜帶之瓶能敗壞今生來世事業。這等直人直語、直陳過失之行為，表明你確實心地善良。不過此瓶中到底裝有何物？若我買來又能得到何種利益？你為何要叫我們買？希望你能把這些疑問解釋明白。」

帝釋天隨即以偈頌方式應答道：「大國王你仔細聆聽：這瓶中所裝不是水，也非酸奶、珍珠水、香花之水，酥油、乳汁。瓶中盛滿惡性之水，你若真欲了知，實在應聽我詳述一番，我會細數其中原委。如你喝下此水，你定會沈迷難醒，以致走路顛顛倒倒，經常不明所以漂轉至陌生之地。且必定會喪失正知正念，再不能如理觀察、取捨哪些該吃、哪些不該吃之東西，你會將一切統統吞食下去。如你欲買我瓶中之水，這水中就飽含如上所述之種種惡劣品性，你們不妨直接買去。

自己享用過後，連自己心都摸不著邊際，簡直與旁生沒有兩樣。敵人更會譏諷你，因你已喪失理智地在他們面前跳舞、捶胸。喝過此水之後，你們會不知羞恥；裸衣狂奔；毫無目的奔往城中，嘔吐不止；野狗會舔食你嘴，而你卻毫無顧忌；你自己會喪失智慧與正念，在道路上顛來倒去，晃晃悠悠不辨東西。若喝過此水，必會自甘沈淪，父母、親友、施主都會輕蔑你，而你自己卻還無知無覺地經常與人爭辯、爭鬥。這樣的東西我要賣，恐怕只有愚人才願買。如還要貪執此水，縱然身處高位也會敗壞自己權勢。不僅如此，富裕財產、高貴種姓都會因之而敗壞，如此之水現正裝於我手中之瓶裏。

喝過此水之後，你會突然大笑不止，也會突然痛哭不已。就如著魔一般，淚流滿面、情緒不定。而這能引導自己趨向被眾人譴責、輕蔑、心識錯亂境地之惡水，現正裝於我所捧之瓶裏。這裏是一切痛苦之根本、一切罪業之來源、一切爭論之焦點、一切癡暗之源泉。你們難道還欲將之買去？你這個大國王理應了知，你所嗜飲者正與我瓶中之水無有二致。你所欲買者，完全具足上述過失。如沈醉、依賴此等能帶來無窮過患之劣酒，眾生都將盡墮恐怖地獄、餓鬼、旁生三惡趣中。到那時，又有誰願承受此等痛苦？

再說飲酒後又能令人失毀清淨戒律；引發各種謠言、誹謗纏身；導致自己愚昧頑癡、毫無羞恥心。這樣說來，還有誰欲再飲酒？國王實在應該三思到底該喝還是不該喝酒？」

聽罷這些話語，國王深感獲益良多，對飲酒過患也能透徹明瞭，自此之後便打消心中嗜酒念頭。他衷心感謝帝釋天道：「你與慈悲父母、調伏弟子上師、知理與非理之智者沒有區別，我今後必按你所說身體力行，絕不辜負你殷殷教導，一定要讓你心生歡喜。為報答你恩德，我今供養你五座大城市、一百名僕人、五百乘騎、與駿馬配套之十駕馬車，請你一定要收下。你乃真正予我利益之上師，切盼上師將來也能關照弟子。」

帝釋天趁機又對國王開示道：「五座城市等供養物我皆不取，我真實身份實乃帝釋天，想你現在應該已經明白。若你真欲報恩，就當依我所言切實實行。如此行事，不但能獲取今生福德、名聲，來世亦可安享快樂。故而希望你能力斷飲酒，如理如法治理國家。」帝釋天說完即隱身而去。

從此之後，國王、大臣及國中所有民眾都不再嗜飲狂喝，他們全部斷除了飲酒惡習。

來世存在之理由

釋迦牟尼佛在因地時，曾精進修習禪定，後以此功德而轉生梵天天界成為天界仙人。雖在梵天盡獲禪定大樂，但以悲心強烈之緣故，他一直未忘利益眾生，並恒常關照欲界中心不快樂、蒙受痛苦之可憐眾生。

一日，天界仙人照見東勝身洲一國王名為支施者，執持沒有來世、因果斷滅等邪見，所言所行均與正法背道而弛。大尊者天界仙人內心明白此國王將來必墮惡趣，悲憫眾生之情感使他對支施立即生出悲心，於是便從梵天來至人間。

國王見到仙人如燦爛明日般莊嚴身相時，不由自主就起身恭問道：「你這位具太陽般美麗形象者到底是誰？」仙人回答說：「我乃梵天天界仙人。」國王不覺連聲歎曰：「善哉！善哉！」隨後就呈上供品，並親自為仙人端水洗足，同時又以羨慕語氣問仙人道：「你所擁有之大神變是以何種方式得到？」

仙人回話說：「此神變乃通過禪定、持清淨戒律、守護根門、前世修持等方式而得。」國王聽罷不覺滿面疑惑：

「多有眾人言說前世來生，不知是否確有其事？」仙人於是循循善誘道：「大國王，前生來世確實存在不虛。」「既然存在無疑，我如何才能生信？」國王以略帶不屑口吻說道。

仙人便順勢將來世存在之理由詳述一番：「你欲了知前生來世存在之理亦非難事，借助眼前所見事物並可靠的憑藉推理、以及依憑自己智慧觀察，即可逐漸得到答案。此外，依太陽、月亮、群星裝飾之天空、一些畜牲之經歷等方式亦可了知來世之真實存在並非虛誑假說，望你從此再勿對存在來世抱持懷疑、顧慮的態度。

另外，有些修習禪定之人亦可回憶起前世景象，故而人之前後世實是真實存在。你若觀察自己的心識，會發現前一剎那心誕生後一剎那心，前前後後無有窮盡，因此來世存在實為天經地義。又比如住胎之時，眾生當下心識全賴前此心識為因，以理推之，前生又何能倏而隱滅？我們所謂之眼識絕非依靠眼根、外境而生，心識更是從未間斷，來來去去地流轉。眾人憑依前世持戒、信心之不同，今生天生就有持戒、具信等現象產生，這等行為實與父母並無多少因緣，又非無緣無故突然產生，除卻前生之因，又能有何種解釋？

再看不論是聰穎或愚笨的眾生，剛剛降生之時都會吮吸乳汁、尋覓飲食，這種現象依然可證明眾生前世就有此等習氣；如果前世恒常勤修，則今世即生當中也會擁有相應智慧。因此可知，前世串習力可引生後世明顯成熟。不承認來生之人，所持唯一理由便是：正如蓮花之盛開與閉合一樣，此間並無前後世關係；剛降生之眾生不經學習就會吸吮乳汁，也與前世無有連繫。此種看法實乃不知定時與不定時、有勤與無勤差別所致。

與蓮花不同者在於：蓮花開合均需依賴日光，所以有定時差異；眾生天生就會喝奶，並不需依其他因緣，故而屬於無定時。又蓮花開閉乃無勤發生，因無心故；而眾生吸吮乳汁卻屬有心勤作舉動。因此這二者怎可相提並論？真希望國王善加觀察，能承認來世存在才如理如法。」

而支施國王因邪知邪見非常深重，且屢屢造惡，因此一聽仙人宣說來世存在之理，內心就深感不安。他又問仙人道：「大仙人，你不應似哄小兒一般告訴我來世存在。若後世真實存在，我當然可以相信。如真是如此，則希望你能贈我五百兩黃金，我來世將之變成一千兩再送還給你，不知你意下如何？」

仙人嚴肅地對國王說：「一般而論，將財富當作利潤、賺取利益之人，大多本性低劣、貪欲熾盛、愚癡懈怠。對這種人如何能將財物拱手相送？即便贈其錢財，也會被他們很快耗盡。而具慚愧心及智慧之人，若以財佈施，反而更會令財富節節增上。你剛才所謂來世還債之說純屬邪見，將財物送與此類執邪見之徒真乃了無意義。何況你因持惡見之故必會被業力拖向地獄，如此一來，誰又肯墮地獄去向你討還那一千兩債務？」梵天仙人馬上又向支施國王宣說了地獄種種慘痛。

國王聞聽地獄中令人不敢目視、耳聞之恐怖景象後，終於捨棄原有邪見，他開始對來世存在之道理確信不疑。他向仙人頂禮道：「我過去隨順惡見流轉，如今聽到地獄痛苦後心生恐懼。如此可怕之痛苦不知何時會降臨我身？我如今擔心、恐懼不已，希望你快快為我宣說能免墮地獄之方便道。」仙人於是安慰他道：「你從此之後當護持正見，並勸請眾人也厲行善道，同時還要以大悲心斷除吝嗇，且戒掉一切非法行。望你能常行佈施、守持清淨戒律、嚴護根門，以此廣積福德，令自己不墮惡趣，並感受轉生善趣後之快樂。」天界仙人說完即消失不見。

支施國王與眷屬從此之後均能守持正見，並廣做佈施、持戒、積集福德資糧等善舉。

不貪美色

釋迦牟尼佛曾有一世為梵施國王太子時，名為嘎西美男。因前世精進修持，具足智慧，所以即使正當青春韶華，對美女等一切能引生貪欲之物也沒有絲毫貪執。他還把國王王位當成大過失之源泉，並因此而捨棄自己繼承王位機會，前往一寂靜山林專修禪定。

一次從禪定中出定後，王子前往山野園林，途中見一美麗非常之人非人美女。美女一見王子，立即就被其相好端嚴吸引，她便主動跑到王子面前搭訕。為引誘王子，美女打妄語道：「我有一朋友也為人非人美女，她之美色即便天人見之也難免生貪。今日她見到你後，立刻就傾心於你，我正是她派來傳情達意者，希望你也能對她心生喜愛。」

王子不動聲色地回答說：「這位美女若與你相較，是比你更端妍，還是與你一模一樣？」人非人美女答道：「她當然比我更妍麗。」王子則平靜回答說：「不論你或那位美女，所擁有之美色均會瞬間消失。不管生為人非人還是天人，眾生容顏全部短如白駒過隙。你應諦聽：所有眾生之軀體無一不是儲藏不淨糞之臭皮囊，若貪執於此，將來必成感受痛苦之因。」王子將不可貪戀美色之理如是宣說一番。

人非人美女聞聽之後即刻熄滅貪心欲火，她也願意從此精修禪定。而王子則又平靜地回到自己所居茅棚，繼續實修禪定。

世尊如是在因地苦修時，任何美女也無法損害王子清淨戒律。後當釋迦牟尼成道時，蓮花色舞女曾到世尊前極盡展示種種歌舞之能事，世尊同樣也為其宣說佛法，並因之而摧毀蓮花色舞女之青春倨傲心理，使其獲證阿羅漢果。

另外，久遠之前，釋迦牟尼佛曾轉生為一婆羅門種姓之人，對一切論典均精通無礙，對火供等一切事業也嫺熟掌握，因而人人對他都十分恭敬。

他後來了知在家諸多過失後便生離厭之心，於是就前往一森林中苦行。因其慈悲力感召，有四隻動物彙聚到他面前，宛如四位弟子一般。牠們是：蛇、鴿子、烏鴉、野獸。四動物經常與他交往，後有一日，野獸對他說道：「大仙人，於此整個世界，恐懼實乃最大痛苦。」而烏鴉則認為：

「饑餓才是世上最大痛苦，不知大仙人有無免除饑餓方便法？」黑蛇發表意見說：「嗔恨心能焚毀自他所有功德，如有熄滅嗔恨法門，實為稀有、善妙、殊勝。」鴿子最後說道：「貪欲大火猛烈熾燃，貪心之火一旦燃起，用皎月之清輝或清涼之水也無法澆滅。故而貪欲才為世上最大痛苦，能熄滅貪心方為最佳法門。」

此婆羅門於是對牠們因勢利導說：「這四大痛苦之根本乃在於無明，如無明滅盡，其他苦蘊也會全部滅盡無餘。」四動物又說：「既然痛苦之源存在於生，那如何才能斷盡生之根本？」

婆羅門則對牠們開示道：「欲斬斷生死流轉，必須戒除殺生、偷盜、邪淫、妄語諸不善業，這才能從根本上拔除生之大樹。」

四動物聞畢均讚歎道：「善哉！」隨後便各自回去，按婆羅門教言努力修持，嚴守不殺生等戒律。後來這些眾生均在死後轉生為人，並最終得寂滅果位。

從颶風惡浪中脫險

戒律清淨、如法修持之人，以其諦實語之力能成辦一切事情。

無等大師釋迦牟尼佛前世曾為一商主，非常精於觀察天象。他能無誤判斷東南西北方向、星宿及各方突然出現之徵兆所表吉凶；同時又擅區分時、非時差別；且可依憑魚、水顏色等對大海進行觀測；尤善於以堪輿、飛禽走獸之相了知大海方向。商主非但長於此道，更可貴者乃在於恒時具備正知正念，永無懈怠、睡眠陋習，又能忍耐寒熱之苦，從不放逸並心態穩固。

商主對海上航行事宜，諸如返航、前行亦十分精通，故而每每出航都可順利返回，人們因之而稱其為善度。善度歷來一帆風順，所做事情樣樣圓滿吉祥，因此諸商人對他皆恭恭敬敬，經常祈請他帶領大家前往海中取寶。

一次，有巴得嘎匝地方商人欲往金洲海中取寶，他們便祈求善度能當商主。善度回答說：「我現已年邁體衰，何能率眾取寶？」眾人懇請說：「商主無需太過焦慮，只求你能坐鎮商船，餘事均不需你繫掛於心，如此就能令諸事順利、吉祥。」善度聞言不覺心生慈悲，他隨即同意隨船前往大海。眾商人均希望在善度領頭下，此番取寶能滿載而歸。

眾人航行多時後，突見海中大小魚群來回穿梭、行動惶恐。而北方海域，風掀海浪之聲也如雷霆陣陣。珍寶、大地顏色皆動蕩變幻，現出種種色彩，有時海浪之色亦絢爛美觀。此乃非天、龍王於海底交戰所致，大海才相應呈現此種變化。

到下午時分，海上開始颳起颶風，天空烏雲密佈，整個太陽光芒均被烏雲遮蔽。大海翻起巨浪，咆哮怒吼、聲震如雷鳴。烏雲當中又炸出驚雷滾滾、閃電霹靂，漸漸吞沒日輪，以致黑暗完全降臨。狂風暴雨挾裹滔天巨浪輪番襲來，頓時就使眾商人陷於極為恐怖之狀態。他們害怕異常，便紛紛祈禱各自所崇奉天尊。

猛浪狂奔、大風怒吼，眾人幾日中就身不由己地被吹向遙遠之地。此時，大海中各種形象均已消失難見，惟剩海浪翻滾。眾皆人心惶惶，萬般無奈。此時，善度商主則安慰大家說：「你們再驚恐、怯弱也無濟於事，如能善巧方便，則天大困難亦可輕鬆應對、順利解脫，故而希望大家穩定心情。」

眾人焦急期待能很快就望見大海邊沿，此時一人身樣、穿白色鎧甲動物從商人們眼前飛掠而過。眾人急忙問商主：

「此為何物？」善度答言：「如我們人間太陽一般，此乃非人中之太陽，大家不用懼怕。不過，我們如今已離大海兩邊均非常遙遠，現正開始進入大海寶劍嘴，我們應想盡辦法儘快返回。」眾人於是努力駕船試圖回返，但因風大浪急始終無法返回。

商人們後又看見前方出現銀白色大浪，便又向商主詢問，商主回答說：「此乃白乳浪大海，看見它則表示我們現已離開原先航道。最好勿進入此區域，不要將船駛向那裏。」但眾人無論如何努力也無法掉轉船頭，他們驚恐說道：「船行太快，放慢速度都不可能，又談何返回？」

不久，眾人又看見大海翻起金色浪花，海水就如燃起火焰一樣，他們又問商主原因。商主說道：「此為火花大海，萬勿進入。」這次商主只將大海名稱告訴同行者，至於海水為何變化顏色則未向眾人明說。駛過火花大海後，眾人同時看見藍寶石與琥珀色大海，最後又看見吉祥草色大海，於是他們又向商主詢問。商主回答道：「此海名為吉祥草鬘大海，兇猛如未馴服之大象一般，它能輕易摧毀我們，萬勿進入，即刻返航。」但眾人無論怎樣精進努力也無法掉轉方向。

過此吉祥草鬘大海後又碰到一藍寶石大海，眾人又問商主。商主因知道大家要遭受痛苦，於是心生不悅，他長歎息道：「此海名泥浪海，現在要返回已難上加難；若不返回，我們生命即將就此終結。」一聽商主所言，大家全感失望、恐慌至極，人人心慌意亂，個個歎氣無語。

最終，商人們已隨浪漂過全部大海。此時太陽隱而不現，大海又生變化，所有海水盡皆向下流去，猶如峽谷中湍急水流一樣。巨浪連天與冰雹降下之音聲混合一處，直如竹林著火一般，發出令人惶恐之巨響。眾商人內心焦急不安，他們眼含失望望著四方，心情極度慌亂。他們最後全集中在商主面前說道：「我們如今聽到可怕音聲，心中萬分焦灼。而海水也全都向下流注，大海如是令我等恐懼，這到底是何原因？」

大商主也面帶焦慮之色說道：「我亦深感遺憾，如今無論船行何處都已無計可施，我們已入死海之中，正如落入死主閻魔虎口一樣。」商人們聽罷頓覺自己真正進入死亡大海，再無任何生還希望。想到不可能再返回人間，有人便放聲痛哭；有人則呻吟哀叫不已；還有人則萎縮著一句話也說不出來，只知跪在那裏一動不動；另有些人就拼命祈禱帝釋天、太陽、多果天神（藏文原意不明）、婁宿（二十八星宿之一）、財神、海神等各自所信奉之神明，一直祈禱並皈依不停；有些開始猛念咒語；有些祈請天女；還有一些就乾脆跑到商主面前哭訴：「我們已遇大災難，只能祈禱具大威力的你；我們面臨最危險的一刻時，請你務必慈悲救助。」

大商主便以慈悲心安慰他們道：「我料想我們大家應該都能擺脫此種困境，你等實在可憐，但不必失望至極，大家安定下來後尚有生存可能。」一聽還有生還希望，眾人馬上感覺現在可能尚未處於最後關頭，於是便漸漸安穩下來，全都專注於商主，聽他吩咐。

慈悲善度此刻將法衣掛於右肩，右膝跪在甲板上，以虔敬心祈禱佛陀道：「所有佛陀及天神、海神請諦聽：從出生到現在，我根本憶不起自己曾殺過任何眾生。以此不殺生之諦實力，祈請加持我們所乘商船勿入漩渦中心，能直接返回。」善度剛剛說完，狂風巨浪立即向相反方向奔去。

親睹此種情景，大家全感興奮、稀奇，於是就全部向商主頂禮感謝，並異口同聲說道：「船返回了！我們所乘之船開始返回了！」大商主讓他們升起風帆，眾人全都樂意聽受商主命令，他們掛起風帆，飛速駛向出發地。

此時雨水頓息，大海又回復平靜狀態，人們心裡也徹底安穩下來，全都充滿歡喜。至晚上半夜時分，整個天空湛藍一片，烏雲散去、群星璀璨。此時，商主對眾人說：「我們已回至泥浪海，可將此處泥沙石礫帶上船來。如此一來，船就會增重變沈，不容易再返回危險之地。此等泥沙均為吉祥之物，必會令你們順利、圓滿，希求財物之願望亦可得以滿足。」

眾人聽從善度吩咐，諸天人也開始指點商人們如何行事。眾商人心中想到：這是善度大商主與諸天人在為我等指點。他們便將泥沙石礫裝於船上，又將藍寶石等珍寶也裝在船裏。至夜晚時分，船行至巴得嘎匝地方。第二日，眾人發現船上已遍滿金銀、藍寶石、琉璃等寶物。當輪船終抵岸邊後，大家皆歡喜讚歎並恭敬大商主。

湖中大魚

具有清淨戒律之人在即生當中就能成辦一切所欲，生生世世獲取利益更毋庸置疑。

無等大師釋迦牟尼佛曾有一世轉生為一中等湖泊中一條大魚。此湖泊中處處皆為嘎拉哈花與白、紅、青等色蓮花所嚴飾，天鵝等飛禽自在翱翔於湖面，圍繞岸邊則佈滿綠樹與別種花朵。當佛陀轉世為這位魚王時，因其多生累劫恒修利他心之故，為魚王時依然不忘以利他心對待所接觸之眾生。牠看待其餘魚類就如父母護兒一般慈心相向，始終將饒益牠們的念頭掛在心間，如遇違緣，則想方設法帶領大家擺脫違緣危害。以此緣故，湖中魚兒皆能和睦共處，魚王也以種種善巧方便為其宣說方便法門。後來，整個魚群生活興盛，就如人間國王如理如法治理國家一樣，在魚王統領下，魚類生活亦圓滿和諧。

其後因眾生福報漸趨薄弱，負責降下雨水之天人也浪蕩不羈，乃至最終竟不降滴雨，湖水便失去以前煙波浩淼之景象。及至春天來臨時，烈日炙烤、強光灼人眼目，再加上大風鼓蕩，湖面便迅速乾涸起來。水量日日減少，後終成一小水池。而鷂鷹也趁此時機前來殘害魚類，其他趁火打劫眾生更不必多言。

此等可憐魚兒在拼命掙扎中內心痛苦不堪，有些已無法挪動，短時間內就已發展至這般慘狀。魚王目睹之後頓生悲心，牠心裏想：我們魚眾此番是真正遭遇大不幸了。眼見湖水天天縮小，我們生命逐漸逼近死亡，而降雨又異常困難，欲逃亡連道路也尋覓不著，能將我們帶往別處之眾生亦無有蹤影，急於損害我等之怨敵卻時刻都在增加，若所剩湖水也乾涸無餘，這些怨敵便會親口吞吃掉我們，這可如何是好？

此時，魚王自己心中明白：看來只有依諦實語之力方能對解脫困境帶來利益。明瞭此點是問題關鍵所在後，具大悲心之魚王不覺滿含慈悲之意發出一聲長歎，他眼望虛空發願道：「從小至今，即便遇到再大困境，我也想不起曾故意殺害過任何眾生。以此諦實力加持，願天王能降下雨水，願湖泊能再度水勢浩大。」言畢，即以福德增上力、真實加持力、喜歡魚王之天龍、夜叉威力，使虛空頓時集聚起烏雲，隨即電閃雷鳴，大雨開始從天瀉下，就好似斷線水晶珠子一般鏗然墜地。於是大地又開始滋潤，湖泊中水也隨之增盛。魚類眾生看到尚有希望生存，個個歡欣鼓舞；而欲食魚兒之飛禽只得紛紛飛離此地。大魚王也心生歡喜，牠看到雨水從天而降，不覺祝願道：「願雷聲和著雨水不斷湧流。」

雨如是降落很長一段時間，帝釋天聞知也生大歡喜心，他對魚王說道：「能降下如此大雨全憑你魚王真諦威力所致，只是世間眾生太過可憐，從不知利他清淨行為之功德利益。從此之後，我也要多多助你。因你功德力護佑，此地未來將不會再遭遇違緣。」帝釋天說完即隱身而去。

另外，釋迦牟尼佛往昔曾轉生為森林中一沙雞仔。當時因兩棵樹木摩擦燃起大火，沙雞仔看到森林中多有眾生便自然生出悲心，牠將翅膀泡在水裏，然後抖落水珠於正燃燒之森林上方，同時大聲祈請道：「此地有眾多不能飛翔之禽鳥，請大火馬上熄滅，再不要燃燒！」最後因牠慈悲心之真實力，大火終於停止肆虐。帝釋天隨即也施以幫助，他開始降下大雨，最終將火徹底熄滅。

大丈夫說出家就出家

釋迦牟尼佛曾轉生為一種姓高貴、具財、具智、如大臣寶一樣承侍國王之商主。一日，商主前往王宮，而商主岳母恰巧也來看望女兒。到達商主家時，女兒瑪哈多出來迎接母親。母親便問女兒：「瑪哈多女兒，你丈夫對你恩愛嗎？你對他如此有情有意，他知不知回報？你與他共同生活有無不愉快之事發生？」

女兒不好意思回答母親的詢問，便小聲說：「像他這般守持清淨戒律、只做功德善事之人，出家人中也難尋覓。」母親因年老耳背，加之女兒聲音又很細小，故而未聽清女兒所說，只隱約聽到「出家」二字。母親心中頓時聯想到：想不到女婿已將我女兒拋棄，只顧自己出家求道去了。越思慮越是替女兒未來前途擔憂，於是便放聲大哭起來，且邊哭邊說：「連我如此賢慧之女兒都已捨棄，又怎可能出家去守持清淨戒律、做那些功德善事？事情為何會至如此地步？他又年輕，又是國王心腹之人，平日對我女兒就缺乏悲心，又無病痛折磨，也從無結怨之仇敵，就這麼突然抛下財產親人，自己獨自前往寂靜之地到底為何？」她邊說邊哭，一直滔滔不絕大聲數落。

女人心性本身就不穩固，極易輕信別人所言。一聽母親如此絮叨，女兒不覺浮想連篇：我丈夫想必已出家無疑，因母親如此難過。於是她也心生不悅，加之又不瞭解情況，便自以為是地認為丈夫已然出家，母親正是為看望自己才前來此處。想到這裏，女兒不覺昏厥過去。

家人聞聽此事後均開始嚎啕大哭，鄰居、親戚、婆羅門、施主、以及居住在宮殿附近之朋友，大多都與商主關係友善，他們也聞風而動，紛紛聚集在商主家中，並且全都因感傷不已而痛哭不止。

恰在此時，商主已從王宮折返回家，他在臨近家門之時忽然聽到一片哭聲，且看到家中已聚攏起大批人眾，他於是心中納悶：到底發生何事？於是商主便派一僕人先行回家打探一番，僕人回來後就將前後原委原原本本告之商主。商主本來就心地清淨，得知眾人議論他已出家之語後更是心有所動。此時他已感覺若再回家中實乃慚愧至極，因眾人盡皆以為他已出家修行。他心中想到：奇哉！奇哉！這些人如此希望真乃善妙！他們既已這樣讚歎並宣講我出家之功德，我若還要堅持返家則太不應當。如我捨棄功德一心喜歡過失；或捨棄善法只知行持惡法，如此生存又有多大意義？不如按眾人所願前往寂靜地出家苦行。

商主想到這便又返回王宮。國王見到他後詫異詢問道：

「你為何又返回王宮？」商主答言：「我欲出家，請大國王開許。」國王聽罷就以慈悲語氣對他說道：「像我這樣的國王及你眾多親友均健在時，你為何要捨離大家前往寂靜地？如是因財產困窘請向我索取錢財；

如有人欲傷害你，我定會幫助。不知你為甚卻如此辜負我與眾親友心願？」商主說道：

「我依靠大國王怎會遭遇危害？亦根本無有任何錢財短缺障礙，我並非因這些原因才前往寂靜地。只是我聞聽眾人都在議論說我已出家，還因此而哭泣，正因他們對我評價如此之高，我想我還是出家為好。」

國王反駁說：「難道眾人說你出家你就非前往寂靜地不成？像你這樣具一定功德之人，若僅僅知道遵奉別人言辭實不應該。你不出家又有何等不合理之處？世間愚笨之人素喜胡說八道，無智之人胡言亂語有何真實意義？將這些謠言牢記心間定會遭到世人譏諷，更何況依之行事？」

商主又繼續申辯說：「祈請國王勿如此囑咐於我，人們所講有道理之善言善語，我們最好盡力遵行。人、天均稱你為名符其實之國王、法王，若你制止善法實屬非法，你理應幫助行善之人，勿辜負別人能促成我廣積功德之希望與評價。若國王能夠開許我出家請求，則你自己名聲也會因之流佈四方。否則，你所擁有之名譽又能有多大實質意義？就如乾涸之水一樣，你之名聲斷不可能增加。人之聲名若遭到毀壞，要想恢復實在難上加難。正如毒蛇窩一樣的家，只能引起爭論，實在應該捨棄。因此請大國王勿再阻撓我出家意願。你本來對民眾就具有慈悲情懷，此次一定要開許我，我是誠心誠意想遠離散亂之地、前往寂靜林中出家苦行。」

國王最終開許商主出家請求，他終於得以如願前往林中苦行。正準備動身之時，親友、眷屬全來到面前苦苦挽留，他們邊哭邊拉住他雙腳，又用粗暴、溫和等種種語言勸阻他。有人言：「如你出家，那麼多未辦妥之事留給誰來處理？」也有人說：「你難道對親友就無一點慈悲？」眾人以種種方式試圖令商主不要出家。

而商主則堅定說道：「諸位朋友，如我以放逸之心行非法之事，你們理應以種種方式勸阻我；而我是到清淨森林中苦行修善，你們為何要橫加干涉？若你們真不願離開我，就乾脆與我同去森林，這一點你們能否做到？你們不讓我出家，為何卻又同意我與怨敵戰鬥或加入作戰大軍中？對此等事情為何偏偏就要答應？如你們只看見在家功德和所謂去森林中苦行之過失，此乃說明你們已被邪知邪見誤導。我只希求功德善法，你們本該隨我一道出家。世間情感有甚穩固之處？就似舞者跳出千姿百態舞蹈一般，易變不定。若你們與我感情深厚、不願離開我，就應隨我一同前往森林中苦行，實不應該再這樣制止我。」商主以溫和語氣如是說道。

隨後，商主便自己前往森林中苦行，以不放逸之精進態度努力行持善法、守護清淨戒律、修行禪定。

具智之人僅僅聽聞別人宣說有功德之話語都不會放棄，更何況獲得功德後再將之失毀更是不可能發生。因此，若別人說出自己是比丘、居士或修行人、證悟者等此類具功德之言辭，以此稱呼自己，自己應審慎觀察自相續，同時心中如是思維：別人對我這般評價，我實不應辜負他們，一定要成為具有此種功德之人。不具備之前，自己理應心生慚愧。此種方式才為大乘菩薩所應稟持之行跡。

孔雀王愈加美麗

久遠之前，在印度鹿野苑有一梵施國王，不僅財富圓滿，更有一美麗無比之無喻姆王妃，王妃對國王也非常貪執、愛戀。當時在大雪山南方之山林裏，無等大師釋迦牟尼佛變為一隻孔雀王，名為金色孔雀王。牠身色端嚴，嘴由珍寶長成，擁有五百眷屬。

孔雀王后來有次於中夜時分，在鹿野苑城市上空飛翔時發叫兌耳鳴叫，恰巧無喻姆王妃此刻正坐在王宮頂層，她聽到鳴聲後便問梵施王：「如此妙音是誰發出？」國王面露困惑之色說道：「好妃子，我對此事也不大清楚。只是聽說在大雪山南方棲息著一隻金色孔雀王，眾人都說牠鳴音悅耳動聽。」王妃聞言便向國王要求說：「大王無論如何也要為我逮著這隻孔雀王。」國王面呈難色答言：「這隻飛禽平日要看到一眼都非常困難，更何況要逮住。」王妃則不依不饒撒潑道：「如得不到孔雀王我會立刻死去。」

梵施王平時對無喻姆王妃就恩寵嬌縱，此時一聽王妃說要死去急忙安慰她說：「你千萬不要如此焦慮，我馬上下令命獵人、捕鳥者火速將孔雀王抓獲以寬你心。」國王於是命令所有獵人、捕鳥者務必想盡一切辦法捕獲孔雀王，並要將之送至王宮。如能抓獲則善妙非常；若逮不住孔雀王，則定斬不饒。

這些人聽命後均非常擔心自己性命不保，便帶上各種捕鳥工具紛紛前往大雪山之南。他們將大網放置於孔雀王必經之地，但牠無論走到哪裏，只需用眼一掃，所有網結就自然解開。就這樣，眾人在七日中想盡各種辦法都無法逮住孔雀王。

孔雀王此刻則心生悲憫，牠對眾人說道：「你們這些受雇之人為何要到這裏遭受如是疲倦、勞累之苦？」眾獵人、捕鳥者就回答說：「孔雀王，你應了知，我們受梵施王派遣，為免喪身失命才致如此勞頓。」孔雀王聽罷道出實情：

「你們用網根本就抓不到我，不過若國王真欲見我，就請他先莊嚴城市，七日之後，再令四種軍隊前來迎接，我才可以前往。」

眾人回去之後向梵施王如實稟白，國王即刻裝飾城市，後又派馬車、軍隊前往大雪山南方迎接孔雀王。孔雀王立於珍寶嚴飾之馬車上，一路發出悅耳鳴叫。梵施王與眷屬皆歡喜難言，他們以大恭敬心將其接到鹿野苑所在城中。剛抵城門口時，孔雀王又發出動聽音聲，且傳遍整個城市。城中眾人均以歡喜心分列兩邊觀瞻，他們向王妃驚喜喊道：「孔雀王已親自來到城中。」

無喻姆王妃非常歡喜，連忙恭敬上前觀看，而國王則用鮮花、水果供養、承侍孔雀王。梵施王后於國務繁忙時不覺心中思量：「我如此忙碌，誰能代我經常承侍孔雀王？而王妃正好又具智慧又廣聞多學，想來她定能好好承侍孔雀王。」想及此，國王便對無喻姆說：「好王妃，你應如我那樣承侍孔雀王，餵與飲食、關懷照顧。」自此之後，王妃則擔當起承侍之責，她天天以鮮花、果實供給孔雀王。

無喻姆後又喜愛上另一男子，並與他約定在孔雀王所居花園中準時見面。而當兩人如約會面時，孔雀王則向他倆宣說佛法。結果男子聞聽後心生慚愧，再不欲與王妃行邪淫，他便先行離去。王妃卻心中暗想：

孔雀王已了知我之醜事，牠若用人言將之稟告國王，國王定會將我處死。念及此，王妃便在飲食裏摻和進毒藥送與孔雀王。誰料牠吃下毒藥後反而更加美麗，色澤更勝從前。

看到王妃心生懷疑，牠便向王妃解釋說：「你自己貪愛別人，又認為我會告發，於是便欲毒殺我。但以此種方式，你根本無法損傷我一根汗毛。」

王妃聽罷立即口吐鮮血，並染上嚴重疾患，且於死後直墮號叫地獄。孔雀王則安樂自在、重獲解脫，牠後來回到自己原先棲息之地，又繼續對其他眾生宣講佛法。

當時之梵施國王即為後來之舍利子比丘；當時之無喻姆即為現在之婆羅門狡詐姆。

千輻輪相之淵源

無數劫之前，有一國王名馬車姆，統領八萬四千小國。後得一太子名慧光，即是後來之釋迦牟尼佛。太子慧光具有遠遠超越一般人所及之智慧，國王理所當然就將之作為王位繼承人。後國王去世，眾人正欲為太子行加冕大典時，太子卻對眾大臣說道：「我不能登上王位，因行非法之眾生若被我以殺頭方式加以處罰，則我本人亦造下大罪業。故而若眾生皆能行持十善道，我方才願當國王。」眾人於是就說道：

「我們定厲行善法，請你務必當上國王。」

慧光這才同意舉行加冕大典，並最終登上王位。他當國王以後，要求國人都必須行持十善業。魔王聞聽後則頓生妒意，他以造假方式將眾多信件寄給眾人，信中寫道：「眾人以前所做善業無有絲毫感應，故而大家以後均可放心大膽廣行惡業。」

眾人在接到魔王以國王名義所寫信件後，都不敢相信其中所說話語，他們滿懷蹊蹺請求國王予以澄清。國王也深感驚訝，他想：我從未寫過這封信，為何會出現此種情況？越想越覺奇怪，他便非常想了知此信到底從何而來，人們心態會否因之而生變化？於是他就出宮觀察探訪。

魔王則在路上幻化成一身陷烈焰中之可憐人，他嘴裏不停高聲哀號，國王便問：「你為何落此境地？」魔王詭辯說：「我以前令眾人廣行十善，以此緣故，我現在感受如是痛苦。」國王馬上問道：「如是讓人行善，自己怎可能感受此種痛苦？如你令眾人皆行十善，不知他們到底有無得到安樂？」魔王回答說：「他們均已得到安樂，唯有如我這樣勸別人行善法者才落此痛苦境地，受我勸化者則絕不會感到絲毫痛苦。」國王聽罷高興說道：「只要他們能獲致安樂善果，自己再感受痛苦也無有任何後悔之處！」魔王聞言立即消失不見。

國王到處令人行持善法，並時時讚歎善法功德，大家信受奉行，時刻牢記三門行善。國王後來以此福德而擁有金輪寶等七輪寶，並逐漸成為轉輪王，讓四大部洲眾生皆行善法。

世尊在因地時如是親行十善，並令眾人亦行十善。以此因緣，後來成佛時，世尊腳掌便具千輻輪相。

另外，久遠之前有普救、善成兩商主，各人皆擁有四萬商人眷屬。

善成素喜寂靜，後便在一仙人前出家，並終獲緣覺果位。商人們則因不見善成蹤影而到處尋找，但始終都未找到，他們便將情況告之普救。普救告訴眾人務必要找到善成，於是，八萬商人便開始在各處廣泛搜尋，最後終於見到緣覺。眾人詫異問道：「你為何要捨棄我們前往寂靜之地？」

因大尊者只依靠身體為別人說法而不以言語宣說之故，緣覺就幻現出自身出火、閃電等種種神變令眾人生信。普救則令八萬商人供養緣覺，並說道：「供養他之功德，日後定會成熟果報。」眾人便廣行各種令緣覺比較滿意之供養。普救商主隨後又教導這些人守持五戒。

當時之普救商主即為後來之釋迦牟尼佛。

善惡果報

久遠之前，釋迦牟尼佛曾為鹿野苑色哈樂婆羅門之子，名為善尋，其兄弟名為惡尋，也即後來之提婆達多。為前往海中取寶，二人各帶五百名眷屬出發。因此地離大海非常遙遠，在距大海尚有七天路程時，眾人已將口糧全部用盡。當此生命垂危之際，善尋等人饑餓難耐，便開始祈禱天尊等神明。結果他們遙遙望見遠處出現一繁茂果林，眾人急忙趕過去，發現那裏還有清淨泉水。大家邊吃喝邊感歎道：「此乃我們供養天尊果報現前。」天尊還親自告訴眾人道：「你們可砍下果樹樹枝，如此便能滿足一切所需。」眾人就依言砍下一根樹枝，孰料它竟變成美味飲料。再砍第二棵樹枝時，它又變成百味甘美飲食。大家全都津津有味享用起來，心滿意足之後又砍下一棵樹枝，此次它又變成妙衣；再砍時又現出各種珍寶。眾人原本就帶有很多牲口以備裝寶所需，這下全部派上用場。

惡尋此時也率眾抵達那裏。他看見前面諸人砍斷樹枝時皆現出種種珍寶，便貪心打起如意算盤：如果將樹根砍斷，肯定能撈取更多珍寶。他於是便準備從樹根挖起。

善尋看到則心生不悅，他對惡尋等眾人說：「我們遭遇違緣、困苦時，多虧這棵樹救助我們，因此希望你們萬勿砍斷它。」但惡尋等人根本不聽，善尋不願見此樹被砍倒慘像，便無奈離開樹林。惡尋則馬上開始砍挖樹根，結果當他砍斷樹根時，突然冒出五百羅剎，將惡尋等五百人全部吞食。

又諸菩薩眾即便捨棄自己身體，亦不欺騙眾生，定要守護誓言。

無量劫前，釋迦牟尼佛曾為一獅子，名肢具，牠對一切眾生均有大慈大悲之心。肢具以水果、樹葉為生，住於人跡罕至之山洞中。

後有倆公猴、母猴生下兩隻小猴後便將猴崽交與獅子，自己前往別處。而一名寶劍之老鷹王一日忽將兩猴崽叨至山岩上欲加吞食，肢具獅子見之就以偈頌方式對老鷹王說道：

「皈依我之兩猴崽，望你切勿吞食之。」老鷹王則刁難說：

「你是獸中之王，如能捨棄獸王之身，我則可將兩小猴奉還，否則定要吃掉牠倆。待我吃完後飛上虛空，你又能奈我何？」

獸中之王就告訴寶劍說：「我寧可捨棄自己，也要救下這兩小猴。自我發菩提心後，從未說過妄語。為利益眾生，我今天甘願捨身。」老鷹王看牠菩提心堅定，便將兩隻小猴統統放掉，且對獅子說道：「大獸王，你毋需再捨棄肉身。」言畢即飛逝不見。

當時之公猴、母猴即為後來之迦葉尊者與釋迦賢姆；兩小猴即為後來之羅睺羅與阿難尊者；老鷹王寶劍即是後來之賢鬘比丘。

另外，釋迦牟尼佛和燃燈佛在此世界中曾為兩說法童子，他們出家後即到寂靜地生活、修法。後精通詩學等一切論典，並獲禪定、神變等神通、技能。

當時有一名叫大象的國王，性喜狩獵，又擁有六千萬眷屬，他依兩童子說法後始發菩提心。此時一些貪欲熾盛之比丘對童子肆意誹謗，他們胡說道：「這兩人宣說五蘊皆空及業果成熟非常可怕之法門，乃外道斷見派人士。」這些人還要求國王處死二位說法童子。

正當國王略有懷疑、猶豫之時，同行天女告訴國王說：

「你儘管身處這些惡友當中，但千萬別發惡心。這兩位是真正說法上師，你不要忘記他們以前對你說法之恩，一定不能捨棄他倆。」國王想起往事，終於未捨佛法。

國王之弟名年果兒，後當年果兒坐上王位時，這些惡友又對他說道：「這兩位比丘依靠咒語之力，實在應當誅殺。」國王便率領軍隊準備殺死這兩位比丘。當時森林中夜叉、龍等眾生降下石塊瓦礫雨，將這些人全部殺死，連年果兒國王也一併除去。因他對說法上師起嗔恨心之故，年果兒於六十世中在無間地獄受苦；當時勸請國王殺兩比丘之惡見比丘則在千百萬世中於地獄感受痛苦；勸請國王勿聽讒言之天女後則於恒河沙數佛前拜見、供養，她名為月光童子；與大象國王一同得法之六千萬眾生則在其他剎土中後來成佛；聽受佛法之大象國王即是後來之彌勒菩薩；國王之弟年果兒則為後來之提婆達多。

嚴持清淨戒律

久遠之前有安樂王如來出世，那時瞻部洲世界廣闊，有九十萬由旬之巨。八萬四千城市全由七寶製成，莊嚴如天界一般，且人人財富圓滿。釋迦牟尼佛當時是喻施國王，為一行持佛法之國王。在其治下八萬四千城市中，每城都有國王所屬之八萬四千王宮，每一王宮內都有王妃等眷屬八萬四千。國王王宮純由七寶製成，圓滿具足一切享用資具與財富，猶如帝釋天宮一樣種種施設盡皆齊備。

國王太子名勝福者亦是福德圓滿，他實際乃大菩薩化身。勝福從不貪著種種在家受用，並最終捨俗出家。而喻施國王在用自己所有財富供養安樂王如來後，也出家修道，並一直精進修持，最後獲得安忍境界。國王後來在此世界隨後出世之成千上萬如來前供養承侍，並令諸如來皆生歡喜心。他在這些如來教法下一直精進不懈行持佛法，並以自己智慧力而獲無畏境界，救度無量無邊眾生出輪迴苦海。

釋迦牟尼佛又曾轉生為宣方國王太子，當其降生之時，諸天人均宣說道：「世間如今已誕生一行持佛法之尊者。」當太子七歲時便在國王面前詢問法與非法道理，並請求國王能允許自己出家。經國王開許出家後，他以自己修行所得向眾人宣說惡業果報等佛法。國王、王妃等眷屬隨後也全部出家，他們守持清淨戒律，並最終獲取五神通，且令許多眾生均趨入無上菩提道。

又釋迦牟尼佛曾為一仙人，名守根，雖未斷盡貪心，但也知道要以抉擇守護根門。儘管非以修行力根除煩惱，不過憑抉擇也能令煩惱不生。

仙人後到一些寂靜地修行，在一花園中見一女人後不覺貪心又起，此時他才覺知自己修行病根所在。他想：我通過抉擇亦只能守護根門而已，但此種抉擇絕非智慧抉擇，只是以分別之念粗加選擇。從現在開始，我應積極尋找聖者智慧，力爭永不生煩惱。仙人隨後即以真實智慧觀察煩惱、女人本性，並最終證悟煩惱之空性本體，從而徹底遠離貪欲，最後無有任何煩惱地獲取遠離一切疑惑之聖者智慧。

另外，久遠之前有一智顯如來，當其住世一億年時，釋迦牟尼佛轉生為勝心國王。智顯如來為勝心及其同伴宣講平等禪定法門中之守護身體殊勝入門法，聞聽如來教言後，勝心國王便於一千萬年中行持無垢梵淨行、修持四梵住，又顯現八十萬如來尊嚴妙身。他後來在恒河沙數如來前都出家行梵淨行，每一世都轉生為守持淨戒、廣聞多學、辯才無礙之說法比丘。

綜上所述，釋迦牟尼佛在因地時，始終守持遠離罪行、攝受善法、饒益眾生之戒律。

以上圓滿宣說了釋迦牟尼佛嚴持戒律之種種記載。

五、安忍品

忍言尊者安忍不動

無量劫之前，鹿野苑嘎西梵施國王執政時，舉國上下財富圓滿。國王、王妃後生一相好莊嚴太子，名嘎西喜愛。再後來，王妃於戰亂時又產下一子，就將其稱為爭鬥生。梵施國王歷來以法、非法治理國政，嘎西喜愛見到後就想：國王去世後如我繼承王位，我若以法、非法治國，將來必墮地獄中，看來我還是捨棄俗世、出家求道為妙。

太子想到這便來到父王腳下頂禮道：「父王，請開許孩兒出家學道。」父親詫異說道：「太子，你到底做何打算？若你欲供養、佈施，現有非常難得之王位即將落於你手，你盡可憑之廣行上供下施，卻為何定要出家求道？」太子回答說：「森林中可以樹皮、青草為衣；可以樹根、水果為食；還可與野獸自在交往，這種生活方為殊勝悅意。凡有是智之人，絕不會為能摧毀來世根本之王位而遭受殺害、束縛、打擊等痛苦。」

國王又勸解說：「太子，你應了知，我唯一至愛就是你！我死之後，儘管不情願，但我們終將不得不分離；而當我們尚都存活於世時，我怎忍心讓你離我而去？」但太子卻已打定主意，他對父王說：「若父王不開許我出家，孩兒也就只能絕食明志。」太子隨後便開始絕食，第一日絕食過後，第二、三、四、五、六日，太子始終無有進食粒米滴水。

國王再勸太子道：「出家對你而言實在困難、痛苦。試想：獨自一人前往寂靜地與野獸為伍；生活來源只能依靠眾人；所有人間消遣、玩樂在有生之年全部享受不了，這些困難不知你想過沒有？若你能繼承王位，則可盡享人間一切快樂，同時又能廣行佈施、積聚福德，這又有何不妥之外？」國王如是勸阻太子，但太子一言不發。

國王又命令王妃、大臣等人勸阻太子，這些人就對太子說道：「你正當青春年少之時，理應享受種種安樂，為何要自討苦吃？若你前往寂靜地，想必很難久住。」太子對此依然一言不發。

國王又令與太子素來友善之大臣兒子、國王侍者兒子及其他童子同樣勸阻太子，但太子還是一言不發。這些童子就向國王稟告並安慰他道：「大國王，你應明白，若太子繼續絕食下去、最終死在這裏，那時你該如何是好？對他出家之事，智者均歡喜讚歎。若能適應出家生活，他當然會健康生存，你亦可見到愛子，何苦要讓他絕食而死？這樣你們父子將永遠不得相見；若不適應出家生活，他自會回到父母身邊，此乃他唯一出路，那時他豈不又回到王宮？」

國王無奈對眾童子說道：「既然你們都如此認為，那我也只能允許他出家求法。」童子們急忙將國王開許之口信傳與太子：「國王已同意你出家之事。」眾人隨即找來各種營養補身物以求能迅速恢復太子體力，待太子稍稍恢復之後，他便離開鹿野苑前往仙人面前出家。

出家後他以精進修持而遠離諸貪欲，並獲慈心等持，對每一眾生均生起慈悲心。以其慈悲力感召，大小野獸亦對他恭敬愛戴。他以不損害任一眾生緣故，而能與所有眾生和睦相處，人們都稱其為忍言尊者，尊者後有五百仙人眷屬。

梵施國王死後，爭鬥生繼承王位，他以如法、非如法方式治理國家。一次，忍言尊者對其上師說：「我近日深感自己身體極度缺乏營養，在寂靜地恐難以再維持生命，看來我應前往城中。」上師殷切叮嚀道：「無論居住於城市還是寂靜地，出家人均要嚴護根門，你應到鹿野苑附近居住茅棚。」得上師開許後，他便牢記在上師前所得教授，依計劃前往鹿野苑。

到達之後，他就在父王園林一角落中安住下來。待到春和日暖之時，杜鵑、天鵝、共命鳥等多種飛禽均發出悅耳鳴叫，一片春光無限好景象。爭鬥生國王與王妃便選在一暖融融春日出宮賞玩，當他們在園中游走觀春時，國王因疲倦就先行睡去，素喜賞鮮花、樹果之眾女眷便開始在園中自行遊歷，她們自由自在盡享春日大好時光。恰在此時，她們看見行持寂靜行止之忍言尊者，眾人立刻對其生起信心，紛紛上前頂禮，並在繞轉後坐於尊者面前聽法，尊者亦開始為眾人宣講佛法。

國王醒來後不見王妃與眷屬，即刻就生起嗔恨心，他開始仗劍在園中四處找尋，並最終在尊者前發現自家眷屬。而當她們看到國王面露凶色後，全部四散逃開。國王便直接找到尊者厲聲說道：「你是何人？」尊者平靜答言：「我乃忍言尊者。」國王滿臉蔑視之色說道：「你是否已獲得四無色及四禪定諸境界？」尊者謙卑回答說：「沒有。」國王於是越發肆無忌憚：「既未得到修行諸境界，那理所當然就是凡夫。以凡夫之身於此隱蔽地與女人共居一處，誰會相信你們之間清清白白？你住在這裏到底有何企圖？」尊者誠實答言：「我於此欲修安忍。」

聽罷此話，國王立刻拔出寶劍、氣勢洶洶怒吼道：「你既說欲修安忍，那我倒要看看你會不會安忍。」說完即以利劍砍下尊者兩手，同時又厲聲問道：「你到底是誰？」尊者依然平靜回答說：「我是永不改變、堅定頑強之忍言尊者。」氣急敗壞之國王馬上就又砍斷尊者雙足，並再次厲聲喝問：

「你還知道你是誰嗎？」尊者還是答以「忍言尊者」。國王此番已惱羞成怒，他執劍又將尊者鼻子等五官及其餘肢節全部砍掉。

忍言尊者還是用平靜語氣回答說：「我軀體即便被切割成芝麻粒許之成千上萬塊散落於地，我也絕不捨棄安忍行持。為何如此？因行持悲心善法原本就應如母親待兒一般善待每一眾生，怎能輕易放棄安忍？」

尊者同時又發願道：

「國王為女人故，手執寶劍以煩惱心斷我肢體，而我願以修持安忍善根，於摧毀煩惱、獲無上菩提時，憑智慧寶劍初再一『傷害』、終斷除他一切煩惱。」

此時大地震動六次，忍言尊者五百眷屬全部從虛空中飛至他面前。看到他遭受如此慘不忍睹之迫害後，眾眷屬齊聲問道：「不知尊者安忍心失壞沒有？」忍言尊者便趁機向眷屬們宣說自己未曾失壞安忍心之經過。

喜歡忍言之天神此刻說道：「如此惡劣之國王這般殘害忍言，而忍言則一直安忍挺過，我想我們天人應降下兵器雨殺死這國王與其眷屬以匡扶正義。」忍言得知後卻說：「我手、腳、鼻均已被他全部砍掉，但即便如此，我也不願讓他承擔罪過，更何況牽連其他無辜眾生。」尊者就這樣勸阻天神勿殺死國王與眷屬。

不過鹿野苑天神最後還是降下瘟疫，令老鼠、鸚鵡損害此地眾生。天人亦不降下雨水，於是居住於此地之眾生大多都相繼死亡。國王急忙向看相之人打探，看相者均謂此乃迫害忍言尊者、導致諸天人心懷怨恨所致。國王就向看相者詢問應對良方，他們回答說：「若國王能對天神做食子供養，並在諸天人、忍言尊者前厲行懺悔，如此才能對緩解國家疫情有利。」國王就開始在城中到處宣佈說自己欲行懺悔、供養之事，並將供養天神、佈施貧苦人承諾付諸實施，且親赴忍言尊者腳下頂禮謝罪。

尊者此刻則安慰他說：「大國王，敬請放心，我心依然安忍。」國王略顯懷疑，他問尊者：「如何才能令人相信你已無絲毫嗔恨心？」尊者回答說：「若我所言真實，就請將我身上所流出之鮮血立刻變為乳汁。」話音剛落，鮮血即刻變為乳汁。但國王還是有些不大相信，尊者見狀就又說道：

「儘管你已砍斷我四肢，但若我確實未生絲毫嗔恨心，以此諦實力加持，則願我身體立即恢復如初。」言畢，尊者身軀果然恢復如前。

國王與眷屬皆用深感稀有之目光凝望尊者，並在尊者腳下恭敬頂禮後才依次離開。自此之後，國王就經常供養承侍尊者。

依止其他上師之惡行外道一千人，對尊者最終成為國王上師生起強烈嫉妒心，他們竟將不淨塵土撒在尊者身上。而尊者卻如是發願道：「以我修行安忍之功德力，待我成佛時願能以智慧甘露水將這些人垢染除淨，清淨他們心相續中貪欲等一切障垢。」

當時之忍言尊者即為後來之釋迦牟尼佛；爭鬥生國王即為後來之陳如尊者；四位大臣則為後來與陳如同為最初五比丘中另外四人；一千惡行外道則為後來之秋渥迦葉等一千比丘。

願將自己交與怨敵

久遠之前，釋迦牟尼佛曾為鹿野苑大勢部國王。當時國中百姓各個財富圓滿，國土穀稼豐收。大勢部以如理如法方式主持國政，並以佈施滿眾生一切所願，且令大眾皆行持善法。以此緣故，眾非人亦來保護國家，整個國家都可謂國泰民安。

此時利紅國王正以非法治理其國，他經常損惱眾生，且素喜橫徵暴斂。結果手下臣民因苛捐雜稅所累，又害怕遭受懲罰，便紛紛逃至大勢部國王處請求庇護。利紅知道後就糾集起四種軍隊大舉開往大勢部治下國土，大勢部得到消息後就對眾大臣說：「為即生利益我根本不願造作惡業，如我國與利紅大軍交戰失敗，你們恐難以立足，不如你們都投降他。而我絕不願損害利紅國王，我寧可前往森林中身著樹皮、以水果為食、與野獸為友，亦不願毀壞自己來世。對來生謹慎之人，為王位斷不會捆綁及殺害諸人。」

大臣們皆認為國王乃因膽怯而不敢屠殺其他人，他們想：如我們全體人員都遭遇打擊、以至被摧毀恐不應理，不如犧牲一人以挽救全體。眾大臣於是就決定捨棄國王一人以圖自保，他們便全部投歸利紅國王。大勢部心中明白左右大臣均已將自己拋棄，他就獨自一人前往森林安住下來。

利紅則將新佔領之地的人們當作自己臣民，他有一日問眾大臣：「你們大勢部國王現在何處？」臣子們回答說：

「國王已逃亡不見。」利紅便趁機統治整個國家。

此時，一偏僻村落中有一貧窮婆羅門，他育有眾多兒女。而當地又恰逢災荒，婆羅門實在已沒有任何辦法養家活口。此刻他心中暗想：聽說有位大慈大悲國王向來以歡喜心饒益眾生，我乾脆到他那裏索要一些財物以解燃眉之急。想到這裏，他就開始向鹿野苑進發。到達之後聽聞國王已去森林中居住，他就又到森林中尋找，他始終堅定認為：若我能於森林中找到國王，說不定他就會佈施我一些財富。

當婆羅門最終在森林中找到大勢部後，就將自己困境原原本本詳細向他稟報。大勢部聞言為難說道：「你難道未見我已在森林中獨處？現在我已身無分文，何來錢財佈施與你？」婆羅門聽到後頓時感到失望異常，當下就昏厥於地。大勢部急忙扶起他，並往他臉上澆灑涼水。婆羅門醒來後就決定前往密林深處，他準備在樹幹上以繩子吊死自己。

大勢部見到後不覺生起強烈悲心，他想：如此人將我帶至怨敵面前，想來他們會對他佈施些財物。於是他便對傷心欲絕之婆羅門說道：「你無需這般焦急，我可想辦法幫你去除貧困之憂。請將我身體捆綁牢靠，然後押解我到利紅國王前，他定會給你大批錢財。」婆羅門急忙回絕說：「我豈敢捆綁國王。」大勢部安慰他道：「你不要心存顧慮，將我捆好上路吧，除此之外，你我再無解困良策。」婆羅門只得遵從大勢部命令，將他捆起來後帶至鹿野苑利紅國王處。

很多人見到他倆後都認出被捆者實為大勢部國王，他們連忙向利紅國王請示。利紅不大相信眾人所述情況，便特意走下王座親往察看，結果發現婆羅門所押解者正是大勢部。利紅便向婆羅門詢問：「你如何逮住此人？」婆羅門回話說：「他乃大國王之怨敵，我想盡辦法才將之從其苦行森林中抓獲。」

利紅國王心想：大勢部國王身材魁偉，而婆羅門卻身體羸弱，他怎可能親手逮住大勢部？都云大勢部悲心強烈，肯定是他自己甘願捆住自身，才能讓婆羅門帶走。想到這，利紅便對婆羅門說：「你必須將如何抓獲他之經過如實道來。」婆羅門這才將前後經過和盤托出。

利紅國王聞畢不由對大勢部生出信心，他心中想到：損害像大勢部這樣的眾生太不應理。於是就親自為大勢部解開捆繩，並將之迎請到王宮，還與他熱烈擁抱。最後又將大勢部迎上獅子寶座，將王冠拿出交與他，並鄭重說道：「你理應當上國王，我搶奪王位真不應該。」利紅便將自己所擁有之軍隊、財物、寶庫全部拿出供養大勢部，在向他懺悔罪過後回歸自己國家。而大勢部又將大量財物佈施與婆羅門，並要求他從今往後也要力行十善。

釋迦牟尼成佛後，有次住於舍衛城時，城中有一婆羅門之子精通婆羅門一切學處。他後於婆羅門教法下，四十八年一直行持梵淨行。此人娶有一位非常豔麗之妻，而妻子卻乃一喜行邪淫之人，她只知喜歡其他男子，根本不愛自家老婆羅門。並且整日欲與其他男人廝混，還因之而要求老婆羅門遠赴異地尋找財物。

老婆羅門只得前往外地尋寶，結果得到眾多銀幣，但在返家之路上，卻不幸遭遇強盜，被搶光所有財產。痛苦萬分之婆羅門一想到兩手空空回家必得被妻子痛罵之情景，更是不寒而慄，萬般無奈中便前往密林深處準備上吊自殺。正伸脖欲吊死自己之時，釋迦牟尼佛早已了知他全部狀況，便從舍衛城出來親往密林中找他。佛陀告訴他說：「婆羅門，你不要如此草率結束自己生命，我會令你擁有財富。」釋迦牟尼佛隨即向其指示藏寶之地，並對他說道：「此為你所有之財富。生命才真正可貴，你最好萬勿輕捨。」言畢，釋迦牟尼佛才返回舍衛城。

婆羅門將財寶帶回後很快富裕起來，他也開始做廣大佈施以積累福德資糧。他後來想：釋迦牟尼佛大沙門對我恩德深厚，我應捨棄自己家庭到佛前出家。隨後他就到釋迦牟尼佛前頂禮，在聞佛傳法後，他現前證得預流果。最終出家後又精進修持，並再獲阿羅漢果位。

這位老婆羅門就是上文中那位捆綁大勢部國王之婆羅門轉世。

另外，釋迦牟尼佛曾轉生為一增福國王，在怨敵與他相爭時，他不願與怨敵相鬥，就自己前往森林中。此時有一婆羅門之親戚被關押在監獄中，為使親戚得以釋放，他便前往增福國王那裏求助。國王已無可施之物，就對婆羅門說：

「你不如砍下我頭後將之交給怨敵國王，他肯定會賞賜你錢財。」婆羅門不敢砍斷國王頭顱，便將增福捆綁起來後交給怨敵國王。最終關在監獄之人獲得釋放，增福又重新得到王位。其餘情節均與前面記載的大致相同。

月亮王子度食人肉羅剎

無量劫之前，在印度鹿野苑有一國王名為瓦拉瑪達，他有次集合起四種軍隊率眾前往園林遊玩。途中遇到一野獸，眾人便開始跟蹤追擊，結果國王單槍匹馬就追至密林深處。他從馬上下來休息時，一母獅見到他後貪戀心頓起，就將尾巴翹起緊跟國王。國王心下明白母獅已對自己生起貪欲，他想：這隻野獸狂暴兇猛，如我不滿足牠欲望，牠肯定會將我吞食。於是在極度恐怖中，國王與之行不淨行。

母獅離開後，手下人追蹤前來，他們又將國王接至王宮。母獅後來懷上身孕，待月數圓滿後就產下一人身、但腳

有斑紋之子。母獅心想此為國王之子，便背馱著小兒將之送往王宮。國王也明瞭此乃自己太子，就開始精心撫養，並為其取名為斑足。

斑足非常勇敢、堅強，他於父王去世後繼承王位，又娶了國王種姓、婆羅門種姓兩位王妃。一日，他準備前往花園遊玩，就告訴兩王妃道：「你倆在我動身後開始追趕我，看誰最先找到我，我就天天與她共同享樂。後到之王妃，我從此不願再與她接觸。」國王於是先行出發趕到花園，兩王妃梳妝打扮後也同時騎馬出發。

路上遇一天尊像，婆羅門種姓王妃便下馬頂禮一番，後又上馬趕路。但她最終還是比國王種姓王妃略遲一步，國王就不再與她接觸。王妃馬上對天尊生起大嗔恨心，她忿忿不平說道：「我對你又是恭敬、又做頂禮，而國王卻不願再接觸我。如果真有本領，為何不肯幫我？」她不禁內心暗想：我一定要害死國王。

回到王宮後她告訴國王：「我有一請求，請國王與我享受一天幸福生活，不知國王能否答應？」國王最終同意了她所提的請求。王妃當天

就派眾人將天尊像摧毀並夷為平地。

天尊滿懷不悅，於是就想加害國王。他動身前往國王那裏，但保護王宮之天尊卻阻止其進入。

此時在一山上住有一仙人，他原是定期接受國王供養，日日飛進王宮享受蔬菜素食，然後再飛回山上。身像被摧毀之天尊得知仙人恰巧今日不前往王宮接受供養，他便變幻成仙人形象來到王宮門口。守門之天尊再次阻攔他進入，他便大喊道：「為何不讓我進入？」

國王聽到後就讓門衛放行，守門天尊只得放其進入。他進入王宮後不享用平日慣用飲食，反而說道：「你們所準備食物太為低劣，我要食魚、肉等葷腥。」國王詫異說道：

「大仙人，因你以往一直食用素食，我才未給你準備魚、肉等葷腥。」假仙人說：「從今以後，我再不願食低劣素食，你務必為我準備好葷物。」說完就轉身離去。

後當真正仙人來到後，眾人便用魚、肉等葷物供養他，仙人頓時生起嗔恨心。國王也覺好生奇怪，他問仙人：「你昨日不是親自要求我們供養此類食物嗎？」仙人不覺勃然大怒：「我昨日根本未至王宮，何來此等胡言亂語？你純屬捏造污蔑。」他隨即咒罵國王說：「願你十二年中只能以人肉為食。」然後就怒氣沖沖離開。

後來有一天，國王廚師在做飯時恰好一時找不到肉，而又碰巧發現一具剛死嬰兒之屍體，便把屍體手部筋肉割下後混以種種香料做好供給國王。國王吃下肚去，頓覺此肉味道勝過所有以前品嚐過之肉味，他便問廚師:「此為何種肉食？」廚師此刻則因膽戰心驚而低頭小聲答道:「如果國王不懲罰我，我便講明。」國王鼓動他說：「你照說不妨，我不會懲罰你。」廚師這才敢道出實情:「我找不到其他動物肉，加之時間又緊，恰好發現一具小孩死屍，我便把他身肉做成食物供養給大王。」國王在貪心鼓動下竟然對廚師說：

「此嬰兒肉非常好吃，日後望你能長期拿人肉供養我。」廚師為難說道：「以後恐再也找不到這種人肉。」國王似中邪一般命令他：「你定要嚴加保密，為我好好做人肉飯食，我有辦法，亦有特權搞到人肉。」從此之後，廚師受國王之命，經常於晚上偷偷盜走許多小孩，殺死後做成肉食供給國王享用。沒多久，城中孩童便相繼失蹤。眾人均感非常痛苦，就請示大臣。大臣們在協商後規定每晚在路口安排專人巡邏，後當廚師再次出動偷竊小孩時，眾人將之抓獲。

他們將廚師押至國王面前說道：「正是此人偷走前前後後失蹤之眾多孩童。」國王聽到後並不說話，大臣如是稟報、請示三次後，國王還是一言不發。大臣又說：「我們已將兇犯逮住，國王應以法律嚴懲，怎能如此沈默、一言不發。」國王最終只得說出真相：「是我命令他如此行事。」

聽國王如此回答，眾大臣不由怒火中燒，他們滿懷怨恨互相說道：「我們失蹤子女均為他所殘食，他乃我們大家共同仇敵，我們怎能替食人肉之國王賣命、效勞？」眾人商量後都認為應判國王死刑。

城市外本來有一花園，園中有一水池，國王每日都要前往沐浴一番。大臣們便提前於園中埋伏好軍隊，等國王趕來正欲洗澡時就將之抓獲，並準備殺死。國王被抓後還想負隅頑抗，他問眾人：「你們憑什麼趁我洗澡時抓捕我？」大臣們義正辭嚴回答說：「所謂國王者乃應保護自己手下臣民，而你卻將人民的兒女殺掉吞食，如此一來勢必導致人種全部滅盡。我們怎能忍受這種統治與迫害，故而理當將你處死。」

國王此刻不得不求饒道：「我以前所為確實不對，以後我定當努力改過。祈請諸位現在將我釋放，不知可否？」眾大臣義憤填膺拒絕他說：「即便空中降下黑雪，或你頭頂生出毒蛇，我們也絕不會放你，你還是停止胡說八道為妙。」國王聞言深感自己目前只有死路一條，於是就向眾人請求：

「你們既已決定要殺死我，能否稍微等我片刻，容我深思一下後你們再殺不遲？」大臣們便開許他稍稍思索片刻。

國王則趁機在內心發願道：「願以我過去所做一切善法，諸如如理如法護持國家，佈施仙人等所積福報，能令我馬上變成羅剎，飛上虛空。」結果以其願力感召，國王即刻就變為羅剎飛到虛空。他此時則向眾大臣報復說：「你們試圖殺死我，但憑我福德力，我現已變成羅剎、飛在虛空，你們又怎能奈何我？從今往後我要讓你們好好看看，我如何吃光你們妻子、兒女！」羅剎邊說邊飛上山去。

從此之後，此斑足羅剎就開始以人肉為食，結果眾人越來越畏懼他、躲避他，並開始四處逃亡。他又與其他羅剎互相往來，不久即眷屬成群。有部分未成他眷屬之羅剎對斑足說：「如你欲令我等也成為你眷屬，你應舉辦盛大宴會款待我們，那時我們自會成為你眷屬。」斑足羅剎馬上答應下來，他說道：「我會用五百王子人肉宴招待大家。」隨後他便前往各處將這些王子逮入山洞，前後共抓獲四百九十九名，還差最後一位。

被關押在山洞中之眾王子互相議論道：「我等現已淪落至無依無靠境地，如月亮王子能到這裏就再好不過了，因他有足夠力量解脫我等衝出牢籠。」大家如此議論、商量後便決定誘使羅剎將月亮王子帶至此處。他們告訴斑足羅剎說：

「若你欲大擺盛宴，僅靠我們這些王子根本辦不成一圓滿宴會。我等身肉無甚聲望、利益，如你取得月亮王子人肉，方才能舉辦出真正的人肉宴席，因為他具有殊勝功德。」羅刹輕鬆回答說：「這有何難辦，我定會手到擒來。」說完便飛上虛空去尋找月亮王子。

當時月亮王子已成為王位繼承人，他有一日正與眾多眷屬前往樂園準備聽法，有一婆羅門欲為王子宣說法要。此婆羅門說法目的只為錢財，他一看到月亮王子長相端嚴，便不由得專注觀看起來。此時婆羅門還未開始講法，但眾人卻突然哀號、放聲大哭起來。王子詫異問道：「到底發生何事？」眾人急忙說：「吃人羅刹現已來到此地！」婆羅門聞言頓感恐懼，大家也都在驚恐中四下逃跑。王子平日已了知羅刹惡行，此刻則想以饒益心度化他。他便對眾人說道：「如羅刹到我們這裏，我願接待他。」於是他安排王妃、眷屬及四種軍隊先行回去，自己留守等待。

月亮王子在眾人一片驚叫聲中定睛觀看，只見面目醜陋、身披鎧甲之羅刹正氣勢洶洶、手執利劍追趕在王子軍隊之後。王子大聲喊道：「大羅刹，所謂月亮王子就是我！你整日啖食人肉，做此等壞事到底有何意義？請直接過來找我。」斑足羅刹聞言轉身，一眼就認出月亮王子，於是就對王子說：「我正是特意為找你而來。」然後就無所顧忌地將王子扛上肩飛逝而去。王子心想應暫時隨順羅刹，因還未到度化時機，便也不加反抗，任由他扛走。

最後到一環境惡劣、人骨四散亂扔、人血到處染汙之地後，羅刹才將王子從肩上放下。而月亮王子原本就身相端莊、善妙，羅刹此刻見到後不覺目不轉睛仔細觀看起來。王子則回想起來：婆羅門剛才欲為我說法，但我卻突然被羅刹劫走，婆羅門對我離去甚是失望，因他未得錢財、願望未滿。想到這裏，王子心中深感難過，且因悲傷而落下眼淚。

羅刹則譏諷他說：「久聞你頗具功德、威力，孰料今日卻在我手中流下眼淚。你莫非因恐懼死亡而哭泣？或者因留戀其他所愛、所貪之境而痛哭？」「我根本不繫掛自己生命，也絕非有其他可留戀之處，」王子斬釘截鐵回答道：「只是剛才有一婆羅門本欲為得財富而準備於花園中為我說法，但我卻被你抓走，婆羅門當然失望不已，我是想起此事才難過哭泣。如你信任我、就請將我釋放，我回去再聽他傳法，並獻上供養，然後我便馬上返回，不知你能否允許？」羅剎略顯懷疑：「若我放了你，你還會不會再返回？」

王子坦誠答言：「從出生到現在，我從未說過妄語。我自己所發誓願，我根本就不會捨棄。再說若我不回來，你也有能力將我抓獲，況且剛才就是我主動送上門來。」羅剎聞言就將他釋放，王子離開時感覺就如從羅剎血盆大口中逃脫一樣。周圍的人見到王子回來非常高興，王子則將婆羅門喚來，在他面前聽聞四偈，每一偈都供養一千兩黃金，總共四千兩黃金，尚有其他許多供養。

父王感覺王子為一些小法就花去如此多財富以作供養太過可惜，他便以溫和語氣告訴兒子說：「你為聽法進行供養亦應合情合理，否則，佈施數目過大，再有錢財也會輕易耗盡。王宮、眷屬等大小開支都需要財物，故而你平日之上供下施就應適度，以此才能安邦治國。」

王子則回答道：「大父王，若與婆羅門所說善法價值相較，我連王位都可用作供養。聽他所講法後能生起智慧、摧毀無明，世上所有功德中哪有能與聞法功德相比者？聽聞如此善法為何不能盡力供養？我根本不欲獲取為一切禍害根源之王位，我還要落實我所做的承諾，前往羅剎那裏。」

父王聽罷焦急非常：「我為你著想才好言相勸，你不要心生不悅。太子，有誰會自投羅網、前往怨敵面前？世上哪有這種道理？儘管你已承諾，但我斷不會開許。在我們大智者所造吠陀論典中，都宣說為保護自己生命、為上師利益，即便說妄語也無過失。故而你不顧自己，也不憐惜我們，此等惡劣習氣理當拋棄。若你不想違背自己承諾，我已準備好四種軍隊，他們到時可護衛你前往，這樣也許能免於你被羅剎吞食。如此一來，你又維護住自己誓言，又能保護好自己。」

王子再次謝絕道：「我已答應之事，就絕不更改。在這世上已入惡道、趨入地獄、無有依靠之眾生，誰去度化他們？食人肉之羅剎寬容開許我回來，以他開許之恩德，我才能聽聞婆羅門教言。現在我要想辦法攝受羅剎，他肯定不會殺害我，請父王放心。」王子謝絕父王所派軍隊後，獨自一人前往羅剎所居之地。

羅剎從很遠就看到王子正向自己走來，儘管他心性長期都處於醜惡習氣包裹之下，但看見王子還是生起信心。他不禁說道：「奇哉！奇哉！真稀奇。」他心裏想：這人真不怕死，竟敢冒死守護誓言。而王子見到他後則說道：「我已聽聞教言，並做供養，心中非常喜悅，真要謝謝你大恩大德。現在我又特意趕回，請你隨便啖食吧。」羅剎生起好奇心說道：「我當然可隨時吃掉你，不過我想先聽聞你所聞受之教。

王子看到時機已降臨，就對羅剎說：「你性格兇殘，亦無悲心，只知為自己生存屢屢造惡。而我所聽聞教言皆屬正法，正法與非法怎能結合？對你們這種惡性羅剎宣說聖道有何作用？」羅剎聽後不覺冷笑說道：「你們國王為戲耍、玩樂而殺害眾多野獸，如果為生存殺食活人與正法相違，那殺害野獸難道就不與正法相違？」

王子對他開示說：「殺野獸之人絕非行持正法，而殺食人肉之行為更是惡劣，特別是啖食種姓高貴者人肉更不應理。」王子儘管為調化他用譏諷語氣如上宣說，但以王子慈悲力感召，已成功壓下羅剎嗔恨心，因而羅剎還願意聞受。羅剎此時則面帶微笑說：「我已將你釋放，你本可在王宮中盡享各種快樂，但你自己卻不願享受，反而回到我這裏，看來你並非精通論典之人。」

王子繼續說：「我並非貪圖短暫安樂之人，我亦捨棄惡劣論典中只知維護自己利益之觀點。而且我為信守真諦才回到你身邊，這正說明我明瞭論典，如此之論典才與生活實際意義及客觀現實不相違背。一些惡劣論典卻處處與之相違，如你修持此種劣論，死後只能墮入惡趣。」

羅剎則說：「將自己最珍愛之生命，以及親友、王位、種種享受全部放棄，僅僅為得一句真諦到底值不值得？得到一句真諦跑來這裏又有何用？」

王子便向他訴說起真諦妙用：「真諦具多種利益，簡單說來大致為：一切裝飾中真諦最莊嚴，一切味道中真諦最甘美。不經苦行痛苦，真諦亦可成辦福德，希求真諦者名聲傳遍一切地方。真諦能令眾生超離三界，真諦是趨入天界門檻，真諦是渡過輪迴江河之橋。」

羅剎聽罷竟也開始讚歎起來：「若是其他人落於我手定會恐懼、緊張，而你卻表現英勇，似乎不懼怕死亡一樣。」

王子以輕鬆心態回答說：「對無論如何精進努力，最終亦不可能逃脫之死亡，再恐懼又有何用？而且對那些一直未行善業、只知屢屢造惡之人而言，死亡會給他們帶來巨大心裏恐慌；但對我來說，我根本記不起自己做過任何會心生後悔之惡行。我一直依法行持，並廣行佈施等善舉，一想到這些，我就不再懼怕任何死亡威脅。所以你欲以我為供施品請放心去做，想食我身肉亦可。」

斑足羅剎此時已對月亮王子完全生起信心，他熱淚盈眶、激動不已，且暫時熄滅惡心，一直注視王子說道：「在此世間，誰會故意損害像你這般勝妙之王子？你從婆羅門處聞聽之教言能否再傳與我？我非常願意聞受。因你諄諄教導，我現在已深感慚愧，並為自己所作所為萬分憂慮。」

王子了知仙人以前對斑足所咒罵之十二年期限，此刻已經圓滿，調伏他、並使之趨於佛法之因緣業已成熟，就對羅剎說道：「如欲得法，必須擁有與所聞正法相應之威儀。正所謂：坐於極下地，當具溫順儀，以喜眼視師，如飲語甘露，當專心聞法。故而你應以清淨心，就如病人聽從醫生教導一樣，恭敬聞法。」

斑足羅剎馬上脫去上衣鋪於大磐石之上當作坐墊，恭請王子端坐於上，然後仰望王子臉孔說道：「大菩薩，請為我說法。」王子便開始用清晰聲音將在婆羅門前所聽聞之教言向他傳授。

王子所說第一首偈頌為：「所有正士前，接觸僅一次，無需精勤修，自心獲穩固。」羅剎聽後點頭稱讚，又打響指，並非常高興地再三請求王子繼續傳法。於是王子又說第二偈：「正士誰亦撼不動，如同天鵝行善法，何人如果親近他，功德自然能獲得。」羅剎聽後再生歡喜，他對王子請求道：「你通過供養財物而獲得智者教言，行如此供養而得如是教言太有意義，不知你能否再為我繼續宣說？」於是王子又宣說第三偈：「國王馬車金寶飾，身體衰朽亦醜陋，正士所傳法不老，善根功德永穩固。」羅剎聽罷再次彈指讚歎，同時內心法喜充滿，就如降下甘露雨水一般，身心得以享用無盡。他又請求王子接著傳法，王子就開始為他宣說第四偈：「天地之間距離遠，大海兩岸望不見，東西兩山難睹面，俗人佛法相隔遙。」

斑足羅剎此時已是歡喜難言，他恭恭敬敬對王子說：「你為我傳授四偈，我欲供養你四種殊勝以報傳法之恩，不知你欲何求？」王子正色答言：「你幹盡傷天害理之事，連我也被拖累受羈絆，你所積善根全為顛倒錯亂，又怎能對別人行四種殊勝供養？即便我開許你可對我行殊勝供養，但你從內心來說就不喜佈施，你還是免談什麼供養不供養吧。」

羅刹聽後羞愧難當，他低頭說道：「你毋需擔心，我現在連自己性命都可以捨棄，我定能供養你最殊勝之物，請你務必接納。」王子看時機已到，就對他說：「你既然願意供養，那就自此之後，一定不得妄語，還得斷除殺害眾生之惡習，且需釋放所有被關押之人，並戒斷啖食人肉之醜陋習性，以此為四種殊勝供養，我方才可以接受。」

羅刹面露為難、痛苦之色道：「前三項要求我都可以做到，只是第四條能否替換一下，因我實在難以做到。我不食人肉根本無法生存，這一點想必你以前就已了知。」王子進一步刺激他說：「我就說過你根本不可能供養我四種殊勝，若不能戒除食人肉習氣，不妄語、不殺生等項又怎能落實？你剛剛還信誓旦旦說可捨棄生命對我行四種殊勝佈施，現在看來豈不又成空話？」

羅刹為自己辯解說：「我現已捨棄王位，於森林中感受種種痛苦，又遠離正法，眾人因我而起之謠言可謂四處飛揚。此種境況下，我怎能捨棄最後一條生存之道？因我已無任何可依靠處。」

王子因勢利導說：「你確確實實已將佛法、王位、名譽、安樂盡皆失毀，而所有這些根源全在於你自己貪食人肉。既然如此，那又有何難捨之處？你必須戒除這食人肉劣習。你以前也曾享有王位，後正因吃人肉而成食人羅刹，此乃你自己未調伏自心所致。你從現在起就應力爭趨入不違佛法、世間法之光明正道。」

經王子如此循循善誘的教導後，羅刹終於拜倒在王子腳下頂禮懺悔，又發誓願再不吞食人肉，並落實釋放被關押之人等各項要求。

月亮王子來到被關押王子所居山洞中，眾人都為自己能獲解脫而歡欣鼓舞。王子又要求他們勿損害羅剎，在安慰他們時又讓他們發願。從山洞中獲得釋放後，五百名王子就將斑足羅剎護送回國，並讓他繼承王位。從此以後，斑足國王以正法主持國政，眾多王子都歡喜承侍他。也有一些王子於其他國家中登上王位。

當時之月亮王子即為後來之釋迦牟尼佛；當時之斑足羅剎即為後來之指鬘比丘。任何人如果遇到大正士都能獲取極大利益，因正士乃按諸聖者教言行事，他總以善巧方便利益眾生。即便他遭遇再大困境也能安忍不動，遇到再大痛苦也不失毀正法，永遠都能以穩固信心、不退轉地行利益自他的事業。思維這些道理，人們理應對佛法功德生起恭敬心。

碧綠不生嗔恨

久遠之前，鹿野苑中由梵施國王主持國政，當時舉國上下人人快樂圓滿。梵施王有一婆羅門大臣，此大臣有一子名碧綠，精通十八種學問，且素具信心與善心，恒喜自利利他，對父母雙親亦非常恭敬、孝順，此碧綠即為後來之釋迦牟尼佛。

婆羅門夫婦年老之後，兩人眼睛均已接近失明狀態。他們對梵施王請求道：「我們現已年邁，請國王將碧綠扶植為大臣，我們二人欲前往森林中苦行。」國王答應了他倆請求：「他可以當我大臣。」但碧綠得知後卻表示根本不欲在王宮為官，他說：「我看到可憐、衰老父母的無人照顧，就下決心要到森林中承侍二老。」碧綠於是就像吐唾沫一般捨棄舒適家園，前往寂靜地安住下來。

他每天早起之後就給父母供養好牙木，又用清水承侍他們洗漱，再做火供等上供下施，稍事休整，便上山採集水果、野菜。從山中回來時，就把水果、樹根及涼水帶來供養父母，自己則於另一僻靜地開始坐禪，每日生活均以此種方式度過。

其後，有一日早上起床後，碧綠在父母腳下頂禮，並向他們訴說自己昨晚的夢境：「昨晚我夢到一毒蛇啖食我軀體，在用黑繩捆綁我之後，又將我帶往南方。如此可怕夢境令孩兒心生懷疑，這是否意味著我要離開上師（指父親）？會不會出現這等可怕違緣？」

父母好言安慰他一番，碧綠在面向太陽誦過經文後，就又拿著水罐上山挑水。

此時梵施國王正好因打獵而來至苦行森林，國王在森林中聽聞到一陣雜沓腳步聲，但又不知發出聲音者到底是何種生靈，只是隱約聽聞到水罐與腳步交錯凌亂聲，國王以為有野獸出沒，便急忙向發出聲音的地方射出一枝毒箭，結果這枝箭巧恰射中碧綠心窩。碧綠被射中要害後當即倒地，但他此刻心中所掛念的根本不是自己的痛苦，而是年邁的父母。

碧綠內心難過不已，他悲傷地說道：「一人射來之毒箭已將我刺傷，我之身根已經毀壞。不僅是我，父母與我已全部被這只毒箭射死。」

梵施王聽到聲音急忙趕上前去打探，他發現是碧綠中箭後便不解問道：「一隻箭怎會射殺三人？」碧綠向他解釋說：「若我被射死，我那可憐的失明雙親亦會因我而亡。」梵施王聽到後十分害怕，他滿懷內疚地道歉說：「婆羅門子，都是我錯！我不知你在這裏就隨便亂射，結果弄成現在這種狀況。求你勸阻你父母，讓他們千萬不要咒罵我。」

碧綠則以恭敬心安慰國王說：「對你這樣具有慈心、又對眾生具有悲心、且持有今生來世存在之正見的國王，我定會使父母不咒罵你。我只希望國王能將這罐水替我送至我父親上師那裏，告訴他們此為我最後一次為他們打來洗腳水，請代我以我所用之語言在他們腳下頂禮，告訴他們說我們一人可能即將在不久的將來分離。」

國王馬上拿起水罐前往碧綠父母所在地，此時四方非人開始阻撓、擾亂國王。

而碧綠之失明父母則正在家中焦急等待。父親說：「碧綠孩兒出去後可能待在湖邊，但他為何耽擱如此長之時間還不歸來？」母親也憂心如焚：「遍滿蓮花之湖泊有眾多天鵝、野獸，他們可能在一起戲耍、生活。」此時國王已來至家門口，碧綠父母聽到腳步聲後誤以為孩兒已經歸來，父親就興奮不已又略帶責備地說道：「我那可愛異常之兒碧綠已經回家來了，不過你父母實在太過可憐，我們已饑餓難耐，不知你為何要在外面耽誤那麼久？」

國王聞聽之後非常難過，他慚愧、惶恐地說道：「我不是碧綠，我乃國王。」碧綠父母聽到後急忙熱情迎接：「國王來了那更好，快請坐，不知你現在一切可好？碧綠到山上採摘水果兼挑水去了，他很快就會回來。我家碧綠真正是具有眾多功德之人，他心地善良、本性慈悲，正因他慈悲力感召，這裏才有眾多野獸、飛禽自在生活。」

國王實在難以繼續聽聞下去，他淚流滿面在碧綠父母腳下頂禮，並用顫抖的聲音說道：「你們心愛的兒子已在森林中被箭射中心窩，可能馬上就會離開人間，生命垂危、繫於一髮。這罐水是他最後一次供養你二老洗腳之用。」碧綠父母聽到這可怕、悲慘的消息後立即昏倒在地，國王急忙給他們澆灑涼水，他們才清醒過來。二人痛哭哀號道：「大國王，如他死去，我們也會隨之而亡。無論如何，請你將我們帶往他中箭之地，他未死之前，我們一定要親手撫摸愛子。」

國王於是將兩位老人帶往碧綠那裏，到達之後，碧綠已氣息奄奄。父母撫摸著兒子身體控訴道：「是誰如砍斷好樹良木一般將我們心愛兒子殺害？」國王在他們腳下頂禮懺悔道：「我真乃罪孽深重，是我到森林中去後，以箭將他射成這樣。」

父母悲痛哭泣，他們邊祈禱邊說諦實語道：「好兒子，願以你對父母承侍孝養之功德、對天尊進行火供之功德，熄滅這毒箭所造成之毒害。」

此時帝釋天天界震動，帝釋天為觀察原因便開始察看，結果得知是賢劫中之大菩薩因心間中毒箭而生痛苦。帝釋天知道後就馬上降臨人間，用天人甘露為碧綠進行加持。最終，以碧綠父母真實語之力，再加帝釋天所獻甘露，碧綠疼痛當下全部消除。他的傷口很快就癒合，毒性也隨即消失，終於解脫一切痛苦。

碧綠不僅長時間承侍父母，大尊者在感受如是難忍痛苦時，對他人也無半點嗔恨心，始終都能以穩固之慈悲心對待。

仁慈熊貓

釋迦牟尼佛曾有一世轉生為一隻熊貓住於山洞中。一次，當地有一貧苦人至山中砍柴，不料當日卻遭遇狂風暴雨，整個大地都被大雨澆透。此人慌不擇路跑到山洞中避雨時，看見熊貓在洞裏便恐懼異常。他正準備逃跑，熊貓則急忙安慰他平靜下來，並用自身體溫溫暖他，又為他取來水果、野菜充饑。

暴風雨之災持續七日，這期間，此人一直受到熊貓精心照料與保護。第八日時雨過天晴，貧苦人吃罷水果就欲返家。臨行前他對熊貓說道：「你對我恩重如山，我該如何報答你？」熊貓只是叮嚀他說：「切勿對別人提起我居住於此地之事，以此報恩已足夠矣。」此人答應道：「我一定照辦。」隨即就在頂禮後離開山洞。

他回家後，親友均感詫異萬分，他們紛紛議論道：「大批飛禽走獸都死於此次水災，你何能衝破巨大困難安全返回？」他便將此番歷險經過向眾人坦白。大家聽後急切問道：「此熊貓到底在何處？你能否帶我們到其山洞巡視？」此人猶豫地說道：「我不欲再前往山林。」眾人卻慫恿他說：「如你帶我們前去，我們殺死那隻熊貓後，可將三分之二份熊貓肉送你。」經不住此等誘惑，這人最終便向眾人指點出熊貓所在山洞。

這群人趕上山來，用煙將熊貓燻死。熊貓死時雖感受巨大痛苦，但牠未生起絲毫後悔及嗔恨心，牠深知此乃自己前世業力所致，於是就在平和心態中安然離世。眾人則將三分之二熊貓肉送與這忘恩負義之人，而當他正準備接收時，兩手卻突然掉落於地。其他獵人目睹之後均感恐懼，他們放棄自己所應得份額，全都匆匆逃跑而去。

梵施王與一些對此事深感稀有之人後來全部來到現場，他們將熊貓皮帶往一間寺院，並將前後經過告訴僧眾。寺中有一阿羅漢比丘感慨說道：「這哪裏是熊貓，分明是賢劫中大菩薩，我們實在應對之行供養。」

國王與眷屬後將熊貓屍體火化，並在此地為之建造遺塔，且以寶傘等物做各種裝飾，長期供養牠。最後，所有與牠結緣之眾生全部趨入善趣。

另外，有一貧窮之人為賣木材而到森林中砍柴，當時釋迦牟尼佛也轉生為一熊貓住於此森林中一山洞裏。砍柴人在被老虎追趕、走投無路之時，無意中爬上樹幹，恰巧熊貓亦蹲踞其上。樵夫見之恐懼頓生，而熊貓則慈悲地將他拉向自己懷中，好生撫慰一番。

餓虎貪吃其食，牠告訴熊貓說：「大尊者，這黑頭惡人乃忘恩負義之徒，你應將之拋下。」牠邊說邊因貪嗜血腥而一直徘徊於樹下。

熊貓後來告訴樵夫說：「我現今稍感疲憊，你來巡視、監看片刻，我欲小憩一會兒。」熊貓因一直辛勤照料樵夫，此時太過勞累很快就沈沈睡去。老虎趁機對樵夫說道：「你為何要苦守此處？不如將熊貓扔下，這樣我食畢熊貓就可離開此地，那時你亦可自由離去。」

毫無悲心之樵夫想到：我一直居於樹上也不是解決問題之道，乾脆扔下熊貓以圖自保。想及此，他便將熊貓從樹上拋下。熊貓墜落過程中，嘴裏一直嘀咕十個左右、不大清楚之言詞，落地之後便被餓虎吞食。

樵夫聽到熊貓喃喃的自語，總感覺熊貓好似在向自己說話一般，他便一直將此事繫掛於心。結果他越思慮越理不出頭緒，以致漸漸神志不清、頭腦恍惚起來。他開始終日四處漂蕩，口中不斷重複熊貓落地時所發之音聲，就這麼邊走邊說，一路絮叨不止。親友們逮著他時，他也經常向他們嘮叨這類令眾人不明所以之言詞。眾人便向看相者、密咒士、比丘、婆羅門等人探問原因，但他們也都眾說紛紜、莫衷一是。鹿野苑附近森林中，住有一具五神通之仙人，親友就將

此人帶往仙人面前。仙人最終道出此中原委：「這人本性實為兇惡，此惡人竟將對他功德利益最大之大菩薩拋至老虎眼前。大尊者本欲為此人傳法，但他卻將尊者突然扔下。尊者原想為他傳授十偈，結果只來得及念出每偈頭一字，此人所絮叨者正是每偈首字之集合。」仙人弟子聞言便問：「上師，你能否為我等宣說這十偈內容？」仙人便將十偈完整宣說道：

「第一偈：悲哉此世間，非法實恐怖，惡劣狡詐者，竟敢害密友。第二偈：若殺己密友，恒時不得樂，坐於坐墊上，行住等皆苦。第三偈：尊者以悲心，低聲殷殷道，惡劣之眾生，定遭燃燒痛。第四偈：汝造大

惡業，來世受劇痛，以此痛苦因，何能享安樂？第五偈：極惡劣眾生，墮號叫地獄，感受猛烈苦，大聲慘哀號。第六偈：業力深重者，無惡不能做，所做惡事中，竟有殺友者。第七偈：汝已壞正法，自心不善良，對熊貓與虎，所做應能憶。第八偈：愚者對好友，忘恩不報答，即生殺害之，未來定受報。第九偈：汝遇老虎怖，我長時護汝，睡時亦衛護，汝無法行之。第十偈：說法上師語，害友過失大，惡人汝死後，定會墮地獄。」

當時之熊貓即為後來之釋迦牟尼佛，樵夫即為後來之提婆達多。

大尊者變為旁生時，遇如是苦難亦不忘宣說佛法，對眾生開示正道、非道道理；成佛之後，宣講佛法之行持就更不用多說。我們明瞭釋迦牟尼佛如是功德後，應對佛陀從內心生起恭敬心。

知恩圖報與忘恩負義

久遠之前，梵施國王當政時，有一人砍柴遇獅子追趕，逃跑間落一深坑中，獅子因緊逼不捨，結果也同落坑塹。當時有一毒蛇正追趕一隻老鼠，而鷂鷹又在蛇後窮追不捨，最終三隻動物也跌落坑中。正當他們欲以嗔恨心互相殘害時，獅子首先說道：「以我能力，本可將你們統統殺死。但我們現在都遭遇痛苦困境，實不應再互相損害，大家理當團結和合。」

此時有一獵人恰好路過此處，他隨隨便便向坑裏瞥上一眼，坑中眾生立刻以可憐語氣向他尋求庇護。獵人立即將獅子從坑中先救出來，獅子被救後於獵人腳下頂禮說道：「我定會報答你救命恩德，不過你最好勿救砍柴人，他絕不會報答你相救之恩。」獅子說完即轉身離開，而獵人又將剩餘眾生一一救出。獅子隨後捕殺到一隻野獸，就將屍體供養給獵人以為答謝。

後有一日，梵施國王與王妃一起前往樂園賞玩，梵施王玩樂當中先行睡下休息，而眾王妃則將裝飾品拿出後自行遊歷起來。結果鷂鷹將珠寶全部銜走，以之奉獻與獵人以報答恩德。王妃們丟失飾品後連忙將呈報國王，國王急令大臣負責調查出誰是元兇。從坑中被救上之人明白獵人身上攜有珍寶，於是便急忙向國王告發。國王抓獲獵人後問道：「是你偷走王妃所戴飾品嗎？」

獵人就將前後經過完整講述一番，同時又將珍寶交還給國王，而砍柴人最終還是把獵人送進監獄。老鼠知道後就對毒蛇說：「我們的好朋友獵人正被惡樵夫陷害，他已被關進監牢。」毒蛇就溜進監獄告訴獵人道：「我今日欲咬國王身體，我先教你一解毒藥方與一句咒語，到時你即可憑此治癒國王被咬傷之處。」然後毒蛇就咬了國王數口。

獵人則依毒蛇所傳咒語與藥方治好國王蛇傷，國王便將之釋放，還贈與他大量財富。

旁生亦如是知恩報恩，而有些惡人卻忘恩負義，此種行為真值得譴責。

釋迦牟尼佛如是變為獵人時，忘恩負義者即為後來之提婆達多。現在釋迦牟尼成佛，他依舊恩將仇報，但世尊依然像對待兒子羅睺羅那樣慈愛待他。

此外，《律本事》中尚有老鼠、毒蛇、吐寶鼠之記載。另外，久遠之前有一賣花之人，他採花的花園位於河之

對岸，每日均需過河採集花朵。一次，他於河中撿到被水沖走的一個芒果，就將之送給國王衛兵。衛兵又將之送與國王，國王又再送與王

妃。王妃食之感覺味道非常鮮美，便向國王請求說：「望國王能時時賜我此等水果。」

國王就問侍衛：「你從何處得到此果？」如此一詢問下來，最後問到賣花者。賣花人講明情況後，國王要求他務必再找到這種果實。國王命令他不敢不聽從，自此之後，此人就準備好口糧，沿河水一路找尋而去。

走過很遠之地，他發現一山上有芒果樹，但因此山陡峭，除了猴子外，無人敢攀登。他為找到芒果，前後耽擱很長一段時間，已將口糧用盡，此時他想到：如再待下去，我會困死於此，看來還是得攀上懸崖。然後他就手抓岩石奮力向上攀登。結果芒果未得，人倒先墜深淵。

當時釋迦牟尼佛變為一隻猴王住於此山，看見有人墜崖後便欲搭救。牠先試抬一塊與落崖之人身量大小相差無幾之石頭，結果發現尚能抬動，於是就將此人從深淵中救出。此刻牠已非常疲憊，便用人言詢問他為何來此。賣花者向其敘述經過、原委，猴王對其為找芒果而遭遇之痛苦艱辛，深為同情，便不顧自己勞累，又躍上芒果樹去採摘果實。牠讓這人先食用一些芒果，又拿很多芒果裝入他的袋中。

此時猴王已精疲力盡，而牠對任何眾生都非常信任，於是便在賣花者面前休息起來，臨睡前還叮嚀他道：「我已非常疲累，欲在你面前休息片刻，請替我巡視一番。」說完猴王就睡著了。

賣花人卻想：我口糧已用盡，而袋中芒果又為供養王妃之用，若食之如何向國王交代？不如殺死這猴子，以牠身肉當作口糧。想畢，這毫無慈悲心、亦不顧來世果報之惡人，就用大石塊壓死了猴王。

此時諸天人則宣說道：「若為真朋友，利他且報恩，惡人全不記，別人之恩德。」

當時之採花人即為後來之提婆達多，他對猴王不知報恩，在釋迦牟尼成佛後同樣不知報恩。但釋迦牟尼佛過去就如待兒子一般對他，成佛後就更不必多說。

久遠之前，釋迦牟尼佛又曾轉生為森林中棲息於懸崖峭壁上的一隻猴子。當時有一人為找尋水果而迷路入此山中，他爬上樹幹採摘水果時，不慎掉入萬丈深淵，雖僥倖未摔死但因遍體鱗傷而疼痛難忍，他一陣陣發出淒厲哀號、痛苦呻吟。猴子聞訊趕來後，先為他送上水果，然後又試抬起一塊與墮崖者身量相當之石塊。發現自己尚能搬動此人時，猴子便拼盡全力將他救出深淵。結果因精疲力竭，猴子放下他不久，自己就於大磐石上進入睡夢中。

此愚癡之人儘管已答應替猴子巡視，但他看到猴子沈睡模樣後又打起歪主意：我要離開此地必得攜帶足夠口糧，不如將此猴殺死充作糧食。不過猴兒太過伶俐，牠醒時我肯定無法取其性命，乾脆趁牠熟睡時將牠擊殺。想到這，他便搬起一塊大石頭向猴子砸去。

結果石塊只稍微接觸到猴子皮毛，並未將猴子砸死。猴子從睡夢中驚醒後，連驚帶怕跳到別處。那人看見後頓時傻眼呆望，一時手足無措，不知如何是好。猴子眼見四下無人，心中明白剛才定是這人所為無疑，但牠首先所繫掛者根本不是自己的痛苦、安危，反而對行兇者生起悲心。牠心中想到：這些不知報恩、反而還要造惡之人，實在太過可憐。想及此，猴子便流出大悲淚水。牠對被救者說：「你生而為人卻居然做出這等惡行，到底有何利益、功用？若我有損害你利益之處，你儘可用各種方法對付我；但你卻如此行事，以致毀壞今生來世善根，此等作為到底值不值得？不過如我現在不將你送出山，你根本就無法走出這危險森林。」猴子最終將其護送至城市邊緣，為他指明道路後，勸說他以後再勿造作惡業，然後才離開此人、返回森林。

這人後來因造惡果報出現而罹患麻瘋病，身相竟如食肉魔鬼般醜陋，無論前往何處都被眾人趕走。他最後只能躲進森林中，有獵人見到後便詢問他何以致此？他便對其詳述自己因無慈悲心而致如此境地之經過。

又釋迦牟尼佛久遠之前曾轉生為一隻雌燕，牠所居之地有一獸中之王獅子。獅子有一次食肉時，恰好被骨刺刺中嘴唇、痛苦萬分。燕子向牠詢問原委，同時也看見獅子口中骨頭正卡在那裏。燕子便趁獅子睡著時探身其中為牠取出骨頭，然後對牠說道：「你為獸王，將來肯定有能力報恩，方便時請多多饒益我。」獅子滿口答應下來。

這隻雌燕後被鷂鷹抓獲，然僥倖又從其爪下逃脫。饑餓難耐時，恰逢獅子剛剛捕殺到一隻野獸。眼見獅子正狼吞虎嚥，饑腸轆轆之燕子便向獅子討要肉食。誰料獅子不但不給，反而惡狠狠地說道：「你當初能從我兇殘利牙下活著出去，皆是我對你施恩所致，現在還來要什麼肉食？」燕子聽罷無奈說道：「墮入大海不可救，夢中希求無所得，忘恩者前去索取，空耗力氣無意義。」說完就傷心飛走，不過心裏卻並未因此而對獅子生起憎恨及煩惱心。

當時之獅子即為後來之提婆達多。

此外，久遠之前，有四位王子娶有四位王妃。後他們因詆毀國王而被驅逐出境，四王子便帶著王妃離開故土前往一偏僻地方。路途中因眾人將口糧耗盡，幾位王子便商議道：

「我們現已糧盡水絕，不如乾脆將我們妻子依次殺而食之，吃掉她們才能走出此地，就拿她們身肉作我們口糧吧。」

四王子中有一薩嘎王子，他本為一寧捨生命亦不殺害其他眾生之人。聽到其他王子如此議論，便想帶自己妻子逃離此處。念頭剛生，他便當機立斷帶著妻子踏上逃跑之路。

一路走來已無吃無喝，妻子有氣無力地說道：「我已體力難支，可能馬上就會餓死。」王子聞言心中暗想：我定要救其性命，不讓她死去。想畢就將自己大腿肉割下餵與妻子，又割破手腕脈管令其喝足自身鮮血。

待她體力恢復後，二人就居住於一山腳下，以淨水、水果等飲食享受清淨生活。

山下有條河流蜿蜒而過，河中有一盜匪整日淒慘哀號，因他遭受刑罰，手腳均已被砍斷。被人扔進河中後僥倖大難不死，但因痛不欲生故而放聲慘叫。王子聽到後心生悲意，他將盜匪從水中救出後，匪徒便向王子滔滔傾訴自己境遇。王子就日日以水果、野菜精心調養盜匪身體，後又將照顧此人之責任交與妻子。在二人調養下，盜匪身體漸漸復元，王子對他非常關心，經常與他互相交談，詢問他身體狀況。

因大尊者本性中就無多少粗大且猛厲之貪欲，故而除偶爾與妻子行不淨行外，王子從不沈溺於情欲。因大尊者威力感召，當地野菜、水果生長茂盛，且富有營養。盜匪和王妃享用後，便日益滋生出貪戀心。王妃對這位手腳已成殘疾之人，似乎多少產生了愛慕之意，她有一日竟欲令其與自己行不淨行。盜匪不安回絕道：「你丈夫將我從死亡邊緣救出，如我對你有不軌舉動，他定會將我殺死。」而王妃則一直再三慫恿、請求，最終因自身煩惱難以調伏，盜匪便與王妃做下不淨行。

孰料王妃竟因此而貪戀心大長，盜匪一直想讓王妃回到王子身邊，但王妃無論如何也不願回去。殘疾盜匪對王妃說道：「所有仇恨中，因女人而起之感情上的仇恨最強烈。我們行為如此不軌，後果恐怕不堪設想。」王妃亦覺此人所說言之有理，但在貪戀心鼓蕩下，王妃還欲為發洩貪欲另覓途徑。

日，王妃上山後便用衣服蒙住頭，睡在王子來回必經之路上。王子看她以衣裹頭，便為其拿來水果，同時問她原委。王子妻子此刻撒謊道：「我今日頭痛欲裂、痛苦萬分。」王子急忙問她有甚良藥可治癒，王妃回答說：「我曾見崖棠內有一石蕊，以前我頭痛時，醫生說石蕊對治癒頭痛有助益，得到它就能治好頭痛頑疾。」王子急忙說：「既然石蕊能治癒頭痛，那我們就快去尋找。」

這女人就用計謀將王子吊在繩子上，自己則拉住繩子一端將王子慢慢向崖棠放下去。結果至一定高度、快要接近石蕊時，她突然鬆開繩子，王子立刻墜入河流中。

後來王子被水流沖至另一個國家，當地國王雖已去世，但卻無太子繼承王位。眾大臣便商議道：「具有福德之人才能繼承王位。」眾人便去一婆羅門看相者那裏詢問，看相者即透過占卜看到薩嘎王子正處於其國之中，薩嘎王子如同國君般莊嚴。婆羅門看相者馬上了知此人乃有福德之人，於是便將詳細情況告訴諸位大臣，讓他們迎請此人當國王。

王子隨即當上這個國家之新國王，登上王位後，眾大臣、其他國家國王、富裕之人等等都將各自以珍寶裝飾之女兒一一送來，請求能作國王王妃。但國王已對女人心生厭煩，他一個都未接受，並一直對女人持輕蔑態度。

那忘恩負義之王妃在將丈夫摔下河中後，當地野菜、水果等食物便日漸枯萎。王妃與殘疾盜匪因饑餓所迫便到別處謀生。王妃身背殘疾者到處漂泊，後至一路口時，有人問她：「你背上是何人？」她回答說：「我背著我丈夫，對自己丈夫我一直如是精心照料。」二人不管走到哪裏，眾人多少都會給他們一些佈施。兩人後來也漂落到王子當國王之地，有人看到一女人背著丈夫深覺稀有，便常常圍觀，且議論道：「我們國王輕蔑所有女人，大概是未見到對自己丈夫如此疼愛之女人所致。」

此種議論漸漸傳至王宮，國王便對手下說道：「如真有這種女人，請將她帶過來。」於是二人就被帶至國王面前。國王一見不覺微笑說道：「食我大腿肉，喝我身上血，現背殘疾者，真愛丈夫否？為採集石蕊，將我抛下山，又背殘疾者，汝真愛丈夫？」國王說完後，女人羞愧地低下頭。

大臣不解此中緣由，國王就向他們解釋一番，大臣聽罷就用粗重言詞將二人驅出城門。

當時之薩嘎王子即為後來之釋迦牟尼佛；當時之王妃即為後來之提婆達多。

善願惡誓

久遠之前，在大海邊住有一雙頭共命鳥，牠們共用一個軀體，卻長有二首。一隻名為有法，一隻名為非法。有次當非法睡著時，有法在巡視中撿到一甘露果。有法想到：是叫醒非法一起享用，還是我獨自吞下？既然我倆共用一個軀體，乾脆我就將之食用，反正都為滋養共同身軀。有法便未叫醒非法，自己獨自吃完甘露果。

非法醒來後知道甘露果已被有法吃掉，因有法打嗝時呼出陣陣甘露果氣味，非法氣憤問道：「為何打嗝？」有法回答說：「我吃了甘露果。」非法緊追不捨：「你從何處得來？有法向非法講述了全部經過，非法聽後憤怒異常，牠說道：「我以後也會仿效你如此行事。」

後有一次當有法睡著時，非法看到水中漂來一只水果，牠不知有毒便將之吞下，結果立即昏死過去。

神志不清時，非法發願道：「生生世世但願我都能將有法殺死，並且永遠與牠對立、成為牠怨敵。」而有法則發願說：「無論我轉生何處，願我生生世世都能以慈悲心對待非法。」

當時之有法即為後來之釋迦牟尼佛；當時之非法即為後來之提婆達多。其他經論中所述雙頭天鵝之故事也與此記載大致相同。

此外，釋迦牟尼佛曾轉生為一後來成為詩學家的漁夫之子；他還曾轉生為日輪國王、珍寶師、施主之子、婆羅門之子等，而提婆達多也常常轉生為與釋迦牟尼佛同一種姓之眾生，他對釋迦牟尼佛製造違緣、挑起爭鬥之情況，在《律本事》第一百〇三回中有詳細記載。

安忍求和

釋迦牟尼佛轉生為東勝身洲一國王時，當時有個梵施王因不具備如身洲王一般威力，故而常常對他所擁有之榮華富貴生起嫉妒心與嗔心，而身洲國王則一直以慈悲心愛戴他。有次梵施王率四種軍隊向身洲王大舉進犯，身洲王本來擁有強大力量，但他不欲將梵施王及其軍隊當作怨敵，於是就在二由旬半之地陳設各種裝飾、飲食率臣民齊來迎接梵施王。梵施王看到後內心自然遠離嗔恨之意，且對身洲王生起歡喜心。他暗自想到：身洲王既如此待我，我還是撤軍為好。

於是他便來到身洲王面前，身洲王將他帶往王宮，供養他食物、滿足他所需，並說道：「梵施王請寬恕我，我恒常對你恭敬，我欲成你誠摯友，請多慈悲關照我。」梵施王則回應說：「你張安忍弓，手執功德箭，壞我傲慢心，摧毀我嗔恨。」兩人關係自此更勝從前，梵施王後來回到了自己的國家。

又釋迦牟尼佛曾為具親國王，有一名為凶天之國王對他心生怨恨，便糾集起軍隊妄圖搶奪具親國王王位。具親召集諸位大臣商量對策，有大臣說：「我們理應勇敢應戰。」也有大臣言：「我們還是送其財物以求和為貴。」還有大臣說：「最好讓大臣出面解決。」另有部分人說：「應率軍抗擊。」此時有一長官名水天者，財富圓滿無缺，他出於善良心願說道：「我願獻出自己資財，國王可以之派人前去勸說凶天國王。」

具親最終採納水天所提建議，他便派人攜帶禮物送往凶天國王處，但此舉並未制止凶天出兵企圖。具親又令人傳信給凶天：「我們分別擁有自己的國家，本該好好保護自己國家領土、臣民，隨意享用本國資財與種種妙欲。人活一世，草木一秋而已，已具足衣食、臥具、妻子等生活內容後，應知足無求。有智之士豈能互相爭鬥？有人已具有金銀財富仍不知饜足，如此斂財除徒增貪心外，又有何真正利益？好朋友，你應仔細、審慎考慮，切勿挑起我們兩國之間的戰爭，智者實在應該少欲知足、清淨常樂。」具親如是勸告，但凶天仍不放棄進攻計劃，他給具親去信說道：「無論如何我都要與你宣戰，我定要殺死你，你之王位必須歸我所有！若我戰死，則我所擁有之國家亦可奉獻於你。」

具親清楚了知若對世間任何事物生出貪心，都必感召痛苦，而若無國家也就毋需眾生犧牲資財，因此具親甘願捨棄王位。於是他便丟下煩惱之源——王位，出家求道、苦修四梵住，並終在死後轉生梵天天界。

又無數不可思議劫之前，普見如來出世說法。當其教法步入形象期時，印度鹿野苑有一具智、品行高潔之國王正統治六十小國。王子名為安忍，也即後來之釋迦牟尼佛。安忍性喜佈施，恒時具有強烈慈心悲意。

當時國王手下有六位狡詐大臣，經常莫名其妙懲罰無罪之人，他們因自己行為惡劣而對安忍王子時時生出嫉妒心。國王後來得到一種嚴重的疾病，王子向六位大臣詢問父王病情時，大臣們說道：「國王因病情嚴重，不久就會撒手人寰。」王子驚問道：「為何會出現此種現象？」這幾位大臣就回答說：「因好藥實在難覓。」王子聽罷竟因哀傷過度而致昏厥於地。

六位大臣秘密商議說：「不處死安忍王子我們行動都不得方便、自由。」其中一位面呈困惑之色：「奈何王子從未造下任何罪業，我們又如何定罪殺之？」另一位大臣則心生一計：「殺他自有辦法。」

六人隨後便來到王子面前說道：「我們已前往六十小國、八百城市中尋找能治癒國王頑疾之藥，怎奈皆無任何收效。」王子趕忙問：「到底需要何種藥物？為何如此難覓？」大臣們說：「此藥乃需從出生至現在，始終無嗔無恨之人的眼珠與腳部骨髓方能製成，但要找到這種人談何容易？國王看來恐怕是沒有生存希望了。」王子聽罷心如刀割，他邊想邊說道：「我應能具備這項條件。」大臣們假裝為難說道：

「你雖具足此條要求，但實行起來實在困難重重。」安忍王子救父心切，他對六大臣堅定說道：「只要能令國王擺脫病痛，我捨棄千百次肉身也不足為惜。」下定決心後，王子來到王妃面前說道：「我已準備用自身軀體為父王製藥，也許會因此而喪身失命。故而今日特來向母親頂禮，希望母親萬勿傷心。」母親聞言即刻昏倒於地。王子急往母親身上澆灑涼水，待母親醒來後，王子又安慰她說：「父王也許不久於人世，但切盼母親能長久住世。」

王子隨後又於眾大臣、小國國王、眷屬前頂禮道別，惡心大臣則命令一屠夫迅速砍斷王子雙腳、取出骨髓，又挖出王子雙眼，然後用這些東西配製藥物，獻與國王。國王吃下後很快即開始復元，他驚喜問道：「將我從死亡邊緣拯救出來之妙藥從何而來？」大臣們就如實相告：「是用安忍王子身體製成。」國王聞畢不覺昏厥倒地。醒來後，他急忙問左右：「安忍王子現在何處？」左右回答說：「王子現正在外面接受治療，想來已無存活希望。」國王聽到後一邊起身一邊哭訴道：「真令我慚愧，我怎能吃親生兒子之身肉？我一定要探望王子。」

但國王還未來得及看王子一眼，安忍就已先行逝去。國王、王妃、眷屬們齊聚在王子屍體周圍，王妃則趴在兒子屍體上放聲痛哭。國王與小國之人將安忍遺體以檀香木火化，並用七寶做成遺塔。

當時之國王、王妃即為後來之淨飯王與摩耶夫人。

安慧獅子恭敬袈裟

釋迦牟尼佛曾轉生為安慧獅子，遍體金色、光潔閃亮，牠經常以水果、樹葉為食，從不損害任何眾生，對出家人尤為恭敬。

有一獵人妄圖殺死安慧，期冀把牠金色毛皮獻與國王後能免除自身貧窮之苦。他便穿上出家人所著袈裟，喬裝成僧人、手持弓箭來到獅子面前，並趁牠熟睡時向其射出一隻毒箭。獅子驚醒後本欲追趕獵人，但見他身著袈裟不禁想到：此人身著三世諸佛勝幢袈裟，若將其損害，則如同對三世諸佛生起惡心。於是牠便放棄了追殺獵人之意。毒箭毒性隨後發作，當獅子生命垂危之際，牠口中自然發出：「呀啦啦瓦夏薩梭哈」之音。時大地震動猶如翻天覆地一般，無雲天空亦降下雨水。諸天人目睹獵人殺害獅子相菩薩後，均降下天人花雨供養獅子屍體。而獵人則將安慧金色皮膚剝下，到國王面前試圖索取獎勵。

國王則想到：古代論典中皆言，任何旁生若皮為金色，則都為大菩薩。既如此，我為何還要獎勵眼前這位屠夫？對他獎賞，與對大菩薩生殺心又有何種區別？國王心意已定，就拒絕了獵人賞賜之祈求。但獵人再三懇請，國王最後便送與他些微財物。國王又問他：「你殺害獅子之時，有無現出種種瑞相？」獵人恬不知恥回答說：「當時獅子口出八字，大地同時開始震動，無雲天空亦降下雨水，諸天人也降下花雨。」

國王聞聽之後，內心非常不悅，他對獅子立即生起信心。隨即又召集起所有智者，向他們詢問這八字內涵，但無一人知曉。此時於一寂靜地住有一具智夏瑪仙人，當國王問到他時，他解釋說：「『呀啦啦』意謂剃除鬚髮、身著袈裟之人，很快就能解脫生死；而『瓦夏薩』則指剃除鬚髮、身著袈裟之人，全都具足聖者相，已接近獲得佛果；『梭哈』則言剃除鬚髮、身著袈裟之人，所有人天及世間眾生均應對之恭敬承侍。」國王聽罷頓生歡喜，他集中起八萬四千小國民眾，將金色獅子皮放於七寶馬車上令大家恭敬禮拜。眾人皆用香花供養，並頂禮承侍，還將獅子皮置於金篋中，為之專門建造佛塔，有很多眾生最後都依之轉生天界。

釋迦牟尼佛變為獅子時，對身著袈裟之人無不生起堅定信心。以此緣故，他於十萬劫中都轉生為轉輪王，賜予眾生安樂，自己亦積累下廣大福德。國王也因供養獅子皮功德，而於十萬劫中享受人天福報。當時之國王即為後來之彌勒菩薩；當時之夏瑪仙人即為後來之舍利子；當時之獵人即為後來之提婆達多。

另外，久遠之前，印度梵施王本性慈悲，素喜佈施，而王妃卻兇狠、刁蠻。二人後育有一子名為法護。法護太子心地善良，具足信心，恒喜行自利利他之事，以愛心關愛、照顧所有人，他與其他孩童在上師面前共學文字等學問。

一春暖花開之日，國王與其他王妃一起在園中享受歡樂時光，此時刁蠻王妃則心生極大嫉妒，她心煩意亂、暴躁不安。國王此時恰好又派人將自己喝剩之一半飲料送與王妃品嚐，王妃一見更是怒髮衝冠，她派人給國王捎口信道：「要我喝下你所剩飲料，還不如讓我喝自己兒子鮮血。」

貪心之人無惡不作，儘管梵施國王本為一修行佛法之人，但因尚未遠離貪欲，再加眾王妃從旁慫恿、離間，結果國王嗔恨之火越燃越熾盛，甚至一發而不可收拾。他派人欲砍斷法護頭顱，並要令那刁蠻王妃喝下親生兒子鮮血。其他王子得知後紛紛議論、傳播國王命令，法護最終也得到消息。他平靜地說道：「輪迴中之爭鬥實在可怕，以自身嗔恨心增加緣故，連自己親生兒子都能殺害。」法護穿好衣服先去頂禮父親，並說道：「天下父親皆疼愛兒子，我又未做錯任何事，望父王勿殺害我。」結果梵施王卻說道：「如你母親能寬恕你，則我也可收回成命。」

法護便又到母親腳下頂禮道：「請母親原諒我，不要令孩兒被別人殺害。」王妃儘管聽到兒子那可憐祈求，但她卻在嗔恨怒火催動下，完全喪失理智，竟對兒子的請求置若罔聞。劊子手後來將法護頭顱以利刃砍下，並將王子鮮血拿給惡性王妃喝下。這女人既已喝下自身骨肉鮮血，但仍未生後悔之意。而法護太子則在對劊子手、父母無有絲毫嗔恨心之歡喜狀態中安然死去。

當時之法護太子即為後來之釋迦牟尼佛；當時之惡性王妃即為後來之提婆達多。

喜洋洋化干戈為玉帛

久遠之前，有一國王名為山王，他有次率領軍隊前往森林中打獵。在樹蔭下休息時，從北方來的商人在向山王供養財物時，順便讚歎了他們金剛棒國王的種種功德。山王聞畢生起極大嫉妒心。

回宮後，山王便派人傳信給金剛棒國王說：「如你不到我這裏向我頂禮，我定要派大軍掃蕩你國。」金剛棒國王也為一位兇狠、好鬥之國王，他聽到後不覺嗔心大長，即刻率領四種軍隊開赴山王治下國土。兩國人馬針鋒相對、殘酷廝殺，結果雙方都有大批人員傷亡。

大臣則趁機對山王國王進諫道：「二位國王勢均力敵，不如就此放棄互相討伐，如此征戰對兩國都無任何利益，團結和合方為相處秘訣。」山王國王採納了大臣建議，主動放棄了這場無謂廝殺。

金剛棒國王眼見自己軍隊也損失慘重，心裏對戰爭自然就生起厭煩心，他最終也撤軍言和。

山王國王又以恭敬心送給金剛棒國王一批財物，幾天後，還將自己如天女一般美麗之女兒嫁與他為妻，金剛棒國王心滿意足、滿載而歸。

山王之女名為那瑪，嫁與金剛棒後不久即懷身孕，而胎中嬰兒正為釋迦牟尼佛所轉生。以此之故，王妃一日心生一念：我欲使國王為我親執寶傘，還要釋放監獄中所有囚犯。國王果然按其意願如是照做。

那瑪後來生下一太陽般光明燦爛、且身上具足如意寶花紋之太子，太子降生後逐漸精通一切論典，又非常長於忍耐，不久即成世間眾生無偏私親友。金剛棒年邁之後扶植太子當上國王，自己隨後老死歸西。太子登上王位後依佛法治理國家，他有次心中暗想：願我王宮中能降下天人飲食、衣物、寶飾等物。結果終遂其願，一切所求乘願而來。因新國王對所有親友都歡喜承侍、恭敬對待，故而眾人都喚他作喜洋洋國王。喜洋洋國王以自己福德力令鼓聲地方民眾受用圓滿、如天人一般。

當時有一奸臣名為惡意，性情暴虐，他內心時常生一念頭：若能殺死喜洋洋，則國民皆可歸我統治。於是他便給山王國王去信離間道：「喜洋洋實為你敵人之子，如能將之殺死，你即可統領整個世界，我那時也可成為你手下大臣。」山王聽信惡意一派挑撥之語，於是派人前往喜洋洋處傳口信道：「你父親曾搶走我財產，令我感受巨大痛苦。現在，我要用我大勢力向你報復。」喜洋洋聞言想到：如果山王率軍到我這裏，我治下民眾可能會被其傷害，不如我親自前往勸解。他就派人回覆山王說：「我歷來恭敬、佩服你老人家，大王不用親赴我國，我當送上門去。」隨後他就率大軍奔赴山王國中，並在離其國家不遠處之恒河岸邊駐紮下來。

喜洋洋又派惡意奸臣捎口信說：「我爺爺乃我長輩中最受我崇敬者，我何不到你腳下頂禮問安？」而奸臣卻將原話歪曲說成：「不畏懼你的國王叫我告訴你，請你前去他腳下頂禮。」山王聽後怒火萬丈，奸臣趁機又搧風道：「喜洋洋力量微弱，加之人又愚笨，怎能傷害如你這般的大國王？」山王就率領四種軍隊欲與喜洋洋部下一決高低，人馬於是向喜洋洋駐地開拔而去。

喜洋洋國王此刻正趨入一艘如天宮一般之大船裏，船上眾人載歌載舞將其圍繞，國王則欲在恒河中沐浴。待其在恒河中盡情遊樂、沐浴後，又往全身塗抹油脂。當他正欲吃飯時，軍隊開始擂響戰鼓，一時鼓聲浩大、聲震如雷，山川大地盡皆震動不已。山王聽到心中不悅，他問奸臣道：「擂鼓為何？」奸臣回答說：「此種鼓聲響起之後，天人飲食就會出現，喜洋洋他們即將進餐。」山王聽到後不禁咋舌：「喜洋洋國王既具有如此福德威力，我們若傷害他，恐怕會遭雷擊等報應。」他又想到：我這孫兒真有大安忍力。

喜洋洋此刻已了知山王國王開始有些躊躇不決，他想：我應以方便法攝受山王國王。主意一定，他就故意對已到跟前之山王國王說道：「眾人多有謠傳，言你欲與我相鬥。如你真要挑起戰爭，那我也只得放棄安忍。我會令天炸驚雷，將你與你眷屬統統殺死。」

山王國王立即癱軟下來，他因恐懼而主動要與喜洋洋握手言和。山王請他到自己那裏，按規矩對他恭敬禮敬並多加讚歎。喜洋洋則以佛法令山王趨入正道，隨後回到自己國家。

喜洋洋之所以能獲取天人般財富，原因在於久遠之前，喜洋洋曾轉生為鹿野苑一婆羅門，名為根具。根具曾以粥混合藥物供養一生病緣覺，又持寶傘為緣覺提供遮陽。因此異熟果報成熟，根具後來才轉生為財富圓滿之喜洋洋國王。

當時之惡意奸臣即為後來之提婆達多。

象王恭敬出家相

釋迦牟尼佛久遠之前曾轉生為一隻大象，與眾多飛禽走獸住於密林中，森林環境優美。優雅如白雲般大象乃象群之王，牠以悲心護持所有大象。象王擁有兩頭雌象，一名賢姆，一名極賢姆。

有一日天空烏雲密布，沒多久即開始電閃雷鳴。一些持明者與他們美麗賢慧之妻及眷屬在虛空中飛行時，手中落下一花瓣，此花乃為這些人於無熱惱湖中所採擷的一朵大如車輪之金蓮花，其香味可謂芬芳撲鼻。此花最終落在象王面前，牠心想：兩母象誰先趕到就將此花送與誰。

結果極賢姆先來，象王就將金蓮花交與牠，極賢姆以恭敬心將之戴在頭上。

賢姆看到極賢姆額頭上佩戴金蓮時不禁想到：象王把如此勝妙之蓮花送與極賢姆而不給我，實在令人氣憤。牠內心生起極大嫉妒心，隨即就捨棄象王，前往別處獨自生活。剛開始時牠不吃不喝、心煩意亂，只知自生悶氣。後來看到布喜山岩洞中有一身披袈裟之緣覺正在坐禪，牠就用從大海中所取得的睡蓮供養此緣覺。賢姆自己則於布喜山近旁發惡願道：「以我今天供養緣覺善根，願我將來轉生為王妃，並能將象王殺死。」牠邊發願邊走上山頂，並從山崖縱身躍下。

賢姆後來轉生為一位國王之公主，她不僅能回憶前世且長相秀美。她最終嫁與另一位國王為王妃，後來有一日她開始偽裝生病。國王因擔心而內心不悅，王妃則打妄語道：

「我所患病以檀香等藥物都無法治癒，只能用布喜山中象王之牙及骨骼為我製成床鋪，並用象牙珍珠裝飾我身體才能將此病醫好，除此之外，再無良方。」國王則想：我王妃可能前世見過或聽聞過象王之名，不過無論如何我都要盡力照辦。國王於是找來獵人命令道：「你們之中若有誰能得到象王牙齒，我即賜予他大量錢財。」獵人們回答說：「如能辦到，我等定當盡力而為。」

王妃又向他們面授機宜：「你們若欲捕到象王，我這裏倒有一條妙計：你們均應打扮成出家人模樣，然後用毒箭射死牠。」等獵人到達布喜山後，其他大象看見獵人均起疑心，牠們就將情況告訴象王。象王安慰牠們說：「這一點毋需懷疑，他所著僧衣乃為具慚愧心，代表寂滅道之象徵，他必不會傷害我們，我們大家理應前往拜見。」

獵人此時則躲在樹下向象王瞄準，結果射出一隻毒箭後恰中象王要害，牠馬上血流如注、疼痛倒地，象群與極賢姆均痛苦萬分。待牠們將毒箭拔出來後，象王心想：我命絕矣，但象群從今往後將無依無靠，這可如何是好？於是牠就宣說諦實語道：「我對害我之獵人無有絲毫嗔心，反對其生起歡喜心。以此話語真實力，願能熄滅毒箭毒性。」

結果以其諦實力感召，牠剛剛言畢，傷口即刻癒合，象王瞬間就解脫一切痛苦。獵人目睹之後深覺稀有，便對其生出信心，並對其頂禮，且將國王、王妃之命令及其來由全部稟告牠。象王聽到後對獵人再次生出悲心，牠將自己兩根象牙拔出後交給他，並最終以諦實語之力令象牙再度長成。

獵人手捧兩根象牙前往王宮，國王不爽前約，賜予其大量獎勵。而王妃看到象牙後不禁生起後悔之意，她向國王坦白了自己前世以嫉妒心發下惡願之全部經過，並懺悔道：

「我實在不應該因嫉妒心而將在寂靜山林中、以寂靜行為苦修之象王殺害。」她後悔不已，並傷心哭泣。

獵人安慰她說：「王妃不用傷心難過，大尊者以其諦實語加持，現仍安然存活，且兩牙又復生如初，還繼續保衛象群。」聽到此話，王妃也從內心生起歡喜之意。

又久遠之前，印度鹿野苑一河邊，釋迦牟尼佛曾轉生為一野獸之王，牠腹部呈現白色，背部皮毛又為黑色，非常美麗莊嚴，獸王恒以慈心保護野獸。與此獸王膚色基本相同，另有一獸王名為天施者也統領著另一群野獸。

梵施國王有次與眷屬一同前往森林中打獵，眾人看見群獸後便個個手執兵器，欲將之全部獵殺。獸王則從容走到手執弓箭之國王面前說道：「大國王，你今日將如此眾多之野獸同時盡數殺死，恐怕利益並不大。

不如我每日供養你一隻野獸，你看如何？」梵施王答應了獸王所提建議：「如你真能履行諾言倒也不妨日日送來，否則我定要將你們統統殺死。」根據獸王所作承諾，梵施王率眾歸國。

獸王則集中起全部野獸後說道：「為避免所有野獸同時被殺，我和天施商量後決定每日為國王送去一隻野獸。」按兩位獸王吩咐，接下來每天便有一名野獸被送往國王處。後輪到一母獸時，不巧牠正懷有身孕，而當天恰好又輪到牠被送往屠宰場。母獸便請求天施道：「我腹中小獸明日即將降生，能否容我生下牠後再死？我怎能忍心讓牠與我一道葬身屠宰場？」天施回絕說：「明日就是你大限之時，誰會替你前去？我實在無法安排。」眼見天施不同意，母獸便去找大悲野獸王請求說：「我命該絕，但我想生下孩子後再死、我欲用舌舔舐其身，以乳汁餵養牠，待把牠交與我妹妹後，我定主動赴死。為保護我腹中胎兒，我今日能否不去國王那裏？」

獸王見牠對子甚憐，不覺對牠生出強烈悲心，牠安慰母獸道：「你好好看護自己孩子，長期享受安樂生活去吧，我來代你赴死。」為獲無上菩提，獸王一邊安慰母獸，一邊發下替牠犧牲之大願。

當獸王動身前往國王那裏時，眾野獸皆以痛苦心情依依惜別。獸王告訴牠們說：「你們不要跟我前來。」然後又向牠們宣說佛法，隨即便獨自前往梵施王處。眾野獸一直目送牠，直至再也尋覓不著蹤影，大家都如與父親分別一樣傷心難過。

當獸王來至滿地血污、骨架四散之屠夫所居地時，屠夫們並未立即殺害牠，他們將牠帶到國王跟前。國王驚訝不已：「你擁有如此多之野獸，為何還要親自前來？」獸王便將原委詳細告之，國王漸愧感歎道：「你真正是利益眾生之大士，我等才似真正旁生一般。」國王對牠讚不絕口，又讓牠坐於寶座上，獸王則趁機向眾人宣講佛法，國王非常滿意。

從此之後，國王也施予其他野獸無畏佈施，並欲令其返回繼續當獸王。獸王則說道：「山中野獸無依無靠，牠們痛苦非常，我一定要回去。」梵施王馬上開許。而當獸王回到山林中時，所有野獸均歡喜迎接。

母獸最終順利產下小仔，大家皆歡喜問訊，獸王則將兩獸群都保護起來。

對大尊者代受別人痛苦時之安忍精神，我們理應生敬。

月亮王子平靜受死

久遠之前，有一具有強大勢力、功德圓滿之國王，名為嘎樂嘎，他一直未育有子嗣，為此他一直多方向天神祈禱。後有一欲蓄婆羅門大臣為幫助國王早生太子，就向國王建議說：「國王應與王妃同居一處，國家大事可讓臣下替你主持。」欲蓄不惟如此建議，還親自為國王祈禱天尊。

其後一王妃終於懷孕，並降下如明亮鮮潔月光一樣的太子，眾人也因此而稱其為月亮太子。這月亮太子即是後來之釋迦牟尼佛。不久之後，又有三十四位王妃各自產下一子。

月亮太子從八歲起開始習佛法，每當眾王子在從事打獵等活動時，月亮太子卻總流露出與眾不同之悲心，他之威嚴遠勝其他王子。國王就立他為王位繼承人，其他王子則統治其餘諸城市。

後當月亮與其他王子前往眾多國家觀光時，他們親眼目睹了一持節婆羅門所擁有之巨大財富。此婆羅門之財富真正堪稱圓滿、富庶，而且他還將自己名字一一寫於很多財物上以為標誌。月亮王子一見不覺內心想到：看來我父王也僅僅只擁有國王頭銜而已，此人財富才真正是大國王氣派。眾王子也議論紛紛：「我們以後不如把財物上『持節』字樣全部抹去，換上『月亮王子』名號才為善妙。」結果眾人不單單如是說，最終亦如是實行。

持節婆羅門立刻嗔心頓起，他召集其他婆羅門商議道：

「月亮王子欲奪我地位，你們均應明白此中利害得失，故而我們必須除去王子。」這些婆羅門對持節只知應聲附和，他們隨順他說：「你來想辦法，我們照辦就是。」持節便將自己毒計全盤托出：「如大國王夢中出現什麼景象需人解夢的話，你們均應向國王吹風，言只有持節方知如何解析夢境。」

國王後感得一夢，夢中他被人捆住自身，隨後又被扔進一屋中。當他向這些婆羅門詢問此夢到底有何密意時，他們全都向國王推薦持節，說他通曉各種釋夢訣竅。國王就向持節打探，持節惡意解析道：「國王之夢實非吉兆，此表兩月同時出現，爭奪王位。意味著你將王位不保。如此一來，你要嘛失去王位，要嘛失去性命。」嘎樂嘎聞言心痛不已，他急忙問：「你有何解救良方？」持節此時則獻上詭計：「大國王，你應把月亮王子及其他王子全部用來火供，以他們鮮血造池，你還要親赴池中遊弋，如此才能擺脫一切危害。」

國王此刻則自私地想到：只要我能活在人世，具功德之太子日後定能重新孕育。於是他就將其餘太子全部用鐐銬捆縛起來交與持節以作供施。持節滿懷歹毒之意又說：「如果缺少月亮身肉，此供施定不會圓滿。」國王便派人傳語太子道：「月亮，你應聽從父王教導，不要違背我之教言，現在你務必馬上前來受死。」送信人一路哭泣來到月亮王子面前，當時他正於一暖暖春日在花園中賞玩。

送信人向王子說明情況後，王子眷屬皆勸阻王子道：

「這都是那持節婆羅門設下詭計妄圖殺死你，我們真應該馬上將他擊殺。」月亮王子安撫大家說：「我自己亦明瞭此乃持節所做手腳，但我們不應對他生起嗔恨心。如我父母能夠長久住世，我捨棄生命也是理所當然。我一定要去，望諸位萬勿憎恨持節。」

王子來到父王眼前說道：「若父王開許，孩兒願直接前往供施之地。」國王聞聽後不覺也流出傷心眼淚。而持節則命令火供師道：「你首先燒死月亮，然後再燒其他王子。」當時眾王子均非常恐懼，他們淒慘地說道：「我們如今就如旁生一般要被毫無悲心之婆羅門殺害，難道月亮兄長也對我們不慈悲、定要捨棄我們嗎？」月亮此刻對他們全都平等生出慈悲心，結果以其慈悲力感召，眾王子手腳鐐銬竟全部自行解脫。正當持節等諸婆羅門惡人驚訝之時，天人開始對其所做所行生出強烈不滿，剎那間天空烏雲密布，太陽光輝被完全遮蔽，炸雷滾滾，摧毀山林樹木。其後又降下石塊雨，砸毀大地之上眾多事物；而猛厲雨水則澆滅火供之火。

這些惡性婆羅門頭髮全部掉光，頭頂光禿禿一片。最後，如此猛烈之石塊雨將國王、持節婆羅門等人統統砸死，眾王妃在得到消息後也紛紛死亡。至於王宮則大多被石塊雨砸毀，大多數人也因此而被消滅。

黎明時分，月亮王子將父母屍體火化，一邊點火，王子心中一邊哀歎道：「嗚呼！諸如來皆宣說一切有為法均為剎那遷滅、毀壞無常，看來的確所言不虛。」同時王子亦對其他兄弟宣說自己生厭離心，然後就前往寂靜苦行山林中潛心修道。

頂寶承受諸苦難

久遠之前，有一城市名為夏嘎巴，行持佛法之國王叫金頂。當時釋迦牟尼佛入於金頂王妃胎中，當其住胎之時，王妃總想如理佈施以滿眾乞討者願望，而她佈施願望最終皆得以實現，並且還向眾生宣講佛法。國王也心甘情願安慰這些貧苦眾生，眾人都爭相做此等善事。王妃後將太子誕下，那太子身相就如天人一般莊嚴善妙，且頭頂長有如太陽般明亮之如意寶，天人隨即也降下花雨，種種瑞相紛然呈現。太子用頭頂如意寶接觸鐵塊時，鐵塊馬上變成黃金，太子就以此滿足乞討者願望。眾人便因之而稱其為頂寶。

金頂國王離開人世時，讓頂寶繼承王位，頂寶便成為乞討者所依賴之如意寶樹，使此地從此再無貧窮之人。頂寶王有一頭大象，此象如同維護國王事業之太子一般，頂寶為其取名賢山；頂寶還擁有一匹似天人乘騎般的金鬘駿馬，諸如此類能與天人比肩而立之財富，頂寶樣樣具足。

國王娶有一持基王妃，美麗、賢善。後來有一布夠種姓之富人帶著蓮花姆來到國王面前，此蓮花姆美女真如天女般豔麗、秀美，富人在國王面前贊其功德道：「此美女乃從蓮花中降生，我一直用火供所剩供品養育她，現在將她帶來送與國王為妻。」

頂寶接納她後又與她共育一子，名為蓮頂，不僅可愛異常，而且極其勇敢無畏，又具相當多的其他功德。後當國王舉行大供施法會時，布夠子等眾多仙人與各地國王，諸如歌日地方國王難忍等都紛紛參加。火供時，帝釋天在火中幻化成羅剎形象向國王索要食物，頂寶送與他種種飲食，但他全不接受，只對國王言：「我欲以血肉為食。」

頂寶聞言心中暗想：將別人的血肉佈施給他實不應當。於是他就答應羅剎向其佈施自身血肉。眾人雖多方制止，但都無法阻撓國王佈施決心。正當他行佈施時，蓮花姆因痛苦而昏厥倒地。幻化成羅剎之帝釋天見國王發心如此清淨便現出身相，且對他讚歎不已，並用天人甘露妙藥又令國王身體恢復如初。

當供施圓滿時，國王對所有聖者、仙人都行廣大供養，又將美女、大小城市、種種珍寶、駿馬等人、財、物全部佈施盡淨，包括一日能行一百由旬之賢山大象也送與梵天車大臣，這讓難忍國王羨慕不已，因他十分貪執此象。結束供施後，國王準備將王位交與蓮頂。

此時巴哈嘎為供養上師瑪熱澤前來索要蓮花姆與蓮頂，國王慷慨允諾，巴哈嘎便將二人帶走供養自己上師。而難忍國王又派人前來索求賢山大象，頂寶已將此象佈施，故而實在無法再佈施給難忍。難忍立即生出嗔心，他迅速召集起軍隊欲與頂寶開戰。

頂寶本來擁有足夠打敗難忍之強大軍事實力，但他此刻則以慈悲心想到：眾生實在可憐！難忍雖為我朋友，但僅僅因貪執大象就與我瞬間形同陌路，真太過可憐、太過愚癡。他根本不欲與人相爭，一心只想前往寂靜森林。

後有四位緣覺飛到國王面前，也勸他放下一切、遁入森林。國王便與四位緣覺一起趨入山林，並獨自前往自己最終棲息地。他後於雪山下樹林中安住。

頂寶手下大臣最終又將蓮頂從瑪熱澤處要回，而瑪熱澤也開許。眾人將他接回國擁立為王，蓮頂國王則與眾大臣齊心合力率軍與難忍一決高低。難忍最終失敗而返，而他治下城市中則正爆發瘟疫、災荒，大眾生活困苦不堪。難忍回來後急忙與左右商議對策，大臣獻計道：「如我們能獲取頂寶頭上具甘露濕氣之如意寶，瘟疫、饑荒都會馬上消失。」

他們聽說國王現已捨棄王位住於雪山下森林中，而且凡有人向其索要物品，他無不一一滿足，難忍隨即也派出五位婆羅門前往討要。當時頂寶住地與瑪熱澤所住森林相距並不遙遠，而蓮花姆正巧有一日也在附近山林中享用瓜果。在這片無人森林中，有幾名獵人欲逮住她，蓮花姆聞風而逃，她邊渾身顫抖邊驚恐不已地叫喊：「頂寶國王快來救我。」

頂寶聽到呼救聲後迅疾趕來，一望才知是蓮花姆。獵人見狀四處鼠竄，蓮花姆見到漂泊於森林中之國王也是又痛苦又高興，一時真可謂悲欣交集。魔王則在此時以人形現身，他對國王說：「這位美女獨自遊蕩於森林，你也捨棄王位，如此行事實不應當。」

頂寶知其本為魔王，就微笑說道：「寂靜、調柔之人豈能被貪欲、愚癡束縛。」魔王聞畢剎那消失不見。蓮花姆此時也向頂寶哭訴了一些心生厭離之話語，頂寶勸慰她道：「你應努力修法，勿再沈溺痛苦之中。」他又向她宣說了無常法門，並要求她再回瑪熱澤身邊。

難忍國王派來之五位婆羅門最終找到頂寶，並向他索要頭頂如意寶，國王慨然應允：「你們可隨意砍下我頂上寶物，並將之帶走。」此時大地震動不已。五人便用利刃割下這具光珍寶，而當天人從虛空中前來探查時，只見頂寶已渾身鮮血淋漓。但他以對輪迴眾生所生之悲心，完全壓制住自身痛苦感受。他最終發願道：「以我佈施寶珠之福德力，願所有眾生皆能離苦得樂。」他並且親手將寶珠交與五位婆羅門。

他們將寶珠帶給難忍國王後，國王終以之滅除國家中的一切災荒、瘟疫、痛苦。

布夠子、郭達木、瑪熱澤等仙人聽到國王佈施頂上寶珠消息後，紛紛前往森林中看望頂寶，蓮花姆也隨同瑪熱澤一同前來。當她看到國王割下如意寶之慘狀後，立即昏倒在地。此時虛空中諸仙人則將頂寶功德、美名四處傳揚，蓮頂與諸大臣也來到頂寶面前。眾人見到頂寶遍身鮮血淋漓、無力倒地之景象，均感痛苦、哀傷，他們讚歎道：「為他人捨棄自己寶貴生命之行持，實屬難能可貴。」

瑪熱澤仙人則淚流滿面望著頂寶說：「你不顧惜身體、甘願捨棄生命，這樣做到底有何希求？你有無生後悔心？」頂寶掙扎著坐起身，抹去臉上血跡後說：「大仙人，我別無所求，只欲救度輪迴中受苦眾生。在乞討者面前捨棄自身後，我無任何後悔心。若我所言真實不虛，則願我身體即刻恢復。」剛剛說完，頂寶頭頂被割下之如意寶就恢復如初。

帝釋天、梵天此刻異口同聲祈請頂寶能重當國王，但頂寶並未應允。瑪熱澤、蓮花姆又令諸太子勸請頂寶回國登上王位，以前引導頂寶入山苦修之緣覺也從虛空飛臨此處，他們自身光芒遍照整個地區。眾緣覺誠懇說道：「你為利益眾生而情願捨棄身體，但現在你自己國家內之眾生正長時間感受痛苦，你怎能將其捨棄？」頂寶聽罷深覺言之有理，便馬上從虛空中飛往自己國家王宮，並與王妃、太子等人重享以前快樂生活。頂寶國王自此以後長期護持國家，並廣行弘法利生事業。

又久遠之前，有一大眾自在如來應世說法，於其教法下，釋迦牟尼佛曾轉生為光音比丘，恒時宣說甚深空性法門，且身相莊嚴、戒律清淨，具有遠超凡夫等持、智慧之功德，太子等眾人都對他恭敬愛戴。

光音比丘後來得知有一千比丘對自己生起嫉妒心，而王子又勸說五千餘人在光音比丘前聽法，光音比丘就對這五千人宣講甚深空性法。一千狡詐比丘則憤憤亂言道：「此人為宣說非法比丘，我們應將其殺害。」於是眾人就手執兵器喧嚷而來。光音頂禮諸佛後發願說：「一切法均為空性，以此空性諦實力，願眾人手中之箭全部變成曼達鮮花。」言畢，這些人所拿弓箭果真變為曼達鮮花，且大地亦開始震動。

手執兵器之比丘都感恐懼，同時亦覺稀有，他們都不敢再靠近光音比丘，並用上百匹布供養他，還要求他為他們傳講空性法門。光音滿其所願，為他們傳授了相應佛法。

此時又有一千比丘時常誹謗光音，但他以安忍力根本不為所動，亦不為其毀壞，且長時間為眾生傳法。

旁生亦行持安忍

釋迦牟尼佛曾轉生為妙鼓龍王，牠有一弟名為近鼓龍王，也即後來之阿難尊者。二龍有次前往鼓聲龍王處，鼓聲龍王對牠們心生不滿，嗔心生起後便向二龍施放毒氣，且以粗暴言詞詆毀牠倆道：「你們實乃假扮龍王。」鼓聲還再三妄圖趕走二龍。

近鼓此時略微生起嗔心，牠欲破壞整個鼓聲龍王轄區。

而妙鼓則以善妙言詞斷除牠倆嗔心，近鼓終於對其所言生信。而妙鼓當時所宣教言，至今仍利益無量無邊眾生。這些偈言均記載於《龍王請問經》中，其他本師傳中，妙盛、近盛龍王之故事，亦與此記載大致相同。

又釋迦牟尼佛曾轉生為一六牙大象，有一穿著袈裳之獵人用毒箭向此大象射擊。母象本欲踩死獵人，六牙大象制止住牠，還將自身象牙佈施與獵人。

釋迦牟尼佛曾轉生為森林中一犀牛，因身具極大威力而成為犀牛王。當時有一頑皮猴子非常頑劣，牠看到犀牛王富有大慈悲心、從不懷有嗔恨、具有高深等持力與無畏精神後，便常常以種種方法、手段對犀牛王加以損害。當犀牛王睡覺時，猴子會突然躍上牛背，有時又跨騎犀牛身上；當犀牛尋覓飲食時，牠就在路上進行攔截；有時又用木棍掏挖犀牛耳朵；當犀牛於河中行進時，猴子又跳到牠頭上以雙手矇住牠雙眼；騎在犀牛背上時，又用木棒擊打牠，如此等等，舉不勝舉。總之，猴子想盡辦法，以種種惡行損害犀牛、為牠帶來麻煩。

儘管犀牛承受如此花樣繁多之危害，但牠從未生起絲毫嗔恨或不歡喜心，似乎猴子正在利益自己一樣，犀牛藉此而恒修安忍。

後有一夜叉看不慣猴子所為，為觀察犀牛發心清淨與否，當猴子再次騎在犀牛背上時，夜叉便於路上攔住犀牛說道：「請稍等片刻，你是否在此野蠻猴子前犯下錯誤？或者你因賭博輸了而不得不受牠欺負？或者你本身就非常恐懼猴子？又或者你認為自己特別虛弱，以致不敢面對牠？為何你要承受牠如此欺侮？你兩隻椅角力能摧毀石山，一旦你生嗔心，你四蹄亦可踏平岩石山峰。你身體如此強健有力且硬如磐石，連獅子都恐懼不已，既如此，你卻仍慈悲待猴，牠倒反而要傷害你。你原本用椅角或四蹄就能輕易踩扁牠，為何如今反要受牠戲弄？」

犀牛用溫和語氣回答說：「正因猴子身無大力，而我也已了知牠行為不合理，故而我才更要對其安忍行事。有些眾生心有迷惑，有些眾生身弱無力，在此等眾生前，我們更應行持真正安忍行為。所以當此體小力弱之猴子欺負我時，我才能安忍不動，不壞忍辱心行。」

夜叉聞言說道：「如這樣行事，在猴子永無停息的損害中，你將始終得不到解脫。於野蠻眾生前修安忍，牠只會變本加厲損毀你。」

犀牛平靜回答說：「我不論遇到何種情況，都要厲行安忍，決不損害我對方。我儘管進行勸導，但牠還要如此行持，我也只能聽之任之。不修忍耐之眾生當然存在，不過他們也許會從邪道歪門中獲得解脫。若我們受到其他眾生輕蔑，我們還能堅持安忍行為，這些持惡見眾生慢慢看到、瞭解自己行為所產生之過失後，往往會放棄惡行，以後不敢再如此行事。這樣一來，這些人豈不也能從中得到解脫？」

夜叉聞言打響指讚歎道：「善哉！善哉！旁生裏竟有如此善良心地！」如是讚歎後，夜叉將猴子從牛背上拽下，並要求牠今後只能保護犀牛王，再也不能隨便欺負，然後就消失不見。

另外，久遠之前一寂靜地裏，有眾多野獸共同生活在一起，夏巴在其中非常有力量、勢力強大，且走路、奔跑迅疾。不惟如此，牠心性所具有之力量亦非常強大，以其悲心之故從不損害任何眾生，自己亦靠野草與清淨水過活。

一次，有一國王率眾多射箭好手與四種軍隊一同前往森林，眾人手執弓箭，看見野獸後便窮追不捨。國王也騎馬驅馳，結果在碰到一巨大坑塹後，獸王自然一躍而過，．而當國王逼近時，跨下之馬不敢再往前行，緊急停步之時，國王卻被甩了下去。

獸王聽不到馬蹄聲後急往回看，結果發現馬背上已空無一人，而馬則徘徊在坑塹旁來回走動。獸王心下思量：國王肯定已墮坑中。儘管明知國王前來此地是要將自己殺害，但獸王依然心生悲意地想到：「國王本可以安享快樂生活，奈何今日卻因我而墜入深塹、感受難忍痛苦。若國王尚未死去，我決不應將他捨棄。」獸王邊想邊來到坑邊。

此時獸王發現國王已是滿面塵土、半死不活，且在坑中輾轉反側、痛苦不安，獸王不覺流下傷心眼淚。牠問國王：

「不知國王傷勢是否嚴重？我乃居住於你治下國土中之野獸，是你為我提供生存所需水草。請國王放心，你所命令之事，我一定盡量照辦。」國王深感這種場面稀有，他一時不知獸王所言是真是假。他滿面疑惑問道：「我本想殺害你，你為何還要對我如此慈悲？看來我與野獸還真有緣分。我所穿披風甚為厚實，故而身體未嚴重受損，皮毛痛苦我自可忍受。但我妄圖損害像你這樣的善良眾生，此刻骨銘心之痛已遠超我墮入深坑之苦。我自己鑄下大錯，請你一定要寬恕我。」

獸王則仔細觀察、衡量與國王身重相同之石塊，發現自己尚能措動時就跳入坑中，然後讓國王趴在自己背上，以恭敬心從坑中一躍而出。出得坑口，獸王又為國王指路。當其準備返回森林中時，國王抱住牠說道：「在此寒熱森林中，是你賜予我第二次生命，我拋下你獨自回王宮太不應理，不如我們一起回到宮中？」

夏巴告訴國王說：「大國王，你日後應多多從事善行。若你真欲報恩，則望你從今往後對那些愚笨、可憐旁生定要以慈悲心對待，再勿進行狩獵活動。所有眾生均欲得到快樂，不想感受痛苦，這一點毫無例外。己所不欲，勿施於人，你應捨棄毀壞自己名聲之舉，再勿造作譴責智者之業。應成為一切功德來源之國王，你應繼續保有王位、實施仁政，以積累福德資糧。我不可能在宮殿中生活，我只能生存於森林中，野獸與人自有不同之生活習性，故而我不會前往王宮。你回宮後務必以饒益心利益自他，勤行佈施，並嚴守清淨戒律，還要修持安樂法門，不忘增上名聲、多積福德。」國王以歡喜心聞受獸王夏巴教言，然後一邊依依不捨地望著牠，一邊向王宮走去。

在一寂靜森林中，住有猛獸等眾多野獸，釋迦牟尼佛當時也曾轉生為一隻身呈金色、相貌美麗之野獸，名喚日日。日日聰明異常、富有智慧，牠能清楚知道哪裏有獵人所佈羅網，經自己觀察後就能遠離此地。對跟隨自己之野獸，日日一直就如父母待兒一般慈心相向。

一日，於一水流湍急大河中，有一人正被急流挾裹而下，他因瀕臨絕境而驚恐哭叫。日日立即躍入水中將其救出，此人千恩萬謝道：「你是我救命恩人，我該如何報答？請你儘管吩咐。」日日野獸則對他說道：「不要將此事對外宣揚就已是對我最好的報恩，因我身肉會被人貪心吃掉，而皮毛亦會有人欲據為己有。你若要報恩，就千萬勿對人提及此事，如此才能保護好我生命安全，這世間實在缺乏值得信賴、依靠之人。」被救之人爽快應允道：「我一定照辦。」然後就頂禮告別。

當地國王之王妃歷來以夢兆準確而著稱，她有一日感得一夢：夢中，吉祥野獸日日正坐於寶座上向國王及其眷屬傳講佛法。王妃將夢境彙報與國王後，國王下決心道：「看來我們必須找到此獸。」國王隨即鼓動眾獵人說：「誰能得知此野獸之準確資訊，便獎勵他四十座城市及眾多美女。」

國王如此宣佈後，那被救之人聞之不覺貪欲大增，他急忙向國王表功說：「我曾親眼目睹過這隻野獸。」那人隨後就在前領路，國王率大軍一同跟隨前往。

眾人將野獸所居森林團團圍繞，被救者則帶國王等人馬深入森林。當他發現日日蹤影、正舉手要為國王指點時，右手忽然斷掉、墜地。國王愈發想捕獲這頭野獸，他就一邊張弓搭箭，一邊逐漸接近日日。

野獸此刻心中想到：整個森林到處充滿著人馬雜沓音聲，想必此處已被這些人全部包圍，看來已無處可逃。想及此，牠便用人言向國王說道：「大國王，你不必焦急冒進，我現已是你囊中之物。只是我想知道我在此地的消息是誰向你透露的？」國王對其所言深感稀有，就用弓箭指一指那人。野獸馬上辨識出此人，牠向此人陳述了他所作所為不合理之處，並將前後經過也向國王講明。國王問那人：「這野獸所說是否真實？」那人慚愧地說道：「牠所言確實真實無謬。」國王聽罷，對他忘恩負義之舉亦深表氣憤，於是就一邊譏毀他背叛行為，一邊欲用箭將其射殺。

日日野獸趕忙上前勸阻：「大國王，現在殺他又有何益？他乃受貪欲這眾生共同之大敵所驅使，才來至此地。由此而起之壞名聲已將他今生全部毀滅，非福德之過亦會毀壞他來世。你實在應對他生起悲心，萬勿射殺他。如果國王今後對我有何要求，我定當依教奉行。」

國王聞罷不禁以恭敬心連聲讚歎，又將之迎請到王宮。於是日日便在王宮內為眾人宣講佛法，國王、大臣、王妃、城市中人都對牠生起信心，並精進修持牠所傳教法，眾人也發願從今往後一定對所有飛禽走獸廣行無畏佈施。

多生累劫修安忍

釋迦牟尼佛曾為行境仙人，魔王波旬就幻化出五百位精通種種害人技巧之惡人，於五百年中日夜不停地緊隨仙人身後妄圖加害他，從早至晚、不捨晝夜。這五百人於仙人行、住、坐、臥之時，分分秒秒不放棄地在仙人面前說不悅耳言詞，對其進行惡語中傷。但仙人始終以慈心對待他們，從無生出半點惡心，並且只觀這些人功德。他心中暗自發願：為難以調伏之眾生利益，我誓修無上菩提，一定要首先度化此等眾生。仙人即如是以慈悲心對待所有惡性眾生。

又釋迦牟尼佛曾為外道仙人，名為忍力，他自己發願永遠不對任何眾生生嗔恨心。當時有一惡意魔王為摧毀忍力安忍，就幻化出專門毀壞別人安忍功德之一千人，用咒語詛咒忍力，用妄語肆意對忍力橫加誹謗，還在大庭廣眾之中用常人難以啟齒之言詞羞辱他。這些人還於忍力行、住、坐、臥之時加害他，此等非法行持竟長達八萬四千年之久。

當仙人前往城市中去時，這些惡性眾生竟用不淨糞澆灑在仙人頭上、所捧缽盂中以及衣服上，還用掃帚猛擊忍力頭部。但他根本未生絲毫嗔恨心與報復之意，不管別人如何待他，他從未想過以牙還牙，從未怒目相向，從未惡口相加，甚至諸如「我到底做錯何事」之類的言詞，都未曾說過。

忍力長久發菩提心，最後諸惡人實在無法毀壞他之安忍力，眾人便對他生出信心，並在他面前懺悔各自所造罪業，又對其行供養及承侍。忍力對這些人無私傳法，無有任何貪欲心，如此行持更令眾人生起大信心。他們真誠在其面前懺悔業障，並行供養，大家最終全部跟隨忍力仙人發無上菩提心，並共同趨入真正佛道。

這些人久遠之前均已成佛，並達到涅槃。而惡意魔王則為後來之提婆達多。

除此之外，釋迦牟尼佛因地時如是受無邊損害，但仍堅持安忍行持之事例為數尚多，他為求法而苦行精進、不捨安忍之事跡，下文《精進品》中還要廣宣。此外，他對甚深空性之安忍，後面《智慧品》中再行敘說。由此可知，釋迦牟尼佛多生累劫當中，實已修持舉不勝舉之安忍度。

以上圓滿宣說了釋迦牟尼佛廣行安忍之種種記載。

What's Being
釋迦牟尼佛廣傳（上）

國家圖書館出版品預行編目（CIP）資料

釋迦牟尼佛廣傳 / 麥彭仁波切著 ; 索達吉堪布譯.
-- 二版. -- 新北市 : 高談文化, 2019.01
冊； 公分. -- (What' s Being)
ISBN 978-986-7101-90-7(上冊 : 精裝)
1.釋迦牟尼(Gautama Buddha, 560-480 B.C.)
2.佛教傳記

229.1 107023332

作　　者：麥彭仁波切
譯　　者：索達吉堪布
封面設計：霍容齡
總 編 輯：許汝紘
編　　輯：孫中文
美術編輯：曹雲淇
總　　監：黃可家
發　　行：許麗雪
出版單位：九韵文化
發行公司：高談文化出版事業有限公司
地　　址：新北市汐止區新台五路一段99號15樓之5
電　　話：+886-2-2697-1391
傳　　真：+886-2-3393-0564
官方網站：www.cultuspeak.com.tw
客服信箱：service@cultuspeak.com
投稿信箱：news@cultuspeak.com

印　　刷：威鯨科技有限公司
總 經 銷：聯合發行股份有限公司
香港經銷商：香港聯合書刊物流有限公司

2019 年 1 月 二版
定價：新台幣 550 元